기호학적
접근방법에 의한
축제의 의미와
의미구조

내일을여는지식 경영경제 15

기호학적
접근방법에 의한
축제의 의미와
의미구조

오정근 지음

KSI 한국학술정보㈜

 1990년대 중반 지방자치제도 실시 이후 우리 사회는 정치적, 경제적, 사회문화적으로 많은 변화가 일어나기 시작했는데, 특히 지역개발방식에 있어서 기존 중앙정부 주도의 대도시 중심 지역개발방식에서 각 지방자치단체들 주도의 시·군 단위 중심 지역개발방식으로 변화가 일어나기 시작했다. 즉 각 지역들은 지역 정체성을 확립하고 지역주민들의 통합을 통해 경쟁력을 강화하고자 노력하기 시작했다. 각 지방정부들은 지역이미지를 고양시켜서 이에 따른 투자와 관광객 유치를 도모하는 지역경영정책을 실시하게 되는데, 이러한 지역 활성화 전략의 대표적인 전략적 수단으로 지역축제가 부각되고 있다.

 특정지역의 문화자원 혹은 자연자원을 활용한 축제를 개최하여 관광객을 유치하고 궁극적으로는 지역경제를 활성화시키려는 목적으로 축제의 관광산업화가 이루어지면서 지역축제에 대한 관심은 계속 증대되고 있는 상황이다. 그러나 안타깝게도 축제의 본질적 측면이라고 볼 수 있는 문화전승의 의미, 지역사회 통합의 의미 등 축제의 사회문화적 차원의 기능은 축제의 경제적 기능만을 강조하다 보니 소홀히 되고 있는 것도 현실이다. 또한, 중앙정부, 지방정부, 축제조직위원회 등 축제의 공급자들은 축제의 수와 규모만을 확대하는 등 지역축제의 외형적 성장에만 신경 쓰다 보니 축제를 소비하는 관광객, 지역주민 등 축제 소비자의 기대치를 충족시켜 주지 못하는 형국이다.

2008년 현재 전국적으로 약 1,200여 개의 지역축제가 개최되고 있다. 안타깝게도 대부분의 지역축제들은 축제의 내용적 구성과 축제 참여조직의 구성 및 운영에 문제점을 안고 있다. 즉 축제 프로그램의 차별화 미흡, 축제기획 및 운영인력의 부족, 축제 콘텐츠의 빈약, 지역축제 조직 간의 의사소통의 부재, 경제적 및 사회문화적 효과 미흡, 고유성 및 정체성의 상실, 지역주민의 자발적 참여 부족 등이 구체적인 문제점으로 지적되고 있다.

이렇듯 축제개최 과정에서 수많은 문제점들이 전면에 드러나는 상황에서 지역축제가 바람직한 모습으로 발전하기 위해서는 사회적, 문화적, 경제적, 정치적, 여가관광적 차원 등 다양한 관점에서 축제의 본질적 및 실용적 의미에 대해 면밀히 살펴보고, 그 의미를 중심으로 축제를 둘러싼 다양한 이해집단들이 어떻게 축제의 의미를 인식하고 있는지에 관한 의미인식 차이와 의미인식에 따른 의미구조관계를 살펴보아야 한다.

축제는 단순한 경제적 산물이 아니라 지역의 문화적 산물이자 환경적 산물이기도 하다. 축제의 공급 주체들은 축제에 대해 어떻게 의미를 부여하며 축제를 기획하고 운영하는지, 축제의 소비 주체들은 축제에 대해 어떻게 의미를 부여하며 참여하는지에 대해 먼저 파악해야만 세계화 및 지방화 시대에 지역이 경쟁력을 갖출 수 있는 자생력을 확보한 지속가능한 축제로 살아남기 위한 기획 및 전략 방안의 모색이 가능하게 될 것이며, 축제 방문객의 축제 체험 욕구를 만족시켜 지역이 축제 개최에 따른 다양한 긍정적 효과를 기대할 수 있게 될 것이다.

필자는 위와 같이 우리나라 지역축제의 개최과정에서 발생되는 이해집단들의 축제 인식에 대한 상황적 문제점에 대해 위기의식을 느끼고 이를 극복할 수 있는 방안을 모색하고자 지역축제를 둘러싼 이해집단들의 축제에 대한 의미인식과 의미인식에 따른 이해집단들 간의 의미구조관계를 조명하고자 한다.

본 연구에서는 우리나라 대표 지역축제이자 문화관광축제인 안동국제탈춤페스티벌을 대상으로 하여 지역축제를 둘러싼 공급집단(중앙정부, 지방정부, 축제위원회, 지역상인), 수요집단(관광객, 지역주민), 매개집단(지역언론, 지역NGO) 등 다양한 이해집단들 간의 축제에 대한 의미부여와 의미부여 내용에 따라 형성되는 의미구조관계를 파악한다. 이를 위해 각 이해집단별로 심층인터뷰를 실시했으며, 기호학자인 그레마스(Greimas)가 제시한 행위소 모형(Actant Model)을 기반으로 사회적, 문화적, 경제적, 정치적, 여가관광적 등 차원에서 축제의 의미와 의미구조에 대해 기호학적 접근방법으로 분석하였다.

본 연구는 학술적 차원과 실용적 차원에서 의의를 찾을 수 있는데, 우선 학술적 차원에서는 본 연구를 토대로 축제 연구의 다양성을 추구할 수 있다는 점이다. 즉 기존 양적 연구 패러다임에서 추구해 온 축제의 경제적 파급효과, 축제의 산업성 등 경제학적 관점의 고착화된 연구 패러다임에서 벗어나 축제의 사회적·문화적 본질적 가치, 정치적 차원에서의 축제 발전 방향, 전통문화로서 축제의 전승 등 사회학, 정치학, 문화인류학 등 다양한 연구관점에서 축제에 대한 연구가 수행되는 데 기초자료로 활용될 수 있을 것이다.

실용적 차원에서는 첫째, 축제의 본질적 요소인 문화적 요소와 사회적 요소 등을 중요한 평가의 잣대로 추가함으로써 축제 평가 시스템의 기준을 다양화할 수 있으며, 둘째, 축제 이해집단 간 축제의 의미인식에 대한 차이를 규명함으로써 중앙정부의 축제정책 수립과 지방정부의 축제전략 수립에 있어 유용한 자료로 활용될 수 있다는 점에 의의가 있다고 할 수 있다.

본 연구내용 및 연구결과는 우선 지역축제의 공급자로서 축제 개최와 운영에 직·간접적으로 관계된 중앙정부, 지방정부, 축제조직위원회 등의 축제 공급 관계자들에게 조직구성 및 역할에 대해 유용한 정보로 활용될 수 있을 것이다. 또한 지역축제를 즐기고 향유하는 관광객, 지역주민 등의 축제 수요 관계자, 축제를 간접적으로 지원하고 매개하는 언론, NGO 등의 축제 매개자 그리고 축제 연구자들에게도 축제의 의미와 의미에 따른 역할관계를 이해하는 데 도움이 될 것이다.

"축제를 통해 나를 찾고 축제를 통해 나를 잊고 축제에서 나와 우리가 함께할 수 있길 바란다."

2009년 12월
오정근

목 차

제1장 서 론

제1절 연구배경 및 문제제기

우리나라는 1990년대 이후 정치적, 경제적, 사회·문화적으로 많은 변화가 일어나기 시작했다. 특히, 지역개발방식에 있어서 변화가 두드러졌는데, 이는 1995년부터 본격적으로 실시된 지방자치제도로 인해서 지역개발에 있어서 기존의 중앙정부 주도의 대도시 중심 지역개발방식에서 각 지방자치단체들 주도의 시·군 단위 중심 지역개발방식으로 변화가 되었기 때문이다. 즉 각 지역들은 지역 정체성을 확립하고 지역주민들의 통합을 통해 경쟁력을 강화하고자 노력하였다. 지역 간의 본격적인 경쟁이 치열해지면서 각 지방정부들은 자신의 지역에 더 많은 기업의 투자유치를 추진하고, 더 많은 관광객을 끌어들이기 위해 지역에 잠재되어 있는 자원들을 개발하여 정치적으로는 지역이미지를 고양시키고, 경제적으로는 지역의 경제활성화를 도모하는 지역경영정책을 실시하게 된 것이다. 이러한 지역이미지 향상을 통한 지역 활성화 전략을 장소마케팅이라고 보고 있으며, 그 대표적인 전략적 수단으로 지역축제가 부각되고 있다.

이훈(2005)은 지역축제의 등장 및 활성화를 지역관광의 활성화와 한국 관광문화의 새로운 분위기 조성에 따른 결과로 보고 있다. 즉 지방자치제도의 시행과 같은 제도적 틀의 조성과 더불어 교통의 편리함 등 하부구조의 변화, 여가에 대한 가치관의 변화, 관광욕구의 증가와 같은 심리적 변화, 최근의 주 5일 근무제와 같은 구조적 관광제약의 완화 등에 따라 지역 관광이 활성화되고 우리나라의 관광 및 여가문화의 새로운 분위기가 조성됨으로 인해 자연스럽게 지역축제가 등장하고 활성화되는 전기가 마련됐다고 보고 있는 것이다. 이러한 관광기반 및 분위기의 변화로 각 지방자치단체에서는 지역으로의 관광객 유치를 목적으로 구체적인 즐길거리 개발과 관광매력물을 창출하기 위해 노력을 기울이게 되는데, 지역의 문화와 관광매력을 융화시키는 그 대표적인 노력의 일환이 지역축제라고 보고 있다.

2008년 현재 전국에 1,200여 개로 추산되는 지역축제가 있으며, 이 중에서 관광객 유치를 주요 목적으로 하는 다수의 문화관광축제가 있는데, 각 지자체는 경쟁적으로 축제를 양산해 오는 과정에서 그 지역의 정체성과 문화역량을 발휘하는 축제를 기획하지 못하기 때문에 매년 많은 축제가 사라지거나 다른 유사축제들과 병합되는 게 현실이다. 문성종·손대현(2007)은 지역축제의 문제점으로 외형적으로 지역축제가 활발하게 추진되는 것처럼 보이나 축제의 수와 규모만 늘리는 등의 양적인 성장에만 신경 쓸 뿐 실질적인 기대효과는 미비한 실정이라고 주장한다. 지역축제의 외형적 성장에만 치중하고 있는 현실에서 구체적인 문제점으로 지방마다 축제내용의 차별화 미흡, 유능한 축제기획 및 운영인력의 부족, 콘텐츠의 빈약, 지역주민과 지역문화인들의 활발한 의사소통의 부재, 경제적 효과 미흡, 고유성 및 정체성의 상실 등이 주요 문제점으로 대두되었다고 주장한다. 또한, 이훈(2005), 장병권(2000), 정강환(1999)은 지역축제의 큰 문제점으로 지역주민의 참가 부족, 지역주민의 자발성과 주체성이 낮음을 지적하고 있다. 이와 같이 지역축제의 다양한 문제점의 발현에 따른 존립성에 위기를 맞이한 현실에서 정체성과 지속성이 담보된 축제로 살아남기 위해 축제 존립 차원에서의 진지한 논의가 요구된다.

앞서 언급한 것처럼 지역축제 중에서도 관광객 유치를 목적으로 하는 문화관광축제에 대한 관심이 증대되고 있으며, 많은 지방자치단체에서 가장 관심을 기울이고 있는 축제의 형태가 문화관광축제이다. 문화관광축제 개최의 주요 목적이 축제의 개최지역으로 관광객을 유치하여 지역의 경제적 활성화를 도모하는 것이지만 개최지역의 장소적 의미는 개최지역과 직·간접적으로 관계된 이해집단(중앙정부, 지방정부, 축제위원회, 지역주민, 지역시민단체, 지역 관광관련기업, 지역언론)의 목적에 따라 축제에 대한 인식과 태도에 있어 다르게 나타날 수 있다.

특히, 축제를 둘러싼 의미에 대한 인식과 태도가 각 이해집단들마다 문화전승, 사회통합, 정치적 입지강화, 지역경제 부활 등과 같이 그들의 이해관계에 따라 다르게 나타날 것이다. 또한, 축제의 형성과정과 생산과정(상품화과정) 그리고 소비과정에서 축제 이해집단들은 그들의 목적에 따라 정치적, 경제적, 사회적, 문화적, 여가관광적 효과와 영향을 달리 인식하기 때문에 축제 형성과정 및 생산·소비과정에서 갈등이 발생될지도 모른다. 이렇듯 지역이미지 제고와 지역경제 활성화라는 지역의 대승적 목표는 같지만 지역정책 수립 및 집행자인 지방정부, 지역정책 수혜자 혹은 피해자인 지역주민, 지역정책 수립의 조언자이자 지역의견 대변자인 지역시민단체 및 지역언론의 상호이해관계는 다양하게 나타날 것이다. 또한, 지역축제 개최과정에서 축제를 소속집단의 목적에 따라 축제의 의미나 전략적 활용을 다르게 인식할 수도 있다.

지역축제에 있어서 정책 수립과 집행에 주도적인 역할을 담당하는 지역 주체들이 축제형성과 전략개발에 기반이 되는 지역축제에 대한 의미내용과 의미갈등 그리고 의미형성 과정에 대한 체계적인 연구가 이루어져야 축제형성과정에서 주체 간 갈등이 해결될 것이고, 지역의 문화적 진정성과 정체성을 담아내는 지역활성화 차원의 축제전략 개발이 가능해질 것이다.

이제 축제연구는 축제를 통한 지역의 경제적 발전뿐만 아니라 지역사회의 통합, 지역의 정체성 고양, 지역전통문화의 보전, 축제 개최를 둘러싼 권력갈등, 지역주민의 여가활용, 관광객의 즐길거리 등 다양한 차원에서 지역축제의 의미에 접근해 가야 하며, 이러한 의미부여는 축제를 둘러싼 이해관계가 있는 집단 간의 경제적, 정치적, 사회적, 문화적, 여가관광적 요인 등에 의해 다양하게 나타날 것이다. 이러한 이유로 축제 개최과정상의 이해관계가 직·간접적으로 연루된 이해집단에 대해 분류하고 각 이해집단은 축제에 대해 어떤 의미를 부여하며, 각 집단 간의 축제에 대한 인식 및 태도와 관련하여 상호관계는 어떤 양상을 보이는가에 대한 분석이 필요하다.

이에 본 연구에서는 지역축제를 둘러싼 이해집단들의 의미부여 내용과 이해집단 간 의미구조관계에 대해 주체와 대상 및 이들을 둘러싼 역할관계를 중심으로 의미작용과 의미관계의 모델을 제시한 그레마스의 행위소 모형을 적용하여 각 이해집단 간의 의미구조관계를 밝혀내려고 한다.

제2절 연구목적

본 연구의 목적은 축제의 각 이해집단이 인식하는 축제의 본질적 의미와 실용적 의미 등 다양한 의미부여 내용을 파악하고, 이해집단이 부여하는 의미에 따라 형성되는 이해집단 간 축제의 의미구조관계를 이해하고자 한다.

이러한 연구의 목적을 달성하기 위해 세 가지 연구과제를 제시하고자 한다.

첫째, 축제의 의미해석과정에서 축제 형성과정, 생산과정, 소비과정의 의미를 기반으로 축제 이해집단들의 축제에 대한 의미부여 분석의 틀을 개발하고자 한다. 축제 의미부여 분석의 틀은 축제 성격, 목적 등에 따라 다양하게 분류될 수 있는 축제들을 일정한 의미부여 틀로 축제의 의미를 분석해 낼 수 있는 유용한 도구로 활용될 수 있다.

둘째, 축제를 둘러싼 이해집단 간 의미부여에 따른 축제 주체 및 대상을 둘러싼 상호관계를 맺고 있는 이해집단의 의미구조관계를 분석하고 이해하고자 한다. 축제 관련 이해집단 간에 축제를 둘러싼 의미부여와 의미구조관계에서 각 이해집단 간의 의미인식 내용의 유사성과 차이점 등에 따라 상호역할을 규명하게 될 것이다. 이해집단의 의미구조관계의 규명과 이해를 통해 이해집단들이 축제에 대해 인식하는 축제의 의미와 축제에 대한 역할관계를 명확하게 구분할 수 있을 것으로 기대된다. 궁극적으로 축제를 둘러싼 이해집단들이 축제정책 및 전략을 형성함에 있어서 유용한 자료로 활용될 수 있을 것이다.

셋째, 축제 이해집단 간의 상호 의미구조관계를 새로운 의미구조관계 형성에 따라 그레마스가 제시한 행위소 모형에서 수정된 의미구조관계 수정 모형을 제시하고자 한다. 그레마스가 민담이나 설화 등의 등장인물을 대상으로 분석한 행위소 모형을 축제에 적용함으로써 축제를 둘러싼 의미구조 모형을 기존의 행위소 모형의 역할 구도에서 변화된 양상을 파악하고 그 변화된 양상에 따른 모형을 새롭게 제시함으로써 축제의 의미구조관계에 적합한 수정된 축제 의미구조 모형을 제시하게 된다. 수정된 모형에 따라 이해집단들의 새로운 역할이 추가적으로 규명될 수 있을 것이다.

본 연구에서 도출된 연구결과는 축제 의미구조 분석의 틀 및 수정된 의미구조관계 모형 개발에 따라 다양한 형태의 축제 의미구조의 분석을 가능하게 할 것이다. 또한, 축제 이해집단들의 축제정책 및 전략 수립 단계에서 각 이해집단 간 협력관계 방안을 모색할 수 있는 유용한 자료로 활용될 것이며, 축제정책의 추진과정상에 유용한 정책적 시사점을 제시할 수 있을 것으로 기대한다.

제3절 연구문제

지역축제를 둘러싼 이해집단 간 의미구조관계와 관련하여 본 연구의 구체적인 연구문제는 다음과 같다.

첫째, 축제 관련 주요 이해집단은 어떻게 설정이 되는가?

둘째, 각 축제 이해집단의 의미부여 내용은 무엇인가?

셋째, 축제 이해집단 간 의미구조관계 모형은 어떻게 수정이 되는가?

넷째, 축제 개최과정에서 축제를 둘러싼 이해집단 간 의미구조관계는 어떻게 형성되어 있는가?

제4절 연구범위

연구의 범위는 내용적 범위로서 첫째, 지역축제의 형성과정의 의미, 생산(상품화)과정의 의미, 소비과정에서의 의미 등을 살펴볼 것이며, 둘째, 지방정부, 축제위원회 등 지역축제 주체자로서 이해집단들과 소비자로서 이해집단인 관광객, 지역주민과 매개자인 지역언론, 지역NGO 등에 대해 지역축제의 의미에 대한 인식을 조사할 것이며, 의미부여 내용의 차이를 분석하고 이해할 것이다.

대상적 범위로는 축제의 공급 주체로서 지역축제의 개최와 직·간접적으로 관계되는 이해집단인 중앙정부, 지방정부, 축제위원회,

지역주민, 지역시민단체, 지역상인 등이며, 축제의 소비 주체로서 관광객과 지역주민이 대상이다. 시간적 범위로는 안동지역의 안동 국제탈춤페스티벌을 인지하는 시점부터 심층인터뷰가 이루어지는 시점인 2009년 2월에서 3월까지로 한정한다. 공간적 범위는 내부 이해집단이 활동하며 안동국제탈춤페스티벌이 개최되는 안동시 일대를 중심으로 하고, 외부 이해집단으로 중앙정부와 관광객은 별도의 공간적 범위로 한정한다.

제5절 연구방법 및 구성

본 연구는 문헌조사, 지역축제 Text 분석, 안동국제탈춤페스티벌 심층인터뷰 조사 등 3단계로 진행이 된다. 1단계 문헌조사에서는 지역축제, 문화관광축제, 사회학, 문화인류학, 장소마케팅, 문화정치학, 여가학 등과 관련된 문헌조사를 통해 지역축제의 의미를 파악하고, 지역축제를 둘러싼 이해집단이 선정되고, 이해집단의 개념이 정립되며, 축제의 의미가 도출된다.

2단계 지역축제 Text 분석에서는 언론기사 Text를 방법론적으로 내용분석과 소쉬르–바르트의 통합적, 기호학적 방법으로 분석하여 축제 이해집단의 의미부여 분석의 틀을 제시하고, 지역축제 의미부여 내용 및 의미구조관계를 규명하게 된다. 내용분석에서는 분석도구의 틀로서 KINDS(Korea Integrated News Database System)를 이용하여 분석이 된다. 2단계 Text 분석을 통해 3단계 심층인터뷰에 이용될 질문항목들도 도출이 된다.

　3단계 안동국제탈춤페스티벌 심층인터뷰 조사에서는 연구대상 축제인 안동국제탈춤페스티벌의 축제 이해집단을 대상으로 심층인터뷰를 실시하고 이를 2단계의 분석과 마찬가지로 내용분석과 소쉬르-바르트의 통합적, 기호학적 방법으로 분석한다. 또한, 3단계 분석과정에서 그레마스의 행위소 모형에 적용해 보고 새롭게 수정모형을 제시함으로써 새로운 의미구조관계 모형에 기반을 둔 이해집단들의 의미부여 내용 및 의미구조 관계에 대해 심층적으로 분석하고 이해한다[그림 1-1].

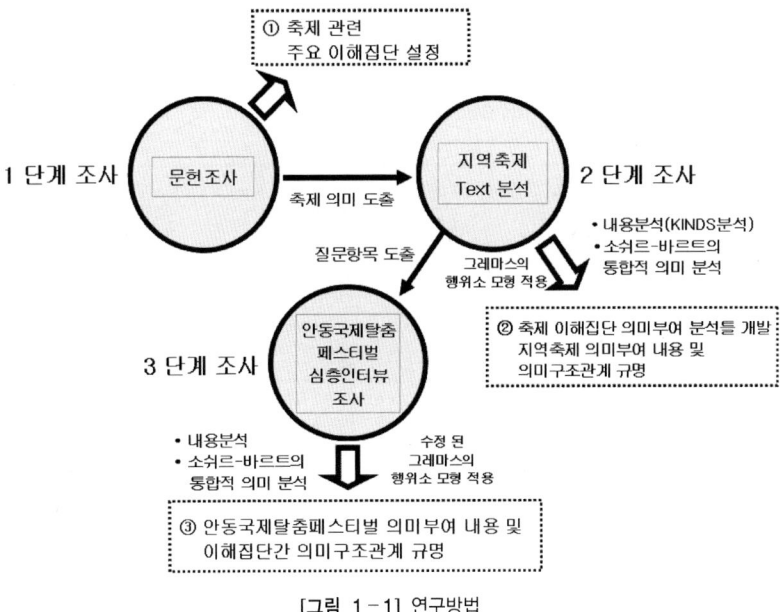

[그림 1-1] 연구방법

　연구의 구성은 연구배경, 이론적 고찰, 개념적(이론적) 준거 틀,

축제 이해집단 분석 틀 개발, 행위소 모형 적용 이해집단 간 의미 구조관계분석, 수정 행위소 모형 제시, 수정 행위소 모형에 의한 이해집단 간 의미구조관계분석, 결론 및 시사점 등으로 구성이 된다. 특히, 이론적 고찰에서는 이론 및 개념 형성 차원의 문헌조사와 분석도구 차원의 문헌조사가 이루어진다. 개념적(이론적) 준거 틀에서는 축제 형성과정의 관점, 상품화관점, 소비과정의 관점이 주요관점으로 준거 틀을 형성하게 된다[그림 1-2].

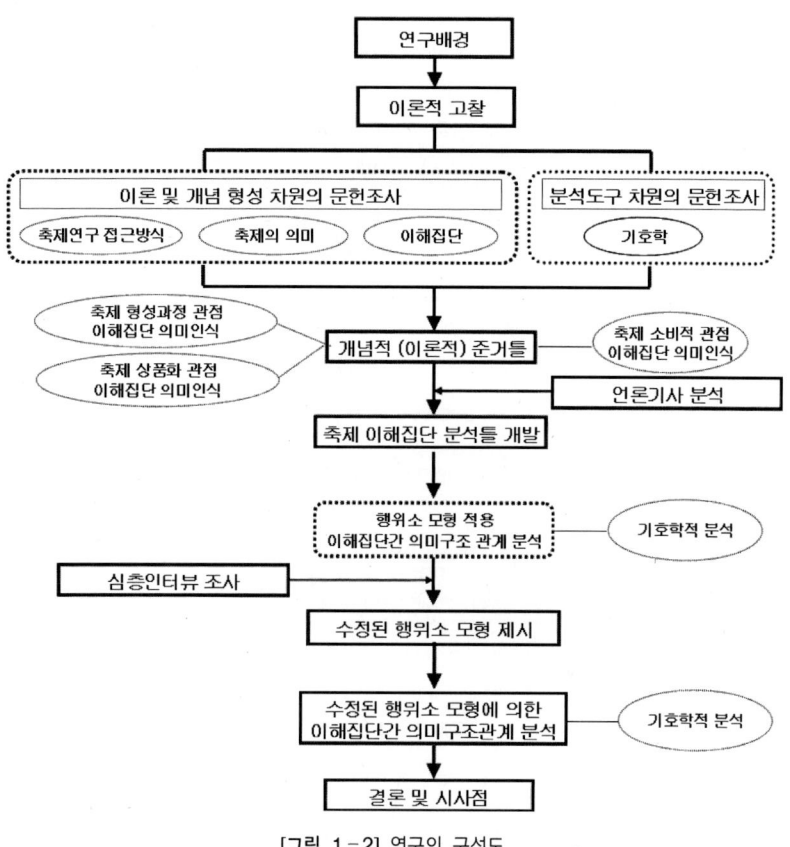

[그림 1-2] 연구의 구성도

연구 수행을 위한 연구의 흐름도는 [그림 1 - 3]과 같다.

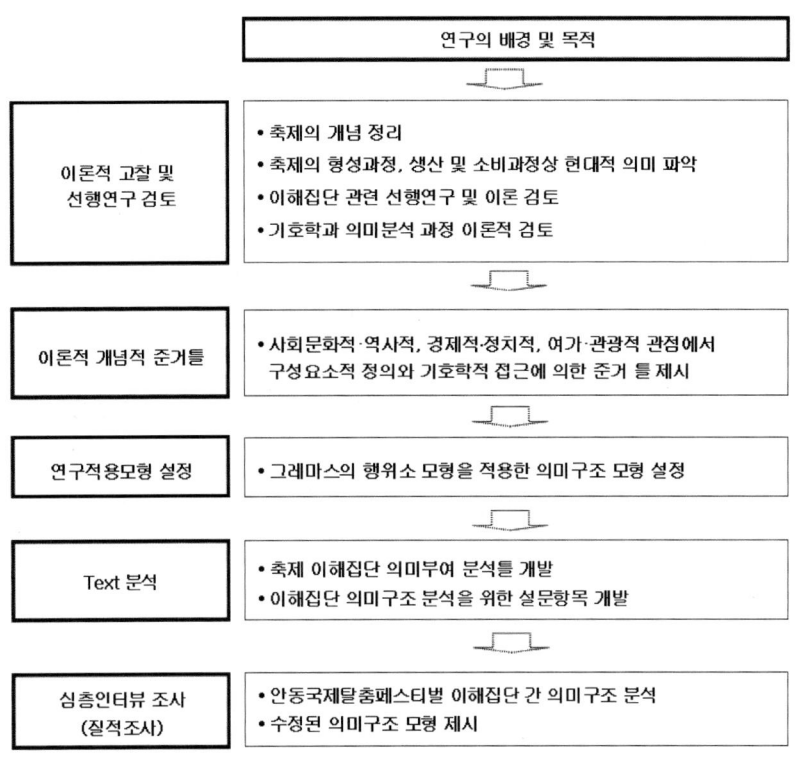

[그림 1 - 3] 연구의 흐름도

제2장 이론적 고찰

제1절 축제의 개념과 기능

1. 축제의 개념

축제의 어원적 개념으로 축제를 나타내는 일반적인 단어인 'festival'의 어원이 되는 'fest', 'festus', 'ferier' 등의 단어와 이탈리아어인 'canival'의 의미를 살펴보면 축제는 일상에서 벗어나 종교적인 의식에 들어간다는 의미가 내포되어 있어 축제는 종교와 의식을 포함하는 개념을 가지고 있다(Ulrich, 2001; 박진실, 2007에서 재인용)고 볼 수 있다. 한편, Falassi(1987)는 'Festival'의 가장 적절한 영어 정의로 "특별한 관례에 따라 행하는 신성하거나 세속적인 의식의 시간"이라고 요약한다.

이상일(1998)은 전형적인 한국적 관념에서 '축제(祝祭)'를 정의했는데, '축일(祝日)'이나 '제일(祭日)'이 갖는 제사드림이자 특별한 미사를 드리며 "본뜰 일을 마음에 깊이 새기며 축하하는 날"이라 정의한다. 그러나 한국적 관념의 축제는 단순히 '축하의 제전', '축하와 제사'만을 의미하는 정도가 아니라 우리 민족이 고유하게 지녀 온 생활습속인 손님맞이와 주객이 함께 즐기는 '잔치관념'과 어울린다고 주장한다. 즉 우리의 '잔치'는 "환영이나 축하를 계기로 음식을 마련해서 손님을 불러 먹고 마시고 노래하고 춤추며 흥겹게 노는 등 여러 사람들이 즐기는 일련의 과정"이라고 보고 있다.

축제에 대한 일반적 개념은 연구자에 따라 다양하게 정의되고 있다. 류정아(1999)는 일반적으로 나타나는 축제들은 다음과 같은 세 가지 관점에서 파악될 수 있다고 주장한다. 첫째, 하나의 의례이자 일상생활의 파괴로서 축제를 분석할 경우, 축제는 성(聖)/속(俗)의 구분이라는 의미에서 의례적인 사건 또는 집단적인 상징이 된다. 둘째, 사회변화에의 적응기제로서 축제를 분석할 때는, 축제가 가지는 의미의 시대적, 사회적 변화사에 초점을 맞추게 된다. 셋째, 전통 축제가 민속화되는 과정을 분석하는 것인데, 여기서 축제의 형태는 여전히 전통적인 모습으로 남아 있기는 하지만 축제 그 자체의 내용과 의미는 그것이 본래 근원하고 있던 사회, 문화, 경제적 맥락과 괴리되어 나타나게 된다(정근식 외, 1999).

학문적 접근방법으로 인류학과 사회학적 시각으로 접근한 경우가 많은데, Getz(1996)는 축제를 간단히 주제를 지닌 공공의식이라 정의하고 인류학, 사회학적인 의미에서 보았을 때, 축제는 축제성과 종교, 지역사회와 밀접한 관계를 갖고 있으며 따라서 이는 개인적인 소비재의 성격보다는 축제 참가자들에게 소속감이나 예술, 스포츠 등의 특별한 목표를 주지시켜 주는 역할을 하는 공(公)적인 성격이 강한 행사라고 규정하고 있다(한국관광연구원, 2001). 일본인 학자인 가나이 노부요시(2001)도 문화인류학적 관점과 사회학적 관점에서 축제를 정의한다. 문화인류학적 관점에서의 축제는 신(神)을 모시고 성별(聖別)된 시간이나 공간을 만들어 내는 '성성(聖性)',

그리고 성성(聖性)을 만들며 경험하는 '일상성(日常性)에서의 탈출(脫出)', '주기성(週期性)', '집단 속에서 자기정체성을 확인한다'는 개념의 '집단관여(集團關與)' 등의 요소를 갖춘 것이 축제라고 정의한다. 사회학적 관점에서는 Durkheim(1941)의 '축제의 커뮤니케이션을 통한 집단의 재통합(=집단동일화)'이라는 주장을 언급하며 문화인류학 정의의 집단 속에서 자기정체성 확립과 일맥상통하는 의미로 설명한다.

오순환(1999)의 축제에 대한 개념정의에서는 축제의 예술적 요소가 가미된 제의성(祭儀性)에서 출발했음을 강조하나, 오늘날은 유희성으로 인해 종교적인 성격의 제(祭) 모습은 많이 사라졌다고 한다. 그럼에도 불구하고, 축제는 아직까지도 축(祝)과 제(祭)의 성격을 포괄하는 문화현상이라고 정의한다. 또한, 문화관광부(2006)의 한국 지역축제 조사평가 및 개선방안 연구에서는 (지역)축제를 "지역 고유의 전통·문화를 계승·발전시키고 지역주민의 정체성 제고와 외지인의 지역에 대한 이해를 증진시키기 위해 매년 정해진 일자에 지역주민, 지역단체, 지방정부가 주체가 되어 준비 개최되는 축제로 지역주민들의 총체적인 삶과 전통문화적 요소가 잘 반영되어 있는 공동체적 성격의 행사"라고 규정한다.

상기의 축제 정의를 종합해 보면, 축제는 "신성한 종교적인 의례에서 발생하여 현대에 와서는 제의성과 유희성이 결합된 성격을 함유하며 지역주민과 방문객이 동시에 참여하는 행태로서 일상의 탈출을 경험할 수 있는 지역문화를 바탕으로 행해지는 공공의식"이라고 정의할 수 있다.

2. 축제의 기능

오늘날과 같은 산업 사회에 있어서의 축제는 '만들어진 인공의 축제'라고 규정될 수 있다. 서로 다양한 관련을 맺고 있는 '일'과 '놀이'처럼 적극적 행위 방식의 특수한 근본 형식을 드러내는 축제는 리듬감, 삶의 드높임(aufheben), 표현 등을 통해 삶의 불안을 잊게 하고 충만감과 긴장 그리고 압축으로써 세계를 긍정케 할 뿐 아니라 근원과 전통을 맞아들인다. 그리하여 축제는 사회 교양과 공동체 의식의 심화와 강화에 기여하며 크고 작은 집단화에 이바지한다(이상일, 1998).

그러나 오늘날의 지역축제는 지역공동체의 결속력 약화, 전통사회의 가치구조나 여건의 변화, 산업화의 진행에 생산기반의 다양화 등에 따라 축제 본연의 의미와 역할 면에서 많은 변화를 나타내고 있다(장정룡, 1996, 이장주·강경훈, 2003에서 재인용).

축제의 기능은 전통사회와 산업사회의 특성에 따라 구분한 김명자(1992)의 연구, 축제의 사회 비판적 기능을 강조한 하비 콕스(1997)의 연구가 있다. 김명자(1992)는 축제의 전통사회의 기능으로는 종교적 기능, 윤리적 기능, 사회적 기능, 정치적 기능, 예술적 기능, 오락적 기능, 생산적 기능과 산업사회의 기능으로 지역축제를 통한 소속확인 기능, 전통문화의 보존 기능, 관광의 기능을 들었다. 종교적 기능은 축제의 종교성과 원초 제의성과 관련되고, 윤리적 기능은 제사의식에의 윤리성과 관계되며, 사회적 기능은 사회 성원으로서의 자기 확인과 자기 인식·공동체 의식의 고양 및 사회 통합적인 기능을 포괄한다. 정치적 기능은 대동회와 같은 조직

구성이 정치모임 성격이 있음을 의미하고, 예술적 성격은 축제의 종합예술 성격을, 오락적 기능은 축제의 일탈성을, 생산적 기능은 축제를 통한 재생력 강화와 생산 촉진을 의미한다.

한편, 미국의 신학자 하비콕스(1989)는 축제는 억압되고 간과되었던 감정표현이 사회적으로 허용되는 기회라고 보면서 그 기회의 세 가지 본질요소로 '고의적 과잉성', '축의적 긍정성', '대극성'으로 축제의 기능을 설명했다. 즉 '고의적 과잉성'은 축제가 환락을 추구하는 행위로 표현되며, 축제기간에는 평상의 인습적 과거로부터 잠정적으로 벗어나 지나친 행동을 취함을 의미한다. '축의적 긍정성'은 축제는 언제나 생을 긍정한다는 축제의 긍정적 속성의 의미로 설명하며, '대극성'은 축제는 일상생활과 판이하게 다른 상황을 보여 주어야 한다는 의미로 설명된다.

제2절 축제 연구의 접근방식

지역축제 연구에 관한 접근방식은 크게 공급자적 입장과 수요자적 입장에서 연구할 수 있다. 먼저 공급자적 입장에서는 축제를 상품화하고 판매할 구체적인 전략을 수립하는 데 관심을 갖는 실용주의적 입장(윤태범, 1998; 강신겸, 1998a, 1998b; 이정록, 1998, 이수길, 1999; 이장주·강경훈, 2003; 정강환, 2003; 한상겸; 2005)과 지역축제가 만들어지고 활성화되는 사회·역사적 맥락 및 과정과 정치적 의미(한양명: 2008)를 밝히는 분석적 연구로 나누어진다. 현재까지의 한국에서 축제에 관한 논의는 전자의 흐름이 주류를 이루고 있다. 지역축제를 통한 관광객 유치는 공해가 없고, 적은 투자로 많은 이윤을 획득할 수 있는 최고의 문화 산업임을 주장하는 견해들은 성공한 서구의 지역축제나 도시축제를 예로 들면서, 한국에서도 이것이 가능하다는 논리를 전개한다. 따라서 이들은 축제가 효율적인 '지역활성화'를 위해 축제를 다양화하고 육성하기 위한 각종 하부 시설이나 관광객 모집 및 프로그램 개발 등과 같은 실질적인 전략 수립에 관심을 보인다. 그렇지만 지역축제에 관한 경제주의적 논리가 갖는 문제점을 지적하면서 정치·사회·문화적인 효과를 주목하는 입장도 존재한다(정호기 외, 1999). 한편 수요자적 입장에서는 지역주민의 여가향유의 한 방편으로 지역축제의 의미와 축제를 즐기기 위해 지역축제에 참여하는 방문객의 관광목적으로서 여가관광적 차원으로 접근할 수 있다.

따라서 축제의 연구는 축제의 생산과 상품화 과정에서 축제를 바라보는 실용주의적 시각과 축제의 형성과정에 의미를 부여하는 사회문화적·역사적·정치적 시각 그리고 축제의 소비적 관점에서 여가관광적 시각으로 연구가 가능할 것이다. 그동안 많은 연구가 이루어졌던 실용주의적 관점으로는 지역의 축제를 문화산업으로 인식하여 지역으로의 외래관광객 유치와 지역고용창출 등 지역 관광관련 산업활성화에 따른 지역의 경제 육성으로 보는 관점에서 연구가 가능하다. 한편으론 그동안 연구가 상대적으로 부족했던 사회문화적·역사적·정치적 관점인데, 축제연구의 흐름을 축제의 형성과 전래과정을 중시하는 역사적 관점과 지역사회의 문화와 전통에 영향을 미치는 사회문화적 관점, 그리고 축제라는 지역문화는 정치적 권력관계에 의해 형성되고 영향을 받는다는 문화정치적 관점에서 살펴볼 수 있다.

한편, 류정아(1999)는 축제 연구는 세 가지 관점에서 가능하다고 하는데, 첫째, 하나의 의례이자 일상생활의 파괴로서 축제를 분석할 수 있으며, 둘째, 사회 변화에의 변화기제로서 축제를 분석할 수 있고, 셋째, 전통 축제가 민속화되는 과정으로 분석할 수 있다고 주장한다.

제3절 축제의 현대적 의미

1. 축제 형성과정에서의 의미 – 사회적, 문화적, 역사적 의미

축제 형성과정의 의미는 축제의 자연발생적 차원에서 접근하여 축제가 고대로부터 현대에까지 이어지는 과정에서 어떤 사회적, 문화적, 역사적 의미를 부여하고 있는가에 초점을 맞추어 살펴볼 수 있다.

우리들이 일반적으로 잘 알고 있거나 고대로부터 전해 내려오는 축제들은 성스러운 종교적 제의에서 출발하는 축제인 경우가 대부분이다. 부여의 영고나 고구려의 동맹, 예나라의 무천과 같은 것이 그것의 가장 전형적인 예로 우리에게 널리 알려진 것이고, 그 이외에도 이집트의 태양신 숭배, 마야인의 신년의식, 잉카제국에서부터 전해 내려오는 것으로 페루 쿠스코에서 벌어지는 태양제 등이 여기에 포함될 수 있을 것이다(류정아, 2003). 이런 고대의 축제는 Wunenburger(1988)의 주장처럼 종교적 신성성을 포함하는 고대적인 제도적 형태에 기반하고 있으며, 해당 사회의 의례적인 상황들과 연결된 '신성한 놀이'로 설명되며, 이는 결국 신화와 역사적 사건을 나타내는 축제의 '역사성'과 관련된다고 볼 수 있다. 즉 현대 축제는 고대의 신성성을 많이 상실했지만 그 신성한 제례의식과 관련된 요소가 남아 있는 축제도 많이 있으며, 신이나 하늘, 조상 등을 숭배하는 의식이 축제형성과정에서도 중요한 의미로 남아 있다.

한편, Turner(1983)의 리오카니발 연구에서 나타나는 것처럼 사육제, 놀이, 혼돈 그리고 디오니소스적인 것들의 의미를 분석하면서 하층과 가난한 계층에서 의례행위를 통한 혼돈적 잠재성에서 '사회 공동체적 평등'과 '사회적 이동' 등을 상상하는 경우를 축제의 형성과정에서 사회적 성격으로 규정하여 의미를 부여할 수 있다. 한국의 축제는 '영고', '동맹', '무천' 등의 고대 제의에서 변형된 형태로 신라의 가배, 팔관회, 연등회 등을 거쳐 고려시대 두레, 한식, 단오 등의 세시풍속으로 이어지며 사회공동체적 성격이 드러나게 되는데, 세시행사로서의 공동체적 성격이 뚜렷해지는데, 즉 세시풍속이라는 공동체적 행사를 통해 내 고장의 역사의식을 고취시키고 집단의 단결과 화합 및 공동체 의식을 드높이는 계기로 삼는 등 지역공동체적 성격의 축제로 발전하게 된다. 축제의 문화적 의미로는 축제는 상징적 연행행위로서 전통문화의 계승 차원에서 접근할 수 있다. 종교적 제례의식에서 출발한 축제는 지역의 전통의식으로 남아 전승되어 현대에까지 이어지는 전통문화유산으로 지역에서는 문화예술자원으로 발전시키고 있는 것이다.

〈표 2-1〉 축제 형성과정의 의미

	사회적	문화적	역사적
의미내용	• 지역사회 공동체적 성격 • 사회적 계급 이동성	• 상징 문화적 연행 행위 • 전통문화의 계승	• 종교적 신성성의 전례 • 숭배의식

자료: 연구자 작성

2. 축제 생산(상품화)과정에서의 의미 – 경제적, 정치적 의미

90년대 중반 지방자치제도 실시 이후 지역문화의 관광상품화 전략의 일환으로 지역축제는 지역문화를 기반으로 가장 각광받는 지역 경제활성화 수단으로 떠올랐다. 여기서 관광상품화는 관광자원을 시장의 욕구를 분석하여, 타 관광자원과 경쟁할 수 있는 마케팅 전략을 갖고 상품화하는 과정을 말한다(조민호, 2001). 지역의 축제 생산은 지역경제를 활성화하려는 목적에서 접근할 수 있기 때문에 지역문화의 관광상품화는 지역이란 장소를 차별화하여 특정 지역으로 외래관광객을 유치하고 방문객의 소비확대에 따른 수익이 지역으로 돌아갈 수 있도록 지역을 마케팅하는 전략적 차원의 '장소 마케팅'에 큰 의미를 부여하고 있다. 또한 지역축제는 지방자치단체장의 정치적 입지를 강화하고 선거에서 우위를 확보하기 위한 정치적 차원에서 접근될 수 있기 때문에 문화의 정치적 활용 차원에서 문화정치적 의미도 내포한다고 볼 수 있다. 이와 같이 대부분의 지역축제 생산과정에서는 경제적 및 정치적 의미가 대단히 중요한 의미로 부각되고 있기 때문에 주요 관점인 장소마케팅 관점과 문화정치 관점에서에서 축제의 생산과정의 의미를 살펴볼 수 있다.

1) 축제의 경제적 의미 - 장소마케팅 관점

① 장소마케팅의 개념

1960년대 말에서 1970년대 초 대량생산을 바탕으로 하는 포디즘의 축적체제와 대량소비를 근간으로 하였던 포디즘의 조절양식 사이에 균형이 깨지면서 서구의 도시(특히, 전통적인 제조업지대)들은 탈산업화로 인한 경제위기와 산업 재구조화 과정을 겪게 되었다. 즉 다품종 소량생산, 유연적 전문화, 기업의 수직적 분리(네트워크), 신산업지구, 지리적 분산 및 합병 등을 강조하는 포스트 포디즘의 시대가 도래한 것이다. 이것은 단순한 생산과정의 구조적 변화일 뿐 아니라, 생산 활동을 유지하도록 하는 제도와 조직 등의 조절양식의 변화를 의미하기도 한다. 그렇기 때문에 이러한 생산 활동의 변화는 도시화를 통해서 도시와 지역구조의 변화를 야기했으며, 또한 도시는 모든 정형화된 틀을 거부하는 포스트모더니즘의 실현의 장이 되고 있어, 과거와는 전혀 다른 모습을 보이고 있다(권미리, 2004). 이러한 변화에 대해 아쉬워스(Ashworth)와 부그드(Voogd)는 대략 세 가지로 요약하고 있다(Ashworth, G. J. & Voogd, H., 1990). 첫째, 도시들의 탈산업화와 함께 문화와 관련된 서비스 부문의 중요성이 증대하고, 둘째, 공공부문의 역할과 사적인 생산 영역 간의 명확한 경계가 희미해졌으며, 셋째, 거리 마찰이라는 제약이 약해짐에 따라 전통적 의미의 접근성보다는 새로운 성격의 지역 속성들이 기업과 노동의 입지를 좌우하는 요인으로 부각되기에 이르렀다는 것이다. 이러한 상황의 변화와 관련하여 장소마케팅이 도시정책의 중요한 방편으로 등장하게 된 경제적 배경으로는 대체로

두 가지를 꼽는 것이 일반적이다. 첫째, 경제구조의 변화로 인해 도시 간의 경쟁이 증가한 것과 둘째, 도시의 생산성 증대에 있어 문화의 역할이 부상하게 된 상황이다(류재숙·한혜숙·이승곤, 2005).

장소마케팅은 장소를 관리하는 개인이나 조직에 의해 추구되는 일련의 경제적·사회적 활동을 포함하고 함축하는 현상으로, 공적·사적 주체들(주로 지방정부와 지방기업가)이 기업가와 관광객 심지어 그 장소의 주민들에게 매력적인 곳이 되도록 하기 위해, 지리적으로 규정된 특정한 장소의 이미지를 판매하기 위한 다양한 방식의 노력들이라고 할 수 있다(Kearns & Philo, 1993; 이무용, 2005에서 재인용).

〈표 2-2〉 장소마케팅의 다양한 정의

구분	영미식 정의	네덜란드식 정의	한국식 정의
배경	• 경제 재구조화	• 복지국가의 구현	• 세계화·지방화
지역	• 구산업도시	• 전 지역	• 주요 시·군
목적	• 지역경제활성화	• 지역경제활성화 • 지역사회의 복지구현	• 지역이미지 제고를 통한 지역경제활성화
주체	• 민관파트너십 (지방정부 + 지방기업)	• 공공당국	• 공공당국
타깃	• 기업투자자, 고급인력 • 관광객 • 지역주민	• 지역주민(모든 계층) • 기업(투자자)	• 기업 • 관광객
상품	• 지역이미지 • 지역문화유산	• 지역이미지 • 지역의 사회복지적 요소	• 지역이미지 • 지역특산품 • 관광자원
방법	• 다양한 사회경제적 활동	• 물리적·사회적 계획	• 지역특화 정책

자료: 이무용(2005), 지역발전의 새로운 패러다임 장소마케팅 전략. p.68.

장소마케팅은 다양한 학문분야에서 연구되어 왔다. 그러나 경제학이나 심리학과 같은 학문에서는 장소의 공간적 성격을 연구에

통합시키지 못했기 때문에, 도시가 장소라는 기본적 속성을 간과하는 경우가 많았다. 반대로 지리학과 같이 공간적인 성격에 관심이 많은 학문에서는 장소의 연구에 있어서, 시장에 대한 체계적이고 종합적인 분석을 결합시키지 못했다. 물론 지리학에서도 공간활동과 시장의 관계를 연구한 문헌들이 있고, 이것들이 중요한 기여를 한 것은 사실이지만, 장소마케팅이라는 용어에 함축된 도시와 시장 사이의 포괄적인 관계를 분석하려고 시도한 경우는 거의 없었던 것이다(Ashworth & Voogd, 1990; 박난순・이석환・주효진, 2005).

한편, 관광학 분야에서는 장소마케팅을 자원의 특성이나 사업 주체의 특성을 파악하여 소비자의 욕구와 결합시킴으로써 지속적으로 관광명소를 유지할 수 있게 하는 마케팅으로 지칭한 연구가 있다(엄서호, 1998). 그리고 특정장소의 문화・역사・자연적 특성을 바탕으로 보다 좋은 이미지를 부각시켜 기업・지역・주민・관광자들을 유치하기 위한 모든 전략(공자원・이승곤・한진수, 2001; 이진희, 2001)으로 보고 있다. 또한, 장소마케팅이란 특정지역을 하나의 상품으로 인식하여, 지역의 공공과 민간의 협력하에 기업・주민・관광자가 선호하는 이미지・제도・시설 개발을 통해 장소상품의 가치를 상승시켜, 소기의 목적, 즉 지역경제활성화를 달성하려는 전략으로 정의하는 경우(김정훈, 2002)도 있으며, 특정지역의 문화와 역사 및 자연관광자원을 바탕으로 하여 관광이미지를 부각시켜 잠재관광자를 유치하는 전략으로 정의하는 경우(유영준, 2005)도 있다.

장소마케팅에 대한 정의는 각 지역의 사회경제적 배경에 따라 약간씩 상이한 측면을 강조하는데, 크게 영미식 정의, 네덜란드식 정의, 한국식 정의로 나누어 볼 수 있다. 영미식 정의는 지역경제 회생과 관련된 장소판촉(주로 이미지개선)과 민관파트너십의 장려를 통해 지역경제활성화를 주목적으로 한다. 반면, 네덜란드식 정의(사회마케팅적 관점)는 총체적으로 장소마케팅을 해석하여, 지역의 경제적 판촉 및 개발과 모든 계층의 이해를 반영한 지역의 물리적·사회적 계획의 결합, 즉 지역 내에 있는 모든 사회복지 형태들의 판촉을 포함한다. 한국식 정의는 아직 해외의 장소마케팅 정의를 그대로 인용하거나, 장소의 성격과 마케팅의 성격을 구체화하지 않은 채 다소 추상적으로 정의하거나, 문화산업적 관점에서 협소하게 장소상품을 정의하는 등 제대로 정식화하고 있지는 못한다. 다만 특정 장소의 문화·역사적 특성을 활용하여 지역이미지를 제고함과 동시에, 지역경제활성화를 도모하는 전략 일반을 장소마케팅으로 이해하고 있다. 특히 지역이미지 제고를 위한 문화전략의 일환이라는 점을 강조하는 입장(주로 지리학 분야)과 지역경제활성화를 위한 자본 및 인력 유치의 개발전략임을 강조하는 입장(주로 경영학 분야)으로 크게 나뉜다(이무용, 2005).

② 장소마케팅 관점에서 축제의 의미

지방자치제도 실시 이후 우리의 지방도시들은 문화적 정체성(identity)에 토대를 둔 발전전략을 추진하고 있다. 과거의 지역발전전략은 제조업 중심의 산업단지나 공업단지를 지역에 유치함으로써 지역경제의 직접 유발효과와 간접 유발효과를 통해 지방도시를 발전시키는 데 초점을 맞추어 왔지만, 포스트 포디즘(post - Fordism) 이후 지방도시의 발전은 문화적 동질성과 이질성을 동시에 수용하면서 나름의 차별화되고 특성화된 경쟁력을 갖춘 문화상품, 즉 지역이벤트를 통한 장소마케팅(marketing place)을 제공하는 전략으로 방향을 선회하고 있다(전신욱·신윤창, 2004).

오늘날 지방정부는 변화의 물결을 수용하고 있다. 지방사회(local society)는 동질성을 지닌 공간구조에서 다양성과 신축성을 갖춘 정부활동을 기대한다(Bramwell and Sharman, 2000). 분권화된 지방정부는 자율적인 정책과 사업에 따른 공공생산의 기능강화를 직·간접적으로 요구하며, 지방정부의 자체 활동에 초점을 둔 사회발전을 추구할 수 있다. 또한, 지방정부는 다양한 문화관광사업을 전개함으로써 과거와는 달리 비정형화된 정책선택의 폭을 확대하고 있다. 이러한 경향은 지방정부의 정책변화와도 밀접한 관련성을 지닐 수 있으며, 신규 정책 및 사업에 대한 접근방식의 선택과 이에 따른 사회발전의 포괄적인 역할관계를 재정립할 수 있어야만 한다(신윤창·김장기, 2003). 이러한 지방정부의 정책기조 변화의 중심에 문화관광사업이 있으며, 그 대표적인 예로 문화관광축제가 있다. 지방정부에 의한 문화관광사업은 뚜렷한 기준에 의해서 명확히 구분하기 어려울 정도의 다양성을 지닌 것으로 이해된다. 예를 들어, 문화관광사업의 종류는 문화제, 축제, 스포츠, 경연대회, 미술제, 음악제, 문학제, 박람회, 방송영상산업, 영화·게임·애니메이션·캐릭터산업, e-Book산업, 음반산업 등 전반적인 성격에서 설명할 수 있을 것이다. 지방정부의 문화관광사업은 정책적·전략적 차원에서 핵심적인 발전전략으로 산출되고 있으나, 형식화·가시화된 현상 때문에 기대수준만큼의 적절한 성과를 도출시키고 있지 못한 것으로 분석된다(김장기·권혁순, 2001).

지방자치단체에서는 지역의 고유한 전통과 문화유산을 바탕으로 장소적 의미를 활용하여 장소를 기업, 관광객 및 지역주민들에게 매력적인 곳으로 만들고 홍보하려고 노력하고 있으며, 그 홍보와 노력의 과정이 장소마케팅 과정으로 볼 수 있다. 특히, 짧은 시간 안에 뚜렷한 성과를 제시할 수 있는 축제와 이벤트 개최는 가장 인기 있는 장소마케팅 수단으로 인식되고 있다.

백선혜(2006)의 지적처럼 에딘버러나 잘츠부르크의 사례에서 보여 주듯이 축제의 개최는 특정지역의 문화적 역량 결집과 표출을 통해 지역의 정체성을 강화시키고 지역경제를 활성화하는 등 장소마케팅 전략 중 가장 강력한 수단이 되고 있다. 박철홍(2003)은 기업투자유치, 인력유치 등의 산업·경제적 차원뿐만 아니라 지역정체성 제고의 문화적 차원에서까지 포함하여 지역축제의 장소마케팅적 접근의 필요성을 강조한다.

2) 축제의 정치적 의미

① 문화정치의 개념

문화정치(cultural politics)는 문화(culture)와 정치(politics)가 연루된 필연적인 결과물이다. 특히, 주관성, 정체성, 이데올로기로서 문화의 관점이 상당히 충돌되는 표현의 양상을 보인다(Jordan & Weedon, 1995). 그러나 문화정치는 문화와 정치를 독립된 대상으로 놓고 산술적으로 평균한 개념이 아니라 그 자체로 새로운 개념이다. 그것은 문화를 통해 정치적인 목적을 달성하거나 정치적인 프로젝트를 문화적 수단을 통해 실현하는 것이 아니라 문화 그 자체의 해방을 지시하는 개념이다(이동연, 1997).

　문화정치는 문화현상을 권력관계가 얽혀 있는 정치적 장으로 바라보는 관점으로, 문화의 개념을 사회질서가 전달·체험·탐구되는 의미체계, 즉 집단의 사회관계가 형성되고 구조화되는 방식임과 동시에, 그 형태를 경험하고 해석하는 매개체로 이해한다(Cosgrove & Jackson, 1989). 이러한 문화는 지배와 종속의 패턴으로 반영되는 권력관계를 함축하며, 정치·경제·사회적 모순이 상징적으로 충돌하는 장이기에, 문화는 항상 그리고 동시에 정치적이다. 이는 문화 그 자체로부터 의미가 충돌하고 지배·종속관계가 규정되는 문화정치의 장으로 사고가 확대됨을 일컫는다(Jackson, 1989).

　문화정치는 의미에 대한 투쟁이라는 말처럼(Barrett, 1980), 문화정치는 의미(meaning)의 문제를 중시한다. 즉 우리의 일상적 삶은 모두 의미로 가득하다고 이해한다. 여기서 의미는 삶의 여러 현상과 과정에 대하여 단순히 미학적, 관념적인 수준에서 정의하는 추상적인 개념이 아니라, 현실사회의 구체적이고 실질적인 삶의 과정에서 부여되고 생성, 변천, 소멸하는 구체적이고 실천적인 개념이다. 따라서 문화정치적 사고는 문화를 지식인이나 예술가와 같은 엘리트 집단의 산물로 바라보는 방식을 거부한다. 아울러 문화의 영역을 협소하게 예술적 생산물로 정의하거나 정치를 공식적 선거과정으로 규정하지 않는다. 즉 문화정치는 사람들이 자신들의 일상생활 속에서 의미를 발견하고 창출하면서 의미체계의 변화를 추구하는 복합적인 의미화 실천과정을 지칭한다(Angus & Jhally, 1989).

　문화정치에서 강조하는 의미는 대체적으로 이미지, 상징, 미학, 취향, 스타일 등 상징적인 매개물이나 재현물을 통해 드러나고 생성된다. 이러한 상징과 재현은 그것을 발생시키는 주체 혹은 그것을 인식하고 소비하는 주체가 누구냐에 따라 서로 다른 의미화 과정을 겪게 된다. 즉 의미화 과정 속에는 그것에 개입하는 계급, 성, 인종, 세대, 종족, 민족, 지역 등 다양한 주체들의 서로 다른 의미부여와 의미생산 과정이 스며들어 있다. 그런 의미에서 문화정치는 차이의 정치(politics of difference)를 수반한다. 그러나 미학, 취향, 스타일 등의 문화적 문제들은 권력, 불평등, 억압 등의 정치적 문제들로부터 분리될 수 없다. 그렇기 때문에, 계급뿐만 아니라 성, 인종, 지역, 세대 등 서로 다른 계층집단의 하위문화에 초점을 둠으로써, 다양한 의미의 지도(maps of meaning)를 탐구하고, 이를 통해 세상과 그 이면에 있는 문화적 차이의 불평등한 사회적 권력관계를 연구한다(Jackson, 1989: 이무용, 2005에서 재인용).

② 문화정치 관점에서 축제의 의미

문화정치학적 관점에서 지역축제는 지역의 역사, 전통, 설화 등을 포함하는 포괄적인 문화를 바탕으로 그 지역의 정체성을 담은 축제로 문화상품화 혹은 관광상품화했다는 측면에서 '재생산된 문화'라는 커다란 틀 속에서 의미를 찾아가야 할 것이다.

축제는 지역사회가 희망하는 어떤 이상을 규정하거나 변형된 도구로서 예술형태의 감정적 내용물들을 이용함으로써 문화와 정치 사이에 연결고리를 제공한다(Smith, 1995). 축제는 사람들이 정체성이나 이데올로기의 관점을 옹호하거나 논쟁할 수 있는 하나의 수단으로 제공된다(Jeong, 2004). 이렇듯 문화는 정치적 목적으로 지역의 정체성을 나타내거나 이데올로기를 표현하는 수단으로 적절히 이용되고 있는 것이다. 이장주 · 강경훈(2003)은 지방자치단체장이 축제와 같은 공동체행사를 통해 지역 정체감을 고양하는 방향으로 축제를 주도하고 있으며, 축제를 통해 지역사회에 대한 문화적 지배력을 강화함으로써 궁극적으로 자신의 지역적 지지를 강화하는 수단으로서 축제가 이용된다고 주장한다.

지역축제의 개최는 경제적 효과, 사회문화적 효과, 정치적 효과, 교육적 효과 등 다양한 목적으로 개최가 된다. 특히, 문화관광축제는 지역으로 외래관광객을 유치함으로써 지역의 경제를 활성화시키기 위한 경제적 효과에 초점이 맞춰져 있다. 그러나 문화정치적 관점에서 문화관광축제는 축제를 둘러싼 이해관계자들의 정치적 의미 차이도 발생된다. 지방정부에서는 지역이미지 제고를 통한 지역 경제활성화에 문화관광축제 개최에 의미를 두고 있으며, 지역주민 입장에서 지역축제는 지역주민의 화합을 통한 향토민의 일체감을 불러일으키는 계기로 삼기 위해 개최되지만 문화관광축제는 지역주민의 화합 측면보다는 지역이미지 제고와 이를 통한 지역경제의 활성화 그리고 지역 전통문화의 보존과 지역의 문화적 자부심 확인 등 경제적 및 문화적 목적으로 문화관광축제 개최를 희망할 것이다. 지역시민단체의 경우는 지역의 공공이익을 대변하기 때문에 지역경제활성화, 지역 전통문화의 보존, 지역사회의 화합 등 지역주민과 유사한 목적으로 문화관광축제 개최에 의의를 둘 것이다.

한편, 문화정치학 관점에서 지역축제의 의미는 지방정부나 지역주민들이 일상생활 속에서 상징물이나 재현물로서의 경제적, 사회문화적, 정치적 의미를 부여할 수 있는 수단이나 도구로 인식할 수 있다는 것이다. 즉 경제적 의미로서 Getz(1989)가 제시한 관광객

지출 효과와 소득효과 및 고용효과로 지역경제에 직접적인 도움을 준다는 점이다. 또한, 사회문화적 의미로는 지역주민의 자긍심 고취, 지역의 정체성 확립, 지역 간 교류 촉진과 지역주민의 문화활동 참여기회의 확대, 지역문화 계승·발전의 계기, 지역의 전통적 문화자원 보호 및 강화수단으로서 의미를 부여할 수 있다. 정치적 의미로는 성공적인 문화관광축제는 개최지역과 개최국의 지위를 향상시키는 것과 같은 정치적 효과를 유발한다는 점이다. 그러나 이러한 정치적 효과는 자칫 부정적인 차원의 정치적 목적을 성취하기 위한 도구로 축제를 이용함으로써 그 본질을 왜곡시킬 수 있는 위험이 있다(한국관광연구원, 2001).

〈표 2-3〉 축제 생산(상품화)과정의 의미

	경제적(장소마케팅)	정치적(문화정치적)
의미내용	• 장소 홍보 • 지역 정체성 강화 • 지역 경제 활성화 • 지역 차별화 전략 • 문화상품화	• 지역사회 문화지배력 강화 • 지역 및 국가의 지위향상 • 자치단체장 성과 부각시켜 선거에 이용 • 이데올로기 표현 수단

자료: 연구자 작성

3. 축제 소비과정에서의 의미 - 여가적, 관광적 의미

축제의 소비과정도 포함되는 관광여가활동은 일상생활에서 느끼지 못한 특별한 체험을 위한 행위이다. 축제를 이런 관광여가의 측면에서 볼 때, 관광객과 지역주민을 포함한 방문객은 축제에 참여함으로써 축제의 본질을 느끼고 재미와 즐거움 또는 만족과 같은 긍정적 또는 부정적 감정에 접근하게 된다(이훈, 2006). 이렇듯 축제의 소비과정은 축제의 본질 체험과 관련이 되고 축제체험의 본질적 속성은 이훈(2006)이 축제체험의 개념체계에서 제시한 일탈성, 놀이성, 대동성, 신성성, 장소성과 관련이 된다.

축제의 소비과정의 의미는 축제의 본질적 측면과 관련이 되고 이훈(2006)이 제시한 다섯 가지 축제 체험속성에서 일탈성, 놀이성, 대동성, 신성성 등이 축제 소비과정에서 대표적으로 표출되는 속성으로 볼 수 있다. 축제의 본질적 측면과 관련이 된다. 즉 고대시대 이후부터 보편적인 의미에서 축제는 곧 제의영역 및 놀이영역으로서 설명되었다. 축제의 제(祭)는 재(肉)＋손(手)＋제상(示)을, 축(祝)은 사람(人)＋입(口)＋비는 것(示)을 뜻하였고, 본질적으로 오락적인 요인과 일상에서의 탈출과 연관 지어 볼 수 있다(오순환, 1999; 김장기・권혁순, 2001에서 재인용). 특히, 축제의 소비과정 특성에서 같이 어울려서 노는 등의 대동적 오락성과 일상에서의 탈출과 사회계급으로부터의 탈출 등을 의미하는 일탈성이 소비과정에서 두드러진 특성으로 나타난다.

축제는 공급자 관점과 수요자 관점에서 연구가 가능한데, 수요자 관점에서는 축제는 소비행위이고 축제의 소비행위 주체는 축제 관광객과 지역주민이 될 수 있다. 축제 관광객 입장에서는 축제의 속성에서 강조되는 축제의 일탈성과 유희성에 의미를 부여할 수 있다. 한편, 지역주민의 입장에서 축제도 소비가 가능한데, 이들이 지각하는 지역축제는 여가적 차원에서 여가향유의 기회를 제공받는데 의미를 둘 수 있다.

이영진・이훈(2007)은 공연예술축제를 체험 소비행위로 유형화했는데, 즉 축제의 소비행위를 대분류로 개인적 소비행위와 사회적 소비행위로 구분하였다. 개인적 소비행위는 다시 소분류로 몰입정도, 행동에 대한 긍정－부정적 정서체험 등 개인 경험적 소비행위와 공연자와의 일체감(동화) 행동, 공연자에 대한 호응도 등의 대상 통합적 소비행위로 나누어 연구했다. 한편, 사회적 소비행위로는 동료와 어울림, 집단의 행동 등 사회적 유희로서 소비행위와 타인과의 특별한 행동비교, 피관찰자의 의상 통일성 등의 분류적 소비행위로 구분하였다.

〈표 2-4〉 공연예술축제 체험 소비행위

대분류	소분류	세부 내용
개인적 소비행위	개인 경험적 소비행위	공연에 대한 객관적이고 사실적 표현, 행동 평가, 행동에 대한 긍정－부정적 정서체험, 몰입 정도 등
	대상 통합적 소비행위	공연자와의 일체감(동화) 행동, 공연자에 대한 호응도, 반응, 분위기 매료, 도구 이용한 친근감 표시 등
사회적 소비행위	사회적 유희로서 소비행위	동료와 어울림, 집단의 행동 등
	분류적 소비행위	타인과의 특별한 행동비교, 피관찰자의 의상 통일성, 타인과의 비교를 위해 공연자에 대한 접근 행동 등

자료: 이영진 · 이훈(2007), 공연예술축제 체험 소비행위의 유형화, p.255 바탕으로 연구자 재작성

〈표 2-5〉 축제 소비과정의 의미

	여가적	관광적
의미내용	• 여가향유 기회 • 대동적 오락성	• 일탈적 체험 • 유희적 체험

자료: 연구자 작성

4. 축제의 형성, 생산, 소비과정의 의미 관련 선행연구

축제의 형성, 생산, 소비과정의 의미 관련 선행연구는 <표 2-6>에서 제시하는 것처럼 정리할 수 있다. 각 연구자들의 연구내용들을 축제의 형성, 생산, 소비 등 과정별로 의미를 부여하여 정리하였다.

〈표 2-6〉 '축제의 의미' 관련 선행연구

연구자	형성과정 의미			생산(상품화)과정 의미		소비과정 의미	
	사회적 의미	문화적 의미	역사적 의미	경제적 의미	정치적 의미	여가적 의미	관광적 의미
배만규 (2008)	• 지역주민의 단합 강화 • 공동체의식 증대 • 지역 애착도 증대 • 지역주민의 인정을 알림 • 지역의 이미지 정착 • 지역주민과 외지인의 교류증대	• 지역문화 홍보 • 지역 전통문화 계승 • 지역문화 교육의 기회 제공 • 지역문화의 가치인식 • 지역문화 예술인의 관심 증대 • 지역문화 시설의 확대				• 지역에서의 여가활동 확대	
이훈 (2006)	• 대동성 - 지역공동체의식 함양 • 장소성 - 지역 정체성 및 애착		• 신성성 - 축제의 전개과정에서 제(祭)의 양식과 의례(儀禮) 측면			• 일탈성 - 비일상성과 무질서와 난장의 카오스 상태 체험 • 놀이성 - 축제에 몰입함으로써 즐거움을 느낌	

연구자	형성과정 의미			생산(상품화)과정 의미		소비과정 의미	
	사회적 의미	문화적 의미	역사적 의미	경제적 의미	정치적 의미	여가적 의미	관광적 의미
이상일(1998)	• 사회교양과 공동체 의식의 심화와 강화		• 문화기층에 지녔던 종교적 의미 • 축제는 민속놀이나 연중행사처럼 민속적 행위전승으로서 과거의 구체적 삶의 방식을 내포함 • 축제의 근원은 사라진 문화기층의 민중생활을 읽어내는 역사인식에서 가능함				
류정아(2003)	• 남과 여, 왕자와 거지 등 사회문화적 지위가 전도되는 비일상적 전도성 • 지역민의 화합	• 지역의 문화정체성의 표현 및 강화	• 민속이나 관습의 형태로서 축제의 역사성 • 종교의례로서 출발하여 성스러운 존재나 힘과 만날 수 있는 의사소통수단으로서의 종교성			• 인간의 삶의 질을 측정해 주는척도로서의 유희적 의미	• 지역홍보와 관광자원으로서의 의미 • 관광과 여흥거리로서 의미
이무용(2005)				• 지역의 고유한 문화 • 역사자원을 상품화하는 장소마케팅 전략의 수단으로서 축제 의미	• 축제라는 문화현상을 권력관계가 얽혀 있는 정치적 장으로 바라봄.		

연구자	형성과정 의미			생산(상품화)과정 의미		소비과정 의미	
	사회적 의미	문화적 의미	역사적 의미	경제적 의미	정치적 의미	여가적 의미	관광적 의미
정강환 (1996)		• 지역문화의 발굴 보존 • 새로운 지역문화의 창출		• 지역경제 활성화 • 지역이미지 창출			
Getz (1991)	• 지역사회 발전	• 방문객에게 지역문화 정체성 교육	• 역사적 영속성 의미	• 경제적 활력			

자료: 선행연구를 바탕으로 연구자 작성

제4절 이해집단에 관한 이론적 고찰

1. 이해집단의 개념

이해집단(stakeholder)이란 개념은 처음에는 기업의 주주들에게만 그 범위가 한정되어 있다가 차후 "조직의 목적과 활동에 영향을 주고 그 결과에 영향을 받는 집단"으로 종업원과 고객으로까지 확장되기는 했으나 한동안 기업관리 분야에 머물러 있었다(Freeman, 1984; Gray, 1985). 그러다가 이해집단의 개념이 환경 및 자원관리, 지역계획처럼 다자간(多者間) 협상과 타협이 중요시되는 분야에서 통용되기 시작했으며 그 의미도 더욱 포괄적으로 확대되면서 '특정한 조직 또는 집단'이라는 사회적 의미가 강한 정의를 가지게 되었다(Bryson & Crosby, 1992; Mitchell, 1997, 신용석·이태희, 2005).

즉 이해집단 이론의 선도적인 역할을 한 Freeman(1984)은 다음과 같이 '조직'과 '이해집단'에 대해 특성 및 개념에 대한 규정을 한다. "조직은 종업원, 고객, 공급자, 정부, 커뮤니티 구성원 등의 다양한 단체와 개인과의 관계에 의해 특성이 나타나고, 이해집단은 조직의 목적을 달성하기 위해 영향을 주거나 받을 수 있는 어떤 단체나 개인을 의미한다."(Sautter & Leisen, 1999)고 한다.

이해집단에 대한 정의는 학자들마다 조금씩 차이는 있지만 이해집단이 기업관리 분야의 조직에서 좀 더 확대된 사회조직까지 포함하는 개념으로 확대되고 있고, 조직의 목적 달성을 위해 영향을 주거나 받는 상호작용과 관계된 모든 집단 혹은 개인이라는 데에는 이견이 없는 듯하다. 다만, 문성민(2008)이 지적한 것처럼 조직자체가 집단을 의미하며 영향을 주거나 받는다는 상호관계의 개념을 상기하면 '이해집단'의 개념에서 '집단'은 개인보다는 어느 정도의 역동적인 상호관계를 가지고 있는 둘 이상의 사람들로 구성된 집합을 의미한다고 볼 수 있다.

이상의 개념정의를 종합하면, "이해집단은 조직의 목적 달성을 위해 영향을 주거나 받을 수 있는 둘 이상의 사람들로 구성된 조직"으로 정의할 수 있다.

2. 관광개발과 지역축제에서의 이해집단 분류

관광개발과 관련한 이해집단의 분류로서 Sautter & Leison(1999)은 Freeman(1984)의 이해집단 이론을 응용하여 관광계획자를 중심으로 상호작용이 가능한 이해집단으로 지역주민, 지역NGO, 관광객, 전국적 규모의 기업체인, 경쟁자, 정부, 관광관련종사자, 지역기업 등을 제시하였고, 표성수·장혜숙(1994)은 <표 2-7>에서 보는 바와 같이 관광개발로 인한 영향을 기준으로 관광개발로 인해 이익을 보는 집단과 피해를 보는 집단, 관광개발 당사자 집단으로 유형화했다. 한편, 강신겸(1999)은 지역관광개발에서 이해집단을 지역관광개발과 관련해 직접적 또는 간접적으로 이해관계를 맺고 있는 사회조직이나 집단으로 보면서 이해집단 유형을 우선 정부 및 공공기관, 지역주민, 관광사업체, 계획가로 구분하고 이들을 이해의 범위에 따라 1차적 이해집단(직접적 이해집단)과 2차적 이해집단(간접적 이해집단)으로 나누었다. 문성민(2008)은 커뮤니티관광개발의 이해집단으로 UNWTO(1998)가 제시하는 공공부문(지방＋지역＋국가수준), 민간부문, 시민단체, 커뮤니티로 구분하는 것과 유사하게 구분했는데, 지역사회의 영향을 증대시킨다는 관점에서 관광객을 제외시키고 공공부문, 민간부문, 지역주민으로 구분이 가능하다고 주장한다. 이상의 관광개발계획 및 개발과정에서 관계되는 이해집단의 분류는 중립적인 입장에서의 관광계획자와의 상호작용이나 지역사회에 미치는 영향 및 영향 정도를 기준으로 유형화되었다.

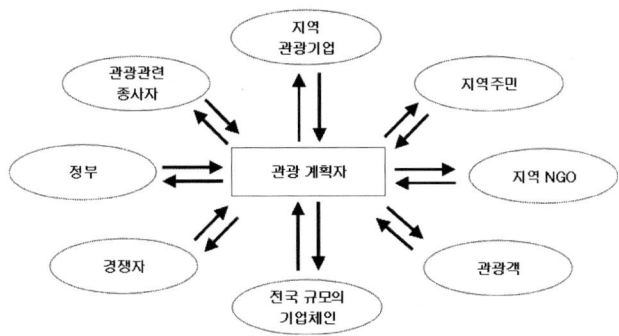

자료: Sautter, E. & Leisen, B.(1999). Managing Stakeholders: A Tourism Planning Model. p.315.

[그림 2-1] 관광개발 관련 이해집단 구성도

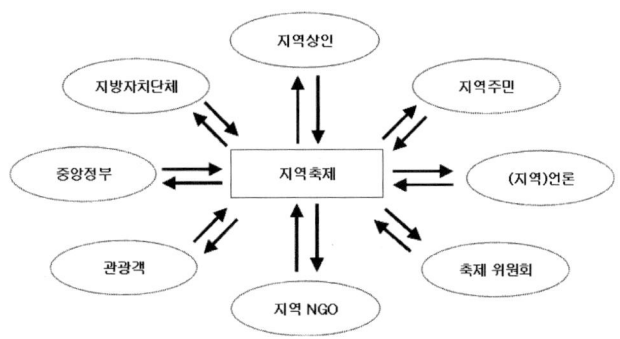

자료: 신용석·이태희(2005). 지역축제 이해집단 분석틀을 위한 탐색적 연구: 이해집단의 역학관계를 중심으로. p.303.

[그림 2-2] 지역축제 관련 이해집단 구성도

지역축제의 이해집단 구성은 신용석·이태희(2005)가 Sautter & Leisen(1999)이 제시한 관광개발 관련 이해집단 구성도를 응용하여 새롭게 모형을 제시했는데, 이 모형에서는 관광개발 과정에서 중립자로 제시된 관광계획자도 중립자가 아니고 지역축제를 둘러싼 강력한 이해집단으로 보고 있으며, 전국규모의 지역체인, 경쟁자, 관광관련종사자가 제외되고, 지방자치단체, 축제위원회, (지역)언론이 이해집단으로 추가되었다.

신용석(2004)은 이해집단의 숫자, 종류, 주요 이해집단(key stakeholders)
은 달라질 수 있다고 주장한다. 즉 외국의 지역축제에서는 축제위
원회나 상공회의소 같은 지역상인단체들의 비중이 크고 관(官)으로
대표되는 지방정부의 역할은 보조적이며, 한국에서는 지방자치단체
가 주도자의 입장에서 가장 큰 이해집단의 역할을 하고 있으며, 중
앙정부, 축제위원회 등이 보조적 역할을 하고 있다고 보고 있다.

〈표 2-7〉 관광개발관련 이해집단 유형

연구자	관광개발관련 이해집단 구분	이해관계자 유형	
표성수·장혜숙 (1994)	관광개발로 인해 이익을 보는 집단	- 관광개발로 이익을 보는 지역주민 - 관광사업자 및 관광관련 산업 - 새로움을 선호하는 관광객	
	관광개발로 인해 피해를 보는 집단	- 관광개발로 피해를 보는 지역주민 - 관광산업과 경쟁관계에 있는 기업 및 산업	
	관광개발 당사자 집단	- 중앙정부, 지방정부 및 공적 관광조직 - 관광계획가	
강신겸 (1999)		1차적 이해관계자 (직접적 이해관계자)	2차적 이해관계자 (간접적 이해관계자)
	정부 및 공공기관	- 중앙정부 관련 부처 - 광역자치단체해당 기초자치단체(시·군) - 지방의회	- 상공회의소 - 농협, 임협, 수협, 지역 금융기관연합회 등
	지역주민	- 거주민, 토지소유자 - 업종·지역별 주민조합	- 지역연구소, 사회단체, 환경단체 - 지역언론
	관광사업체	- 개발사업자 - 관광사업체(숙박, 여행 등)	- 스포츠레저단체 - 지역관광협회
	계획가	- 관광계획수립 전문가 - 계획전문업체	- 연구원, 대학교수 등 자문집단

자료: 표성수·장혜숙(1994), 최신관광계획개발론, p.13. 강신겸(1999), 지역관광개발에서의 이해관계자 유형 및 협력과정에 관한 연구, p.54.를 바탕으로 연구자 재구성.

한편, 헤이만(1999)은 장소마케팅의 주체구조를 공급집단과 수요

집단으로 구분하였고, 조아라(2002)는 김효섭(1998) 및 헤이만(1999)의 연구를 응용하여 문화관광지 개발과정에서 행위 주체의 구성을 생산집단, 소비집단, 매개집단으로 구분하였다.

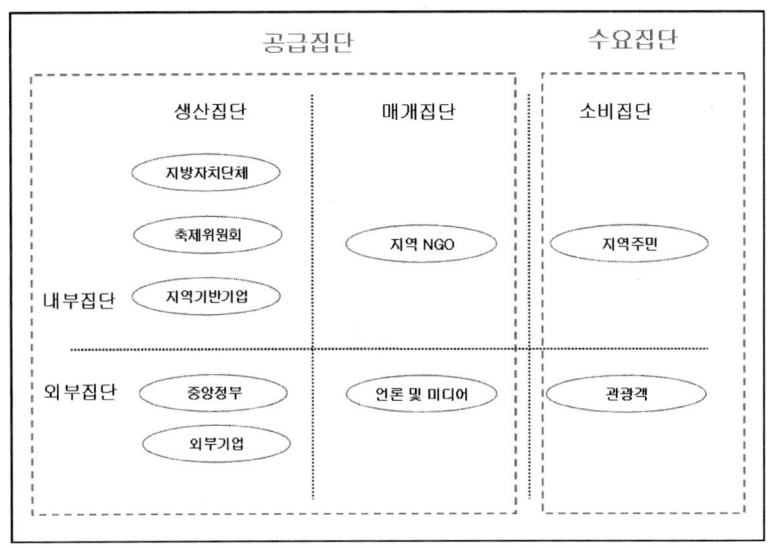

자료: 김효섭(1998), 헤이만(1999), 조아라(2002)의 연구를 바탕으로 연구자 재구성.

[그림 2-3] 축제관련 이해집단 분류

③ '지역축제' 개최에 따른 이해관계자 집단 유형

지역축제를 둘러싼 이해관계자 집단을 파악하기 위해서는 지역축제를 지역의 문화관광자원으로 인식하여 지역의 관광개발 차원에서 관계된 이해관계자를 대상으로 분석해야 한다. 왜냐하면, 지역축제도 관광개발의 개념에 포함되기 때문이다.

관광개발(tourism development)은 '관광'과 '개발'이라는 단어의 복합어로서 '개발'이라는 의미에는 양적인 변화뿐만 아니라 질적인 변화를 포함하는 개념이다. 관광개발에 대한 개념은 Gunn(1988),

Inseek(1991), 최승담(2006) 등의 학자들에 의해 관광의 통합적, 시스템적 차원에서 정의되어 왔다(김형미, 2007). 즉 광의의 개념으로 보면 관광개발은 관광자원, 관광상품, 관광시설 및 관광서비스 등을 적극적으로 진흥시키는 과정으로 볼 수 있으며, 지역축제도 지역의 관광자원 발굴, 관광상품으로 개발, 관광시설의 활용, 관광서비스의 제공 등과 같이 관광의 통합적, 시스템적 차원에서 모두 관계되어 있다고 볼 수 있다.

지역축제를 둘러싼 이해집단을 파악하기 위해 이해관계자 집단의 성격과 정책입장에 따른 분류를 참고하여 지역축제와 관련된 이해관계자 집단의 성향을 파악해야 한다.

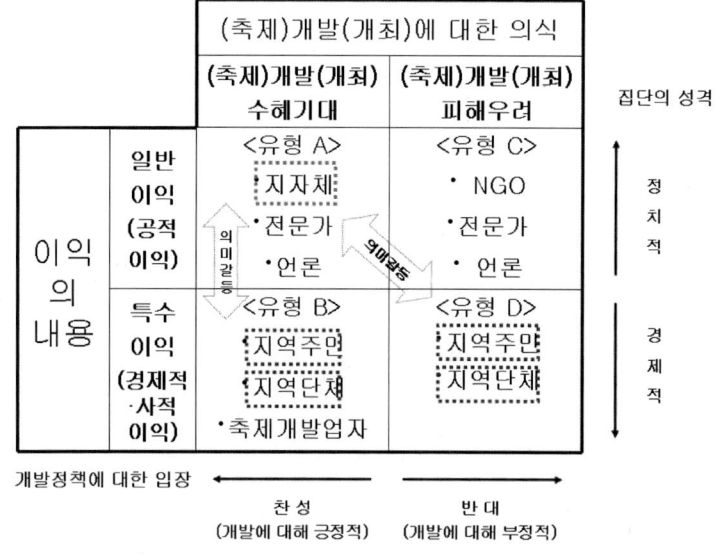

자료: 황경수(1993), 제주도개발특별법 제정과정에서 집단요구표출활동에 관한 연구, 서울대학교 대학원 석사학위논문을 바탕으로 연구자 재구성

[그림 2-4] 축제개발을 둘러싼 이해관계자의 성격 및 정책에 대한 입장

한편, 황경수(1993)는 이해집단이 추구하는 이익의 내용과 개발에 대한 의식에 따라 갈등집단을 네 그룹으로 분류하였다. 이익의 내용은 집단 구성원들이 관광개발로 인한 경제적 사적이익을 추구하는 '특수이익'과 사회전체에 영향을 미치는 공적이익을 추구하는 '일반이익'을 구분하고, 개발에 대한 의식은 개발에 대한 긍정적 입장(개발로 수혜를 입었거나, 수혜를 기대하는 집단)과 부정적 입장(개발로 피해를 입었거나, 피해를 우려하는 집단)으로 구분하였다(김형미, 2007). 이 두 가지 기준에 의한 조합을 정리하면 [그림 2-4]와 같다. <유형 A>는 정치적·공익적 성격을 가지고 개발수혜를 기대하여 개발에 찬성하는 집단으로 지방자치단체, 전문가그룹, 지역언론 등이 속하며, <유형 B>는 경제적·사적이익을 추구하며, 해당 집단의 특수이익을 얻기 위해 찬성하는 집단으로 지역주민, 지역단체, 지역개발업자(지역관광기업) 등이 속한다. <유형 C>는 정치적·공익적 성격의 개발에 따른 피해를 우려하는 집단으로 개발을 반대하며 NGO, 전문가, 지역언론 등이 속한다. <유형 D>는 개발에 따른 경제적·사적 이익을 추구하는 집단으로 개발에 대한 피해의식을 가지고 있기 때문에 개발을 반대하는 집단으로 지역주민, 지역단체 등이 속한다. [그림 2-4]에서 보여 주는 것처럼 집단의 성격상 정치적이고 축제개발로 인한 수혜를 기대하는 지방정부(지자체)와 집단의 성격이 경제적이고 축제개발로 인한 수혜를 기대하거나 혹은 피해를 우려하는 지역주민, 지역단체들과는 축제개발에 대한 의미와 이익의 내용에 대한 의미 면에서 차이를 보이는 것으로 나타나 축제개최와 관련된 정책결정상황에서 항상 갈등의 소지가 있다고 볼 수 있다.

3. 관광개발과정에서 이해집단 간 관계의 성격

강신겸(1999)은 이해집단 간에 나타나는 관계의 성격에 따라 <표 2-8>와 같이 수직적 통제관계, 수평적 경쟁관계, 상호의존적 협력관계로 구분하고, 그 사례로 수직적 통제관계는 중앙정부와 지방정부, 발주처와 용역업체 등의 관계이며, 수평적 경쟁관계는 광역지방자치단체 간 혹은 기초지방자치단체 간의 협력관계 그리고, 상호의존적 협력관계는 토지소유주와 관광사업체의 관계를 들고 있다.

〈표 2-8〉 관광개발과정에서 이해집단 간 관계 성격

관계 구분	관계 성격	사 례
수직적 관계	통제 관계	• 중앙정부와 지방정부 • 발주처와 용역업체
수평적 관계	경쟁 관계	• 광역 혹은 기초 지역자치단체 간 협력관계
상호의존적 관계	협력 관계	• 토지 소유주와 관광사업체의 관계

자료: 강신겸(1999)의 연구를 토대로 연구자 작성

4. 축제에 대한 이해집단의 인식, 태도

1) 관광개발 및 축제에 대한 이해관계자들의 인식, 태도 연구경향

지역축제에 대한 이해관계자들의 인식, 태도, 갈등은 지역축제를 관광상품 및 서비스를 진흥시킨다는 광의의 관광개발의 과정으로 인식할 수 있으므로 선행연구에서 주로 다루어졌던 관광개발에 대한 지역주민이나 지역지자체 등이 지각하는 영향 인식과 태도로 보는 연구들을 살펴봐야 할 것이다. 특히, 관광개발과 이해관계자의 인식과 태도와 관계된 대부분의 선행연구에서는 관광개발에 따른 지역주민의 관광영향 인식과 태도(최윤석, 2007; 김학군, 2005; 장미경, 2005; 김효중, 2004; 김시영, 2003)에 관한 내용들이다. 인식과 태도의 대상이 지역주민이었다. 단지, 김학군(2005)의 연구에서만 관광영향 인식과 태도를 지역주민 이외에 관광공무원, 관광객까지 연구대상으로 삼았다.

지역주민의 관광영향 지각에 관한 연구는 1960년대와 1970년대에는 관광영향의 긍정적인 측면, 특히 관광개발이 가져오는 경제적 효과에 대해 연구의 초점이 맞추어졌다. 그러나 1980년대에는 주로 사회적인 측면에서 부정적인 영향을 다루었으며 1990년대에 들어와서야 관광영향에 대한 연구가 균형적인 측면에서 이루어졌다. 많은 선행연구에서 관광영향에 대한 지역주민들의 지각을 설명하려는 시도가 있어 왔다. 이들의 개념적인 틀은 크게 사회교환이론, 관광개발주기이론, 그리고 세분화 접근법 등으로 나누어 볼 수 있다(김학군, 2005).

축제와 지역이해관계자들의 인식 혹은 태도와 관계된 선행연구는 해양수산축제에 대한 축제 주체자의 인식을 다룬 연구(송영택, 2006), 지역축제의 사회·문화적 영향을 지역주민 인식차원에서 다룬 연구(김희선, 2005), 지역주민, 축제관련업체, 지역공무원 등 지역축제 참여집단의 네트워크 인식에 관한 연구(박재용, 2005) 등 축제와 지역주민의 영향인식에 관한 연구(김희선, 2005; 김유태, 2002; 양승필, 1999)가 대다수를 이루고 있고, 축제 주체자로서 지방자치단체 공무원 및 민간 축제위원으로 참여하는 지역주민들의 인식 차이를 규명한 연구(송영택, 2006), 지역주체 참여집단의 인식에 관련하여 지역주민은 물론, 축제관련업체 및 지역공무원까지도 포함시켜 축제에 대한 인식과 의미를 도출한 연구(박재용, 2005)도 있다.

송영택(2006)의 연구에서는 지역공무원과 민간 축제위원으로 참여하는 지역주민 간의 축제의 경제적 효과와 사회적 효과 차원에서 인식의 차이가 있는 것으로 밝혀졌고, 박재용(2005)의 연구에서는 지역축제 참여조직 간 협력 네트워크 추진방안 모색을 위해 참여조직 간 축제효과, 참여조직 간 협력인식, 축제추진위원회에 대한 지각과 태도 차이를 규명하였다.

한편, 헤이만(1999)은 지역축제의 참여 주체 구조와 주체 간 갈등 관계를 연구하였고, 김은혜(2002)는 지역축제의 정체성과 참여 주체 구조 간 갈등을 두 개의 영화제를 비교하여 연구했으며, 이경영(2007)은 지역축제 운영상 발생되는 참여 주체 간 갈등에 관한 연구를 하는 등 지역축제와 축제 참여 주체들의 축제 참여과정에서 발생되는 갈등 구조와 내용을 파악할 수 있는 연구들도 있다.

제5절 기호학과 의미화 과정과 의미분석에 대한 이론적 고찰

1. 기호학의 개념 및 구조

기호학은 의미의 창출과 해석을 위한 학문이다. 본 연구에서는 기호학이 분석의 도구로 이용되기 때문에 의미해석에 유용한 수단인바 기호학의 개념과 기호학의 의미분석 방법을 중심으로 알아볼 필요가 있다. 또, 한편으론 그레마스의 행위소 모형이 의미구조관계를 분석해 내는데 유용한 모형으로 적용되기 때문에 그레마스의 행위소 모형에 대해서도 면밀히 살펴볼 것이다.

기호학은 상징체의 창조와 의미작용이 어떻게 이루어지는가를 연구하는 학문이다. 다른 한편으로는 연구의 대상이 되는 상징체가 어떤 구조로 만들어져 있으며, 어떤 의미를 품고 있는가를 분석하는 것이 기호학이다. 기호들은 우리의 일상성 속에 깊숙이 자리 잡고 있어서 마치 당연한 것들처럼 보이지만, 그 안에는 여러 가지 신기한 것이 숨어 있다. 우리가 사용하는 기호의 의미가 바뀌면, 우리의 인간성 자체가 바뀐다. 인간과 세계는 처음부터 끝까지 기호로 이루어져 있기 때문이다. 기호학의 창시자 중 한 사람인 스위스의 기호학자 소쉬르(Saussure)는 기호학을 "사회 안에서 일어나는 기호들의 삶에 대해 연구하는 학문"(Color, 1998)이라 정의했다(Saussure, 1966; 김경용, 1994에서 재인용).

현대 기호학은 일반적으로 문화현상과 과정에 초점을 맞추고 있지만, 문화현상과 관련되어 일어나는 모든 현상, 가령 정치, 경제, 종교, 사회현상 등에도 주목한다. 좀 더 근본적으로 말하면, 기호학은 기호에 의해 일어나는 커뮤니케이션 현상을 다루는 학문이다. 에코에 의하면, 기호학이란 모든 문화의 과정을 커뮤니케이션 과정이라고 보는 관점에서 문화를 연구하는 학문이다. 문화는 전적으로 기호학적 입장에서 연구할 수 있기 때문에, 같은 입장에서 문화와 더불어 일어나는 여러 현상을 살펴볼 수 있는 것이다. 좀 더 구체적으로 보면, 사회적 작용력(social forces)으로서의 기호를 연구하는 것이 기호학의 주제라고 에코는 말한다. 기호는 사회적 작용력의 체현일 뿐만 아니라 커뮤니케이션 현상을 일으키는 주체가 된다(Eco, 1998). 초기 기호개념이 언어에서 출발하였으나 이는 점차 문학적인 텍스트, 건축작품, 그림, 음악, 연극대본과 같은 대상들, 그리고 일상문화의 대상들도 기호라는 범주에 포함되기 시작되었다. 그리하여 기호의 범주에는 자연발생적 상징체계와 인위적으로 설정된 상징체계, 그리고 예술작품들이 모두 포함되게 된다(박이문, 1997; 박미진, 2005에서 재인용).

소쉬르가 『일반 언어학 강의』에서 "사회생활 안에서의 기호의 삶을 연구하는 하나의 과학"으로서 기호학을 제시하였던(소쉬르, 1973) 것처럼 기호학은 '기호가 어떻게 구성되었으며, 어떠한 법칙에 의해 통제받는가'를 가르쳐 준다. 기호학은 모든 의미체계를 통괄하는 구조주의적 언어모델을 적용시키고 '과학적'이고 정확한 분석방법을 제공하는 메커니즘이라고도 할 수 있다. 완벽하게 과학적인 것은 아니지만 기호학은 매우 유용한 방법으로, 문화연구의 기초가 되고 있다(http://blog.naver.com/3sang4/40015148526).

기호의 구조에 대해 살펴보면, 기호학은 기호를 연구하는 학문이라고 볼 수 있는데, 기호를 이해하기 위해선 기호의 기본요소를 먼저 이해해야 한다. 기호는 세 가지 기본요소로 이루어지는데 그것은 기표, 기의, 그리고 기호 자체이다(Barthes, 1972). 이 중 세 번째 요소, 즉 기호 자체는 기표와 기의가 연합하여 만들어 낸 새로운 요소이다. 기호의 삼부모형은 기호를 나르는 운반체가 무엇인가에 관계없이, 즉 그것이 언어이든, 몸짓이든, 도상이든 상관없이 똑같은 틀을 유지한다. 기호는 기표와 기의의 두 가지로 이루어지는 것이 아니라 세 가지로(기호 자체 포함) 이루어진다는 사실을 기억하는 것이 좋겠다(김경용, 1994).

기호의 구조를 이해하기 위해 소쉬르(1966)가 소개한 기호의 체계와 관련하여 기호의 삼부모형과 기호의 공식을 제시하면 아래 그림과 같다. 또한 이 기표, 기의, 기호의 세 가지 관계를 종합하여 나타낸 그림도 제시했다.

김경용(1994)은 기호학의 원칙을 사회현상을 기호로 대치(substitution)시키는 것으로 보고 있다. 이러한 대치작용은 의미작용이라는 수속을 필요로 한다. 즉 하나의 기호를 만들기 위해서, 기표와 기의를 결합시키는 작용을 의미작용 또는 의미화라고 부른다. 의미작용은 기호를 만들어 낼 때(기호작용)에만 일어나는 것이 아니고, 기호의 의미를 풀이(기호해석)할 때에도 일어난다(김경용, 1994). 한편 소쉬르의 기호에서는 [그림 2-6]에서 보는 바와 같이 외부세계가 공급하는 기표, 마음이라고 하는 내부세계가 공급하는 기의, 이 두 가지가 합성되어 표상의 세계에 편입되는 기호가 형성됨을 알 수 있다.

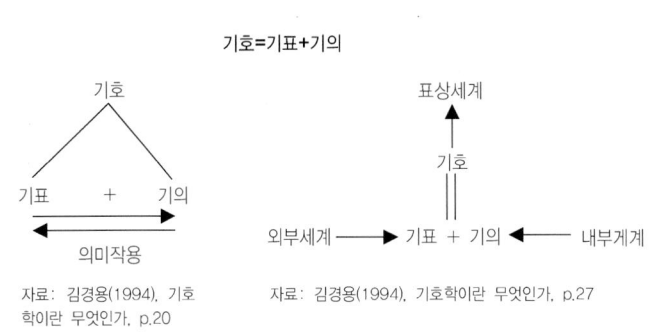

기호=기표+기의

자료: 김경용(1994), 기호학이란 무엇인가, p.20

[그림 2-5] 기호의 삼부모형

자료: 김경용(1994), 기호학이란 무엇인가, p.27

[그림 2-6] 기표, 기의, 기호의 관계

2. 기호학의 의미화 과정 및 의미분석 방법

1) 소쉬르의 의미화 과정

기호학에서 말하는 의미화 과정을 살펴보면, 기호(sign)는 두 구성 부분인 기표(signifier)와 기의(signified)로 나뉜다. 소쉬르는 기호를 생각(idea)을 표현하는 것으로 기호표현과 기호내용의 결합체로서 자의성(恣意性)[1]을 지닌 것으로 의미소통을 위한 고안물이라고 하였다. 즉 소쉬르는 기호를 기표(記表, signifier)와 기의(記意, signified)의 두 요소가 결합하여 만들어지는 것으로서 '기표'는 무엇을 표현하기 위한 실체적 요소로 형식을 말하는 것이고, '기의'는 기호가 대변하는 정식적 개념으로 의미되는 내용을 말한다. 언어기호를 예를 들면, 꽃이라고 말할 때 꽃이라고 발음되고 글씨로 표현되는 것은 기표이고, 우리가 알고 있는 꽃의 실체는 기의인 것이다. 그러므로 기표와 기의는 별개로 구분되는 것이 아니다. 기표와 기의의 관계는 자연적이거나 필연적인 동기에 의하여 만들어진 것이 아니라 사회문화적인 관습에 의하여 만들어진 것이고, 기호의 의미는 기표와 기의의 연결관계, 즉 의미작용에 의해서 만들어지는 것이다(박영원, 2003).

기호의 의미획득 과정을 소쉬르는 기표와 기의 사이의 관계는 완전히 인위적이며 아무런 필연적 이유가 없는 순전히 관습, 즉 문

---

1) 자의성(恣意性, arbitrariness): 소쉬르의 언어이론에서 나온 말로, 기호가 생산될 때 기표와 기의가 어떤 공리나 원리에 입각한 것이 아니라 기호 생산자의 마음먹은 대로의 결정에 따라 연결됨을 뜻하는 것으로 아무런 내적 관계가 없고 자연관계보다도 협약(convention)에 입각한 관계성으로, 즉 기호표현과 기호내용의 관계가 자의적이다(박영원, 2003: 39).

화의 동의 결과라고 주장한다. 의미라는 것은 기표와 기의 사이의 본질적 교류의 결과가 아니라 오히려 차이와 관계로부터 만들어진다는 것이다. '개'라는 기표는 그것이 '제', '게', '걔'가 아니기 때문에 기의 '개'를 가리킬 수 있다. 교통신호등은 이를 잘 보여 주는 사례이다. 교통신호 체계는 "본질적인 의미를 가짐으로써가 아니라 차이, 즉 그 체계 내에서 반대와 대조라는 구별 때문에" 작동하는 것이다(Storey, 1994). 소쉬르에 따르면 의미란 것은 조합과 선택이라는 일련의 과정의 결과에 불과한 것이다.

<소쉬르: 언어의 두 개 구성요소>
- 개: 글자를 지칭하는 뜻의 '개' - - - - -〉 기표(signifier)
- 개: 다리가 넷 달린 개과의 동물이라는 개념 또는 정신적 이미지 - - - -〉 기의(signified)

자료: 박미진(2005), 송파산대놀이의 기호학적 고찰. p.22.

2) 롤랑바르트(Roland Barthes)의 의미화 과정 및 신화론

프랑스의 기호학자 롤랑 바르트(Roland Barthes)는 대중문화를 포함한 모든 문화적 행위를 언어행위로 보고 그 의미작용을 분석한다. 바르트의 궁극적인 목표는 어떻게 겉보기에는 솔직담백한 (straightforward) 기호들이 이데올로기적이고 내포적인 의미를 지니게 되며 문화적인 현 상황(status quo)을 유지하게 만드는가를 설명하는 것이다. 바르트에 따르면, 모든 기호학적 체계가 신화적인 것은 아니다. 모든 기호가 이데올로기적 의미를 전달하지는 않는다. 그렇다면 어떻게 어떤 기호는 정서적으로 중립적인 반면에 다른 기호는 사람들을 특정한 세계관으로 빨아들이는 강력한 내포적 의미를 얻게 되는가? 바르트는 신화적인 또는 함축적인 체계는 이차적인 기호학적 체계라고 주장한다. 일차적인 체계의 기호가 이차적인 체계의 기표가 된다는 것이다(박미진, 2005).

<바르트: 의미작용의 과정>

- '개'라는 언어적 기호
- '개'의 1차적 기의: 네발 달린 개과의 짐승
- '개'의 2차적 기의: 여름에 특히 맛있는 음식, 못마땅한 인간

자료: 박미진(2005). 송파산대놀이의 기호학적 고찰. p.24.

나아가 2차적 의미작용은 '신화(myth)'를 만들어 냄으로써 3차적 의미작용으로 발전한다. '신화'란 사회적으로 널리 통용되는 믿음이나 가치 또는 태도이며, 지배적인 이데올로기의 다른 표현이다. 신화는 통상적으로 믿을 수 없는 이야기를 가리키는 말이다. 또는 잘못된 관념이나 사상이 담긴 담론을 비꼬는 말로도 쓰인다. 그러나 기호학에서 신화는 사람들이 눈으로 직접 볼 수 없는, 말로도 표현할 수도 없는 어떤 불가해한 것이나 현상을 어떻게든 설명하려고 만든 이야기를 신화라고 부른다. 바르트는 대중문화 속에 그러한 신화들이 녹아 있으며, 따라서 신화를 찾아내는 것이야말로 대중문화 분석의 목표라고 보았다(박미진, 2005).

소쉬르는 기호를 기표와 기의로 구분하여 칭하였고, 옐름슬레브는 기표를 '표현'으로 기의를 '내용'으로 명명하였는데, 서로 교환하여 사용해도 문제가 없다. 이를 다시 바르트는 1차 기호(the primary sign), 즉 외시의미(denotation)로 객관적 의미의 수준을 나

타냈고, 또 이 1차 기호의 표현과 내용이 합쳐져서 2차 기호의 새로운 표현(기표)과 내용(기의)이 되어 주관적 의미의 수준, 즉 개인이나 문화에 따라 다른 의미를 부여할 수 있는 자유로운 자의성의 차원으로 공시[2](함축)의미(connotation)를 가지게 된다고 설명하였는데 이는 텍스트를 분석하는 데 유용한 분석의 틀을 제공한다(박영원, 2003).

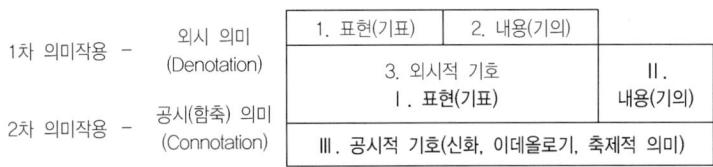

<table>
<tr><td>1차 의미작용 —</td><td>외시 의미
(Denotation)</td><td colspan="2">1. 표현(기표)</td><td>2. 내용(기의)</td><td rowspan="2"></td></tr>
</table>

1차 의미작용 —	외시 의미 (Denotation)	1. 표현(기표)	2. 내용(기의)	
		3. 외시적 기호 Ⅰ. 표현(기표)		Ⅱ. 내용(기의)
2차 의미작용 —	공시(함축) 의미 (Connotation)	Ⅲ. 공시적 기호(신화, 이데올로기, 축제적 의미)		

자료: 김치수 외(1998), 김경용(1994), 박영원(2003), 박재훈(2004)의 연구를 토대로 연구자 작성

[그림 2-7] 기호의 1차, 2차 의미작용

바르트는 프랑스 군복을 입은 젊은 흑인이 프랑스 국기를 바라보며 거수경례를 붙이는 표지사진이 실린 잡지를 다음과 같이 분석한다.

<바르트: 의미화 과정>

- 1차적 의미(외연적·지시적 의미): 흑인 병사가 프랑스 국기에 경례한다.
- 2차적 의미(내포적·함축적 의미): 위대한 프랑스 국기에 흑인 병사가 충성을 표시한다.
- 3차적 의미(신화적 의미): 위대한 프랑스는 피부색을 가리지 않고 국민들로부터 존경을 받으며 그것은 영원할 것이다.

자료: 박미진(2005), 송파산대놀이의 기호학적 고찰. p.25

---

2) 옐름슬로우는 단어가 어떤 문맥 속에서 기호로 작용하면서 본래적인 의미에 머물지 않고 부가적인 새 의미를 산출하는 현상을 공시현상이라고 하였다(서정철, 1998).

3. 그레마스(Greimas)의 의미생성 과정 및 행위소 모형

그레마스(Greimas)가 말하는 '기호학'은 '기호들의 체계'에 대한 연구가 아니라, 기호 개념을 전제로 '의미화의 체계들'에 대한 일반이론을 세우는 것을 목표로 한다(Greimas & Courtes 1979)는 점이다. 바꾸어 말하면 그의 기호학은 바로 의미생성의 이론이며, 의미가 생산되는 방식들에 따라 의미를 정의하고 설명하려고 한다(김운찬, 2005).

의미의 존재방식을 이해하기 위해서는 의미를 둘러싸고 있는 관계들의 그물을 재구성해야 한다. 그런 재구성 작업은 의미의 기본 구조를 밝히고, 의미의 생성 경로를 추적하고 규명하는 것으로 집중된다. 그리고 그 작업은 주로 텍스트를 대상으로 한다. 왜냐하면, 의미화는 단지 텍스트를 통해서만 이루어지며, 텍스트는 바로 의미가 생성되는 장소(Eco, 1984)이기 때문이다.

그레마스(Greimas)는 텍스트·담론의 의미를 구조적이고 체계적으로 분석하는 기호학을 정립한다. 그레마스 기호론은 기호 자체에 관한 학문이라기보다 의미체계에 관한 일반이론이며 의미파악과 생성에 관해 개념 구축의 형태로 명시하고자 하는 구조적 기호이론이다. 기호학의 분석의 대상은 담화(談話, discours)이며 이러한 담화는 비언어적인 텍스트-언어뿐 아니라 그림, 몸짓 등-를 포함하면서 언어학적 분석의 한계를 넘어서고 있다. 우리는 그레마스를 통하여 의소(義素, séme)를 분절하여 담론의 심층 구조를 살피고 이를 통하여 표층의 의미를 읽고 다시 텍스트로 표출되는 의미들을 구조적으로 파악할 수 있게 되었다. 곧 담화 내의 체계를 통해 기호적 표층에 관한 현상을 다루기도 하지만 의미의 파악과 생성의 조건이라는 심층적 의미의 망을 살피는 데 주력한다. 곧 텍스트의 내재적 구조를 기호-설화 구조와 담화구조로 보고 심층에 있는 의미의 기본구조를 통해 구체적인 단계로 발전하면서 텍스트를 발현한다는 것이 그레마스 기호학이 가정하는 의미생성의 과정이다. 이러한 의미의 내재적 조건과 순전히 텍스트 안에서 유의적인 의미 단위들이 이루는 관계와 작용을 보는 구조적인 기호학적 분석법으로 그중 대표적인 것이 행위소 모형과 기호학적 사변형이다(김지원, 2006).

그레마스에 의하면 행위소[3](actant)는 술사(predicate: 전통문법의 동사)와 함께 하나의 의미론적 메시지를 이루는 요소이다. 그는 행위소 모형을 술사의 분류보다 더 높은 단계에 위치하며 술사를 분류하고 조직화하는 메타 언어적 도구로서 인식하고, 언어학에서 주체(subject)와 대상(object), 발신자(sender)와 수신자(receiver), 조력자(helper)와 적대자(opponent) 등의 대립쌍을 통해 행위소 모형을 구성하였다. 이러한 대립쌍은 각기 욕망, 전달, 능력이라는 세 가지 축으로 구성된다(김영순·김기국·박여성·백승국, 2004). 욕망의 축(axe of desire: 주체→대상)은 문장구성의 주어-목적어의 관계처럼 주체가 대상을 추구하는 욕망을 구현하는데, 이들 주체와 대상

---

3) 행위소는 "어떤 자격이건 또 어떤 방식으로든 간단한 구상체(figurant)와 가장 수동적인 방식으로 과정에 참여하는 존재들이나 사물들"을 지칭하며 전통 비평의 '인물'을 대체함으로써 텍스트 분석이 인간 중심적 표상에서 벗어나 행동들의 조작으로 무게중심을 옮겨 주는 역할을 한다(김영순·김기국·박여성·백승국, 2004: 275). 한편, 박미진(2005)의 정의에 의하면, 행위소(actant)는 "기호학자 그레마스의 이야기 분석에서 등장인물을 존재론적으로 파악하지 않고, 행위에 의하여 평가하면서 행위소(actant) 용어를 사용하였으며, 행위소의 개념은 주체가 관계를 맺는 모든 행위 관계를 나타내는 것이다."라고 주장한다.

의 관계는 쉽게 말해 능동과 수동의 관계이다. 전달의 축(axe of communication: 발신자→수신자)은 의사소통 도식에서 차용된 것으로 발신자가 수신자에게 대상을 전달하는 일방적 전제 조건의 관계이다. 능력의 축(axe of being – able: 보조자↔반대자)은 주체가 대상을 추구하는 경우 주체를 도와주는 협조자와 그를 방해하는 반대자가 존재할 수 있는데, 이 둘의 대립적 관계이다(김영순・김기국・박여성・백승국, 2004). 각 행위소 중에서 주체(subject)는 대상을 추구하거나 원하는 존재, 인간의 욕망과 관련시킬 때는 그 욕망을 실현하는 자이다. 대상(object)은 주체가 추구하는 객체, 주체에 의해 원해진 존재, 욕망과 관련시킬 때는 욕망의 대상이 된다. 발신자(sender)는 대상을 주체와 만나도록 이끄는 자, 욕망과 관련시킬 때는 욕망을 일으켜 발하는 곳이다. 수신자(receiver)는 주체가 대상을 구현함으로써 그 혜택을 받는 자, 욕망과 관련시킬 때는 실현된 욕망을 누리는 자이다. 조력자(helper)는 주체가 대상을 추구하는 것을 도와주는 자, 욕망과 관련해서는 욕구를 강화하는 자이다. 적대자(opponent)는 주체가 목적을 구현하려는 행위를 방해하고 주체에게 해악을 끼치는 기능을 수행하는 자, 욕망과 관련시킬 때는 욕망에 대한 억압, 꿈에 대한 현실을 구체적으로 표상한 자이다(Greimas, 1966; 김지원, 2006에서 재인용).

행위소 모형의 각 주체는 축제를 기준으로 해서 다시 개념을 정리하고 축제 이해집단을 역할에 따라 각 주체의 대상자를 지정할 수가 있다. 즉 행위소 모형에서 대상은 지역축제이고 주체는 축제를 추구하는 축제 주최자를 의미하며, 주체로는 지방정부와 축제위원회가 있으며, 조력자는 주체가 축제를 추구하는 것을 도와주는 자이며, 조력자로는 중앙정부와 지역상인이 가능하며, 적대자는 주체가 축제를 추구하는 것을 방해하거나 반대하는 자로 볼 수 있는데, 적대자는 조력자와 마찬가지로 중앙정부와 지역상인이 될 수 있다. 발신자는 축제가 주체와 만나도록 이끄는 자이며, 매개집단인 지역언론과 지역NGO가 가능한 역할을 할 수 있고, 수신자는 주체가 축제를 구현함으로써 혜택을 받는 자로 지역주민이나 관광객이 가능하다고 볼 수 있다.

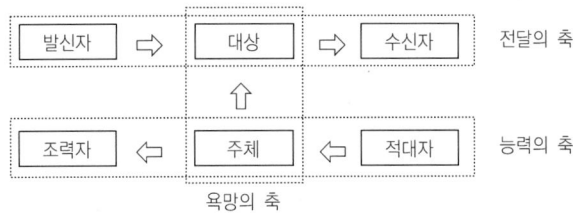

자료: 김지원(2006), 그레마스 기호학의 무용분석적 적용에 관한 논의, 참조 연구자 재구성

[그림 2-8] 그레마스의 행위소 모형

김기국 외(2004)는 부산국제영화제를 그레마스의 행위소 모형에 적용하여 축제로서의 '영화제 미학'에 대해 분석하였다.

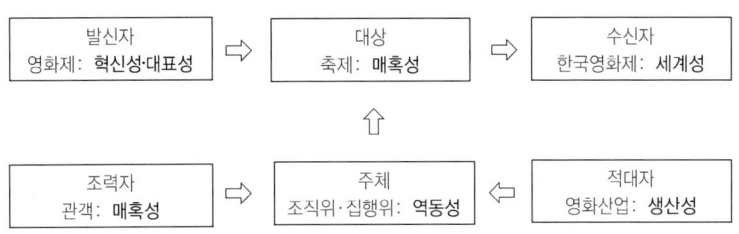

자료: 김기국 외(2004), 문화와 기호, p.277.

[그림 2-9] '축제'로서의 '영화제 미학'

4. 지역축제의 의미구조분석에 기호학적 분석방법 적용

지방정부, 중앙정부, 축제위원회, 지역상인, 지역주민, 지역언론, 지역NGO, 관광객 등의 이해관계자 집단이 문화관광축제에 부여하는 의미내용을 기호학적 차원에서 분석하자면, 첫째, 기호학의 기표, 기의, 기호의 의미과정을 적용하여 텍스트나 담론에서 표출되는 기표, 기의, 기호의 단계별 및 심층적 의미를 파악한다. 둘째, 이해집단들이 의미를 부여하여 생성된 의미에 대한 이해관계자 간 의미관계를 구조적으로 분석해 내기 위해서는 그레마스의 행위소 모형을 적용하여 주체, 대상, 발신자, 수신자, 조력자, 적대자 등의 대립 혹은 협력적 관계 형성을 위해 각 행위소가 부여하는 의미해석에 따른 역할관계를 파악하여 의미구조관계를 규명한다.

제3장 이론적 · 개념적
준거 틀 및 개념화

본 장에서는 지역축제, 문화정치학, 장소마케팅에 관련하여 일반적이거나 추상적인 연구문제를 구체화하기 위해 이론 및 개념의 검토를 바탕으로 연구문제에 관한 이론적·개념적 준거 틀을 형성하고 연구모형을 구성하고 세부적인 연구대상과 연구내용을 도출하게 된다.

즉 연구문제를 구성하는 핵심적 개념과 용어에 대한 구성요소적 정의를 바탕으로 하여 이론적·개념적 준거 틀 및 모형을 설정하게 된다.

제1절 개념적·이론적 준거 틀

개념적(이론적) 준거 틀에서는 선정된 연구문제를 선행이론과 개념을 연계하여 구체화시켜 줘야 한다. 본 연구의 주요 이론과 개념을 개념적(이론적) 준거틀 구성과정에서 살펴보면, 주요관점, 분석대상, 분석내용으로 3단계로 나누어 볼 수 있으며, 1단계에서 주요관점으로는 다시 축제의 형성과정으로 사회적, 문화적, 역사적 관점으로 살펴볼 수 있으며, 축제의 생산과정으로는 경제적, 정치적 관점으로 축제의 소비과정으로는 여가적 및 관광적 관점으로 살펴볼 수 있다. 2단계 분석대상으로는 지역축제의 이해집단이 주요 구성요소이고 3단계 분석내용으로는 그레마스의 행위소 모형 적용에 의한 의미구조관계로 개념적 준거 틀이 형성된다.

특히, 축제의 생산과정에서 지역의 장소성을 활용한 '장소마케팅' 개념과 문화정치적 관점에서 장소마케팅의 목적을 달성하기 위한 상징적 매개물 혹은 재현물로서 '지역축제'의 개념 그리고 의미화 체계 분석을 위한 그레마스의 구조적 기호이론은 상호 유기적인 관계를 맺고 개념적(이론적) 준거 틀을 형성하게 된다.

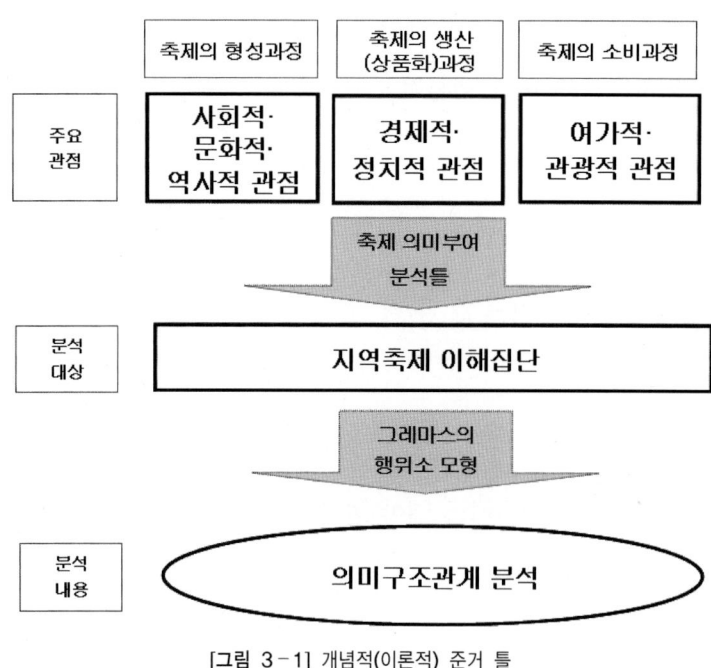

[그림 3-1] 개념적(이론적) 준거 틀

제2절 용어의 개념화

연구문제를 구성하고 있는 추상적이고 불명확한 개념들 사이의 관계를 가시적이고 현실적인 관계로 보여 주기 위해 조작적 정의가 필요하다. 즉 연구에서 사용되는 주요개념들의 의미를 분명하게 밝히고, 관찰을 통하여 그 개념들을 측정할 수 있도록 조작적으로 정의하는 것이다. 개념은 용어를 통하여 나타내므로 이 단계는 용어의 정의 단계라고 부르기도 한다. 개념의 의미를 밝히는 단계를 개념화(conceptualization) 또는 구성요소적 정의(constitutive definition) 라고 부르며, 이를 현실세계에 적용하여 측정할 수 있는 변수로 전환하는 작업을 조작화(operationalization) 또는 조작적 정의(operational definition)라고 부른다(남궁근, 2006). 개념 및 용어에 대한 구성요소적 정의는 다음과 같다.

〈표 3-1〉 개념 및 용어의 구성요소적 정의

주요 개념 및 용어	구성요소적 정의
문화관광축제	전국의 지역축제 중에서 외래관광객 유인력이 크고, 지역경제에 도움이 될 수 있는 지역축제로 정부가 1996년부터 선정하여 대내외에 홍보하고 재정지원도 해 주며 전략적으로 육성하는 축제
축제 형성과정	축제가 과거 종교적 의례로부터 현재에 이르는 동안 형성되는 과정
축제 생산과정	축제가 지역사회의 발전 차원에서 생성되는 과정
축제 소비과정	축제에 관광객과 지역주민이 참여하고 즐기는 과정
문화정치	지역 주체들이 지역정책 수립과정에서 의미를 발견하고 창출하면서 의미체계의 변화를 추구하는 의미화 실천과정
장소마케팅	지역의 장소적 의미를 바탕으로 한 문화관광축제를 관리하는 지역의 공·사적 주체들이 관광객, 지역주민, 기업가들에게 매력적인 곳이 되도록 하기 위해 행하는 다양한 방식의 노력들
기호학	축제의 의미창조와 의미작용이 어떻게 이루어지는가를 규명하는 접근 방법

주요 개념 및 용어		구성요소적 정의
행위소 모형	대상	주체가 추구하는 객체
	주체	대상을 추구하거나 원하는 존재
	발신자	대상을 주체와 만나도록 이끄는 자
	수신자	주체가 대상을 구현함으로써 그 혜택을 받는 자
	조력자	주체가 대상을 추구하도록 도와주는 자
	적대자	주체가 목적을 구현하려는 행위를 방해하고 주체에게 해악을 끼치는 기능을 수행하는 자
의미구조관계		이해집단 간 축제에 대한 의미부여 과정에서 의미를 둘러싼 이해집단 간 협력 혹은 대립적 관점 등에 따라 다양하게 형성되는 구조적 역할관계
이해집단	중앙정부	행정부처 중 문화관광축제를 관할하는 문화체육관광부
	지방정부	광역시/도, 시/군/구 등 광역 및 기초자치단체를 일컬음
	지역주민	거주민, 토지소유자, 업종/지역별 주민조합 등 문화관광축제로 지역의 생존문제와 직접적으로 관계된 집단
	지역NGO	지역사회단체, 지역문화단체, 지역환경단체, 지역연구소 등의 비영리단체로 문화관광축제에 간접적으로 영향을 줄 수 있는 집단
	지역상인	축제와 직·간접적으로 수익 관계가 있는 지역기업 및 업체들
	지역언론	지역을 기반으로 하는 신문사
	축제위원회	민관이 참여하는 축제 운영을 위해 만들어진 조직
	관광객	지역축제를 보고 즐기기 위해 참여하는 외래방문객

자료: 연구자 작성

제4장 연구조사 방법

제1절 연구설계

1. 조사 및 분석절차

연구조사는 문헌조사와 질적 조사방법을 이용하여 3단계로 나누어 진행된다. 1단계에서는 축제의 의미도출과 축제관련 주요 이해집단 설정을 위한 문헌조사가 이루어진다. 2단계에서는 이해집단 간 축제에 대한 의미부여 내용 분석틀 개발을 위해 소쉬르 - 바르트의 통합적 의미분석 방법을 동원한 Text 분석이 이루어진다. 이 Text 분석은 내용분석(content analysis)과 Text 의미 질적 분석을 통해서 해석을 시도하는 해석학적 접근방법을 기반으로 한다. 본 Text 분석에서 해석학적 접근방법은 기호학적 분석방법이 적용되어 분석된다.

내용분석(content analysis)의 기본적인 아이디어는 신문기사 또는 TV프로그램 등 하나의 커뮤니케이션에 담긴 총체적인 내용(예를 들면, 모든 단어 또는 모든 시각적 이미지)을 연구의 관심과 관련된 특징을 나타내는 몇 개의 범주로 축소하는 것이다. 그러므로 내용분석은 커뮤니케이션에 담긴 상징적 내용을 분석하는 일련의 방법을 말한다(남궁근, 2006). 따라서 본 연구에서 규명하고자 하는 축제의 이해집단의 커뮤니케이션의 상징내용이라고 볼 수 있는 축제의 의미부여 내용과 이해집단 간 커뮤니케이션에 의한 관계로 형성되는 의미구조관계를 파악하기 위한 연구조사방법으로 내용분석이 적합하다고 할 수 있다. 보다 세부적으로 살펴보면 분석방법 상에 양적접근이 중시되는 내용분석과 질적 접근이 강조되는 해석학적 관점의 기호학적 분석방법이 언론기사 Text 및 심층인터뷰 조사 분석에서 공통적으로 적용된다.

2단계 언론기사 Text의 내용분석은 언론보도기사의 담론을 소쉬르-바르트의 통합적 의미분석 방법을 이용한 기호학적 분석방법이 동원되어 분석된다. 특히, 본 연구의 언론기사 Text의 담론 분석은 기자들의 간접적 전달방식보다 인터뷰형식과 같이 직접적으로 표현되는 방식의 Text만 채택하여 기호학적으로 분석하여 3단계의 심층인터뷰와 자연스런 분석방법상의 연결고리를 만들게 되며 심층인터뷰의 본 조사에 앞선 사전조사에서 밝혀낸 분석틀인 의미부여 분석 틀을 제공하게 되어 유용한 분석방법이라고 할 수 있다. 특히, 언론기사 Text 분석에서 분석도구의 틀로 KINDS(Korea Integrated News Database System)을 이용하게 되는데, KINDS는 국내의 다양한 종합일간지 및 지역일간지 등에서 언론기사 내용을 종합적으로 분석해 낼 수 있는 종합뉴스 데이터베이스이기 때문에 언론기사 내용을 검색하는 데 유용한 틀로 이용될 수 있어서 본 연구에서 채택되었다.

3단계에서는 각 이해집단들의 의미부여 내용과 그레마스의 행위소 모형에 의한 의미구조관계를 분석하기 위해 심층인터뷰를 통한 담론을 구조주의 기호학에 기반을 둔 탐색적 분석이 질적조사방법으로 이루어진다. 구조주의의 기본원리는 세계는 사물에 의해서가 아니라 관계에 의하여 성립되어 있다는 것이다. 즉 어떤 상황에서나 모든 요소의 성질은 그 자체로는 아무런 중요성도 가지지 않으며, 실제로는 그 상황에 포함되어 있는 모든 다른 요소에 대해서 그것이 지니는 관계에 의하여 결정된다고 본다(신경림·조명옥·양진향 외, 2004).

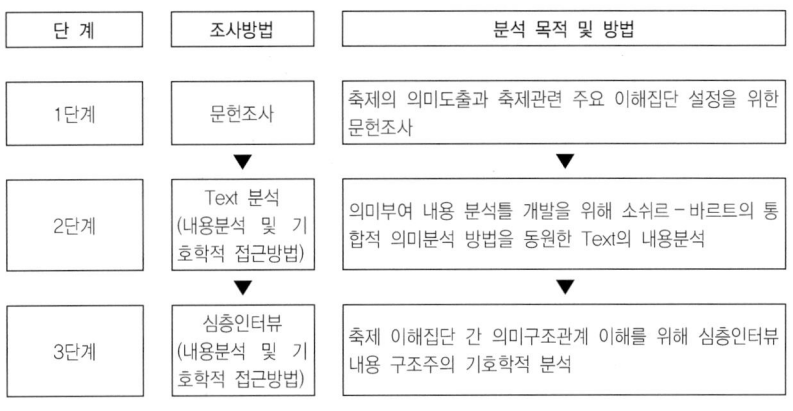

[그림 4-1] 단계별 조사 및 분석방법

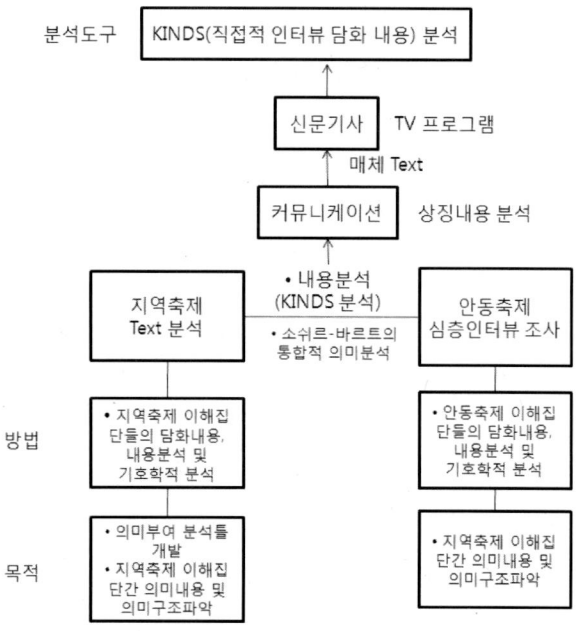

[그림 4-2] 내용분석(KINDS분석)

2. 자료분석

2, 3단계의 언론기사 Text의 분석, 심층인터뷰의 담화내용은 소
쉬르와 바르트의 의미화 및 의미분석 과정을 통합하여 아래와 같
이 의미분석 통합 3단계로 연구자료를 분석할 것이다. 즉 소쉬르
의미과정의 쓰인 단어로서의 기표와 바르트의 의미과정에서 외연
적·지시적 의미를 통합하여 1차로 분석되며, 소쉬르 의미과정의
정신적 개념으로 기의와 바르트의 내포적·함축적 의미를 통합하
여 2차로 분석되며, 소쉬르 의미과정의 포괄하는 가치로서 기호와
바르트의 신화적 의미를 통합하여 3차로 분석된다.

소쉬르 의미과정		바르트 의미과정	통합 의미분석 과정
기표 (쓰여진 단어)	+	외연적· 지시적 의미	1차 분석
기의 (정신적 개념)	+	내포적· 함축적 의미	2차 분석
기호 (포괄하는 가치)	+	신화적 의미	3차 분석

[그림 4-3] 소쉬르-바르트 통합적 의미분석 방법

3. 심층인터뷰의 연구참여자 선정

본 연구의 주요 조사인 심층인터뷰의 연구참여자는 우리나라 대표 문화관광축제이고 본 연구의 연구대상인 안동국제탈춤페스티벌과 관계된 중앙정부, 지방정부, 축제위원회, 지역상인, 지역언론, 지역NGO, 지역주민, 관광객 등 각 이해관계자 집단의 대표성이 있는 인사들과 축제에 해박한 지식과 축제 참여에 적극적인 사람들로 선정하였다.

본 연구에서는 하나의 집단을 선정하기 위해 질적 연구에서 주로 이용하는 준거지향적 선택방법을 이용하였다(김윤옥 등, 2001). 이러한 준거지향적 선택방법은 의도적 표집(purposive sampling)방법이라고도 한다(김현식, 2002). 의도적 표집은 연구자가 발견과 이해와 통찰을 얻고자 할 때 가장 많이 얻을 수 있는 하나의 표본을 선택할 때 활용된다(유정애, 2004). 구체적인 연구참여자 선정방법으로는 준거지향적 선택방법 중의 하나인 할당선택전략(quota selection strategy)을 이용하였다. 할당선택전략은 연구자가 어떤 모집단의 주요 하위집단을 확인하고 그 집단에서 임의로 몇 사례씩 할당하여 참여자를 선정하는 방법이다(김윤옥 등, 2001; 조용환, 1999). 따라서 본 연구에서는 안동국제탈춤페스티벌의 주요 이해집단을 설정하고, 주요 이해집단에서 대표성이 있는 사람들만을 심층인터뷰 대상으로 한정하였다. 즉 질적 연구의 특성을 반영하여 김영천(2006)이 질적 연구 표집에서 목적표집으로 적절한 방법으로 지적한 것처럼 연구자가 연구하려고 하는 문제를 가장 잘 대표하고 있는 사례가 표집으로 선정한 것으로 볼 수 있다.

제2절 연구대상 축제의 선정

1. 조사대상축제의 선정

2007년 기준으로 문화관광체육부는 전국의 지역축제를 1,200여 개로 추산하고 있는데, 이 중에서 문화관광축제 선정기간, 축제유형, 운영주체 등 세 가지 기준에 의해 조사대상축제를 선정하게 되었다. 우선 첫째, 문화관광축제 선정기간으로는 문화관광체육부로부터 최근 5년간(2004~2008년) 예비축제 이상(예비, 유망, 우수, 최우수, 대표)으로 지정된 축제이고 둘째, 축제성격은 사회문화적, 역사적, 정치적, 경제적, 여가관광적 특성을 모두 함유하고 있는 축제이고, 셋째, 운영 주체는 민관협력 형태를 띠고 있는 축제를 대상으로 최종 선정하였다. 선정 결과는 문화관광축제 선정기간은 안동국제탈춤축제와 강진청자문화제만이 5년 연속 예비축제 이상으로 선정되었으나, 2008년 대한민국대표축제로 보령머드축제와 함께 안동국제탈춤페스티벌이 대한민국 대표축제로 지정되었다. 축제 유형 면에서는 안동국제탈춤축제가 사회문화적 성격에서 강진청자문화제보다 성격이 조금 더 강하며, 운영 주체 면에서 안동국제탈춤축제가 별도의 민간전문가들이 다수 참여하는 재단법인 형태로 운영하기 때문에 민간주도 형식으로 강진군청과 강진향토축제추진위원회가 합동으로 주관하는 강진청자문화제보다 민간주도성이 강하기 때문에 민관합동 및 민간주도 형식을 두루 갖춘 안동국제탈춤축제가 대한민국의 대표성 있는 축제라고 평가할 수 있다.

〈표 4-1〉 2004~2008년 5년 연속 예비축제 이상 선정 문화관광축제

	대표*	최우수*	우수*	유망*	예비*
부산(1)				부산자갈치축제	
대구(1)					대구약령시한방축제
광주(1)				광주김치대축제	
경기(2)			연천구석기축제 이천쌀문화축제		
강원(4)		춘천국제마임축제 양양송이축제		인제빙어축제 평창효석문화제	
충북(2)			충주세계무술축제 영동난계국악축제		
충남(5)	보령머드축제	금산인삼축제	강경젓갈축제	한산모시문화제 아산성웅이순신축제	
전북(3)		김제지평선축제	무주반딧불축제	남원춘향제	
전남(4)		강진청자문화제 함평나비축제	남도음식문화큰잔치		보성다향제
경북(3)	안동국제탈춤축제			풍기인삼축제 경주한국의술과떡축제	
경남(3)		진주남강유등축제	하동야생차문화축제	산청지리산한방약초제	
제주(1)				서귀포칠십리축제	
계(30)	2개	7개	8개	11개	2개

주: '*'의 축제 등급은 2008년도 선정상황을 기준으로 하였음.

<표 4-2> 대표 문화관광축제 선정

구분	선정기준	평가	해당축제
문화관광축제 선정기간	연속 5년 이상	최근 5년(2004~2008) 연속 문화관광축제 중 최우수축제 이상 선정	안동국제탈춤출축제 (2008년 대한민국 대표축제) 강진청자문화제 (2008년 최우수 축제)
축제유형	사회문화적, 역사적, 정치적, 경제적 여가관광적 속성함의	전통문화·문화예술축제 – 사회문화적(○), 역사적(○), 정치적(△), 경제적(○), 여가관광적(○) 지역특산물·지역특성화·생태자연축제 – 사회문화적(△), 역사적(○), 정치적(△), 경제적(○), 여가관광적(○)	안동국제탈춤출축제 강진청자문화제
운영주체	민관협력	관주도(5.3%), 민주도(41.3%), 민관협력(52.7%)	안동국제탈춤페스티벌 – 민관협력 강진청자문화제 – 관주도 성격이 강한 민관협력

2. 조사대상축제 개요

1) 안동국제탈춤페스티벌 축제개요

축제명	2008 안동국제탈춤페스티벌(12th Andong Maskdance Festival)
일 시	2008년 9월 26일(금)~10월 5일(일)
장 소	안동시내, 탈춤공원, 하회마을 등
주 최	안동시
주 관	재) 안동축제관광조직위원회
후 원	문화체육관광부, 문화재청, 경상북도
주요 행사	체험행사/ 전시행사/ 공연경연/ 부대마당/ 기타 행사
문화관광축제 선정 내역	2002년부터 2007년까지 문화관광부 선정 전국최우수 축제 선정 2008년 대한민국 대표축제 선정

안동문화의 세계화라는 기치 아래 1997년부터 시작된 안동국제

탈춤페스티벌은 올해 2008년 12회를 맞이하였고, 2008년 9월 26일부터 10월 5일까지 10일간 안동시내, 안동 탈춤공원 및 하회마을에서 체험행사, 전시행사, 공연경연 등의 행사가 재단법인 안동축제관광조직위원회 주관 아래 개최되었다.

2) 지역문화특성 및 축제개최배경

안동문화는 시대별로 편중되지 않고, 종교적으로 편향되지 않은 다양한 문화들이 온전히 전승되어 온 지역이다.

그래서 한국에서 가장 많은 문화재를 보유한 지역이기도 하며, 동시에 동양의 미학을 고스란히 드러내는 곳이기도 하다. 유형적 자산뿐만 아니라 무형문화재도 많아 남성대동놀이인 차전놀이, 여성대동놀이인 놋다리밟기, 화전싸움, 저전논메기 소리, 내방가사, 행상소리 등 다양하게 전승된다. 안동지역에 이렇게 풍부한 문화유산이 전승되는 것은 안동이 가진 가치지향적 철학에서 기인한다. 문화적 변화에 능동적으로 대처하였으며 문화수용과 계발에 적극적이었기 때문이다.

이 결과 동양의 모든 문화가 안동에 유입되었고 유입된 이후 안동만의 가치관으로 재편성되어 꽃을 피운 것이다. 따라서 안동문화는 동양의 가치관을 고스란히 담고 있는 가운데 안동다운 특징을 보여 주는 수준 높은 지향점을 보여 준다. 이러한 문화적 자산이 탈춤페스티벌을 가능하게 하는 배경이다.

즉 문화유산의 가치 속에서 정적인 마음의 고요함을 배우고, 탈춤이 가진 신명을 통해 동적인 발산을 체험하게 되는 것이다. 따라서 탈춤축제는 안동문화를 답사하는 것과 축제의 신명을 함께하는 것이 태극처럼 조화롭게 구성되어 있다(www.maskdance.com).

3) 축제의 방향

안동국제탈춤페스티벌은 "한국적 특성을 강력하게 나타낼 수 있는 탈춤을 테마로 한 국제예술축제"로서 다양한 문화상품의 개발로 전통적 요소들의 현대적 응용을 기하고, 양질의 패키지 관광상품을 개발하여 범국민적 축제로 나아가도록 되어 있다(안동국제탈춤페스티벌 집행위원회, 1997; 한양명, 1998에서 재인용). 즉 안동국제탈춤페스티벌의 방향이 한국적 예술성을 바탕으로 하여 국민적 더 나아가 세계적 관광상품으로 발전성을 지향함을 알 수 있다. 한양명(1998)의 연구에 의하면 안동국제탈춤페스티벌은 범시민적인 대동축제라기보다는 예술축제를 표방한 테마축제로서, 안동이라는 지역성보다는 한국이라는 국가성을 강조하고 있다.

제5장 자료분석 및 연구결과

제1절 지역축제 언론기사 Text 분석 결과

1. 언론기사 대상 축제 Text 내용 기호학적 분석

언론기사 대상 축제 Text 분석에서는 내용분석방법을 채택하여 조사가 이루어지는데, 중앙 및 지역언론 신문기사를 대상으로 Text 내용을 중심으로 기호학적으로 분석한다. 즉 한국언론재단이 구축하여 운영하고 있는 종합 뉴스 데이터베이스인 '카인즈(Korea Integrated News Database System: KINDS)'를 분석하였다. 특히, 기호학적 분석방법을 적용하여 기호(sign)와 기호의 구성부분으로 기호의 물리적 형태인 기표(signifier)와 기표에 의해 지칭되는 정신적 개념인 기의(signified)를 포함하여 분석하게 된다. 내용분석의 방법은 홍성열(2004)이 제시하는 것처럼 단어, 구와 절, 주제, 문장, 문단, 전체 내용 등으로 나누어 분석할 수 있는데, 기호학적 분석이 담론의 맥락에서 내포되고 함축된 의미와 상징화된 의미를 정확하게 파악해나가기 위해서는 문장이나 문단을 기준으로 분석하는 것이 바람직할 것이다. 본 Text 분석에서는 문장과 문단을 중심으로 분석한다.

카인즈(KINDS)에서는 분류의 '뉴스기사'에서 검색범위에서는 제목에서만 '지역축제'라는 키워드로 매체사별로는 종합일간지(서울[4]) 및 서울 외 지역[5])를 중심으로 최근 1년간(2007년 10월 29일부터 2008년 10월 29일까지) 검색하였다. 총 253건의 기사가 검색되었고, 중요 문장과 문단을 기호학적으로 기표(기호의 물리적 형태, 기사내용) 및 외연적·지시적 의미, 기의(기호의 물리적 형태가 지칭하는 정신적 개념) 및 내포적·함축적 의미, 기호(기표와 기의를 포괄하는 가치) 및 신화적 의미로 나누어 분석하였다<부록 Ⅰ 참조>.

⟨표 5-1⟩ 언론기사 **Text** 분석에서 도출된 기의 및 기호 요소

	기의(내포적·함축적 의미, 정신적 의미로서 추상적 관념)	기호(기표와 기의를 포괄하는 가치, 축제의 미학)
경제적 의미	낭비성, 생산성, 장소마케팅성, 지역브랜드화(브랜드화), 사업성, 경제성, 효용성(효율성), 수익성, 산업성, 선택과 집중성(실용성), 자생력, 공동마케팅, 집중성, 지역경제회복성, 특화된 산업성, 소비성, 주민소득 증대, 지역활성화, 경제적 발전전략, 중복성	지역경제변혁성 혁신적 산업 도약성 지역경제 기여성 산업 경제성 창조적 생산성
정치적 의미	축제의 정치적 활용성(정치적 수단화, 지자체장의 정치적 수단성), 이미지 제고성(지역이미지 제고), 지역홍보성(지역이미지홍보성), 민간주도성, 주체성, 민관의 분업성, 문화정치성(문화정치배제성)	문화정치성
문화적 의미	축제의 차별성, 축제의 체계화 및 특성화, 정체성(지역 정체성), 스토리텔링(스토리성), 차별성, 다양성, 지역문화성(지역문화함양), 창의성, 지역긍지와 자부심(지역 자부심), 문화복지성, 축제의 진정성(진정성), 향토성, 문화콘텐츠성, 지역문화표출성, 소재의 특이성, 역사성, 문화예술성 보전, 공연성	지역문화 발전성

---

4) 종합일간지(서울)는 경향신문, 국민일보, 내일신문, 동아일보, 문화일보, 서울신문, 세계일보, 한겨레신문, 한국일보, 아시아투데이를 말함.

5) 종합일간지(서울 외 지역)는 경기일보, 경인일보, 인천일보(이상 경기지역), 강원일보, 강원도민일보(이상 강원지역), 대전일보, 중부매일, 충청투데이, 중도일보, 충북일보(이상 충청지역), 국제신문, 매일신문, 부산일보, 영남일보, 경상일보, 경남신문, 경남도민일보(이상 경상지역), 광주일보, 새전북신문, 전남일보, 전북도민일보, 전북일보, 무등일보(이상 전라지역), 제민일보, 한라일보(이상 제주지역)를 말함.

	기의(내포적·함축적 의미, 정신적 의미로서 추상적 관념)	기호(기표와 기의를 포괄하는 가치, 축제의 미학)
사회적 의미	지역공동체성, 지역주민 삶의 질 향상, 지역화합(화합성), 지역주민의 주인의식 및 참여성(자발적 참여성, 지역주민 참여성), 대중성, 사회통합성, 동질성, 지역주민 및 지역지향성, 지역주민 유대강화, 공동체 의식, 동질성, 지역사회 통합성(주민통합), 지역주민 화합 및 단결성	지역사회 통합성
여가 관광적 의미	관광상품화(관광상품성), 체험성, 흥미성, 관광성, 축제의 명품성, 오락성, 여가향유성(지역주민의 여가향유성), 농촌체험성, 관광자원성, 관광객 유치, 재미와 유희성(유희성)	
기타 의미	전문성(운영조직의 전문성), 세계성, 발전성, 전략성, 도약성, 도농교류확대, 자발성(지역주민 자발성), 친절서비스성, 기획의 체계성, 지역발전홍보성, 축제의 균형성, 프로그램의 차별성 및 다양성, 계절집중성	

자료: 연구자 작성

2. 의미부여 분석 틀 개발에 의한 축제 이해집단별 지역축제의 의미

의미부여 분석 틀은 <표 5-2>과 같이 의미내용과 의미 주체를 기준으로 개발된다. 즉 의미내용으로는 경제적 의미, 정치적 의미, 문화적 의미, 사회적 의미, 여가관광적 의미가 포함되고, 의미 주체로는 축제 공급집단으로 중앙정부, 지방정부, 축제위원회, 지역 상인이 있으며, 축제 수요집단으로는 지역주민, 관광객, 축제 매개집단으로는 지역언론, 지역NGO가 포함된다. 이들 각 이해집단들은 행위소 모형의 역할에 따라 주체자, 조력자, 적대자, 발신자, 수신자의 의미부여에 따른 역할이 주어진다. 그리고 의미부여 내용은 강약 및 긍정적, 부정적 의미부여 정도에 따라 ◎, ○, △, ×, +, - 등의 기호로 표시된다. 언론기사 Text 분석 결과, 지역축제 이해집단들은 공급집단, 수요집단은 주로 경제적 의미에 대해 높은 가치를 부여하고 있으며, 매개집단은 사회문화적 의미를 강조하는 것으로 나타났다. 축제 공급집단의 지방정부, 축제위원회, 지역상인이 지역경제성에 의미를 중요하게 부여했고, 단지 축제 공급집단 중에 중앙정부만이 축제의 정치적 의미에 의미를 부여했다. 특히, 기호학적 구체적 분석으로 축제의 상징적 의미와 포괄하는 가치로서 지방정부는 지역경제 변혁성, 축제위원회는 혁신적 산업도약성, 지역상인은 지역경제 기여성에 높은 의미와 가치를 부여하고 있는 것으로 분석되었다.

축제 수요집단에서는 지역주민이 축제의 경제적 의미에 관광객이 축제의 정치적 의미에 의미를 부여했다. 즉 구체적으로 축제의 상징적 의미와 포괄하는 가치로서 지역주민은 창조적 생산성, 관광객은 문화 정치성에 높은 의미와 가치를 부여했다.

매개집단에서는 지역NGO는 지역의 문화적 의미에 의미를 부여했고, 지역 및 중앙언론은 사회성에 의미를 부여했다. 즉 지역NGO는 지역문화 발전성, 지역언론은 지역사회 통합성 및 산업경제성, 중앙언론은 지역사회 통합성에 축제의 상징적 의미와 포괄적인 가치를 부여하였다.

한편, 여가 및 관광적 의미에 가장 중요한 의미를 부여한 이해집단은 없었으나, 관광객, 지방정부, 지역언론은 여가 및 관광적 의미에 대해서도 일정 부분 의미를 부여하는 것으로 나타났다.

의미내용	축제 공급집단				축제 수요집단		축제 매개집단	
	중앙정부	지방정부	축제위원회	지역상인	지역주민	관광객	지역 언론	지역NGO
행위소 모형	조력자 (적대자)	주체자		조력자 (적대자)	수신자 (적대자)		발신자 (적대자)	
S1: 경제적 의미 (지역경제성)	○ (-)	◎ (+)	◎ (+)	○ (+)	◎ (+)	○ (+)	○ (+)	○ (+)
S2: 정치적 의미 (문화정치성)	◎ (-)	×	×	-	×	◎ (-)	○ (-)	-
S3: 문화적 의미 (지역문화발전성)	-	△(+)	○(+)	-	○(+)	○(+)	△(+)	◎(+)
S4: 사회적 의미 (지역사회통합성)	-	△(+)	△(+)	-	○(+)	○(+)	◎(+)	-
S5:여가관광적 의미 (여가향유 및 희성)	-	△(+)	×	-	×	○(-)	△(+)	-

주: ◎는 주요 상징의미를 나타내며, ○, △는 다음 단계의 상징의미이며, ×는 상징의미가 없음을 -는 너무 적은 Text 의미분석에 따라 상징의미를 파악할 수 없는 것을 의미함. 단, (+)는 긍정적 의미부여, (-)는 부정적 의미부여를 의미함.

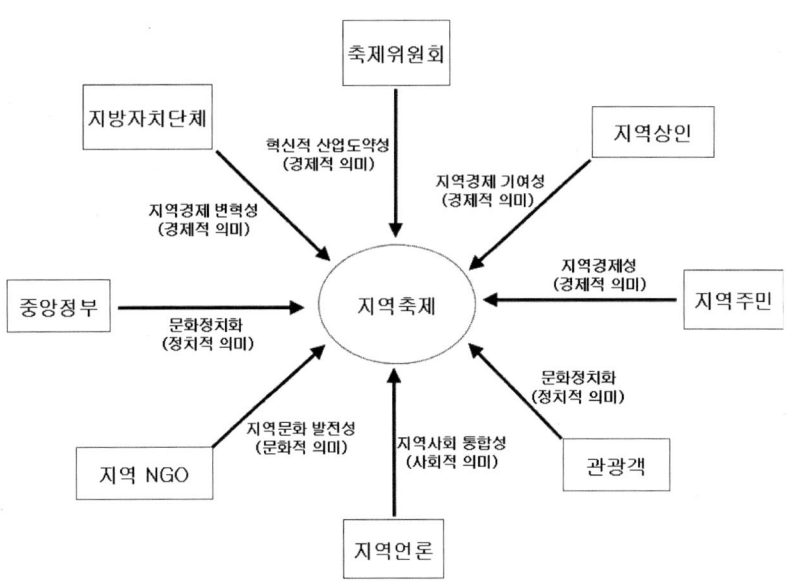

[그림 5-1] MⅠ: 이해집단별 축제의 기호학적 의미부여 모형 Ⅰ(Model Ⅰ)

3. 기호학적 Text 분석에 의한 의미구조 분석틀 개발

의미부여 분석틀 개발과정 [그림 5 - 2]에서 제시하는 바는 다음과 같다. 의미구조 분석틀 개발은 3단계로 이루어지는데, 1단계에서는 소쉬르 - 바르트의 통합적 의미분석방법에 의한 언론기사 Text를 기표, 기의, 기호로 나누어 분석하게 된다.

2단계에서는 이해집단별로 의미부여 내용을 구분한 후, 3단계에서 이해집단별 의미부여 내용의 강약 정도와 긍정적, 부정적 의미에 따라 그레마스가 제시한 행위소 모형의 의미부여 주체의 역할에 따라 이해집단의 역할관계가 특징지어지는 의미부여 분석틀을 개발하게 된다.

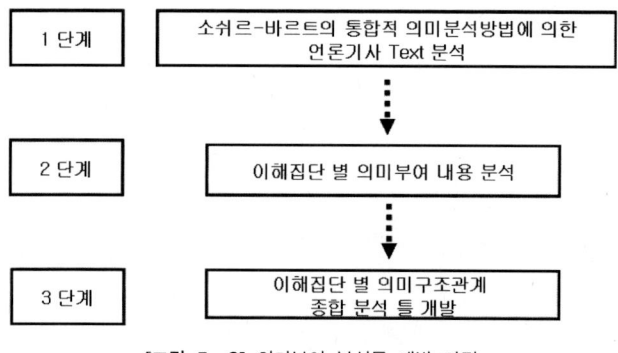

[그림 5 - 2] 의미부여 분석틀 개발 과정

4. 언론기사 Text 분석결과 지역축제 이해집단 간 의미구조관계

1) S1(Significance Structure1): Text 분석 결과 경제적 의미구조관계

언론기사 Text 분석결과로 지역축제 이해집단 간 의미구조관계에서 경제적 상징내용 평가는 <표 5 - 3>에서 보는 바와 같이 주체로서 지방정부, 축제위원회와 조력자로서 지역상인, 적대자로서 중앙정부, 발신자로서 지역언론, 지역NGO, 수신자로서 지역주민, 관광객의 의미구조관계가 형성됨을 알 수 있다. 특히, 지방정부, 축제위원회, 지역상인, 지역주민은 강력한 의미를 부여했는데, 지방정부는 경제적 상징화된 의미로서 기의로서 축제의 사업성, 경제성, 지역경제활성화 등의 의미를 함의하며 기호로서 지역경제변혁성을 상징화하는 의미를 표출하고 있다. 축제위원회는 자생력, 경제성, 경제활성화 등의 의미를 함의하고 혁신적 산업 도약성의 기호적 의미를 표출하고 있다. 지역상인은 공동마케팅, 지역경제활성화 등의 의미를 함의하고 지역경제 기여성의 기호적 의미를 표출하고 있는 것으로 분석된다. 지역주민은 생산성, 경제성 등의 의미를 함의하고 창조적 생산성의 기호적 의미를 표출하는 것으로 분석된다 <부록 I 참조>.

<표 5-3> 경제적 상징내용 평가

	주체	조력자	적대자	발신자	수신자
중앙정부			○		
지방정부	◎				
축제위원회	◎				
지역상인		◎			
지역주민					◎
관광객					○
지역언론				○	
지역NGO				○	

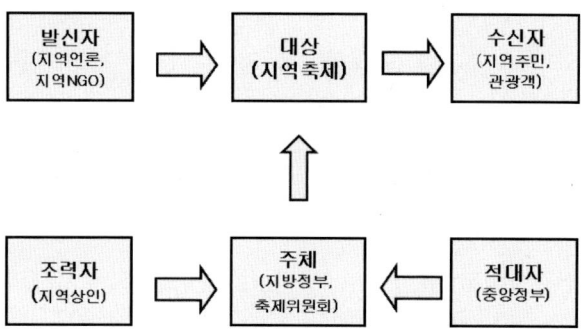

[그림 5-3] TM1: 언론기사 Text 분석 축제 이해집단 간
경제적 의미구조관계(Text Model1)

2) S2: Text 분석 결과 정치적 의미구조관계

　정치적 상징내용 평가는 <표 5-4>에서 보는 바와 같이 적대
자로서 중앙정부, 관광객, 지역언론의 의미구조관계가 형성됨을 알
수 있다. 중앙정부는 축제의 정치적 활용성 등의 의미를 함의하고
문화정치성의 기호학적 의미를 표출하는 것으로 분석되며, 관광객
은 지자체장의 정치적 수단성 등의 의미를 함의하고 문화정치성의
기호학적 의미를 표출하는 것으로 분석된다<부록 Ⅰ 참조>.

〈표 5-4〉 정치적 상징내용 평가

	주체	조력자	적대자	발신자	수신자
중앙정부			◎		
지방정부					
축제위원회					
지역상인					
지역주민					
관광객			○		
지역언론			○		
지역NGO					

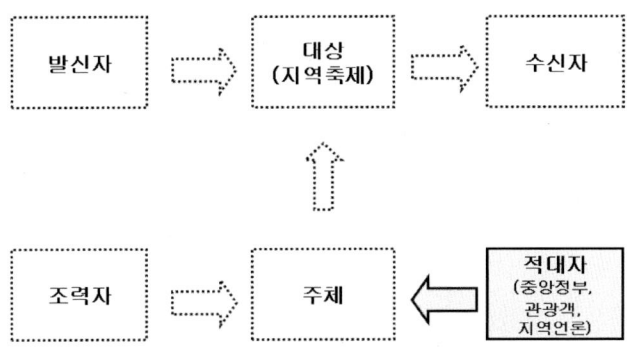

[그림 5-4] TM2: 언론기사 Text 분석 축제 이해집단 간
정치적 의미구조관계

3) S3: Text 분석 결과 문화적 의미구조관계

문화적 상징내용 평가는 <표 5-5>에서 보는 바와 같이 주체로서 지방정부, 축제위원회의 의미구조관계와 발신자로서 지역NGO, 지역언론, 수신자로서 지역주민, 관광객의 의미구조관계가 형성됨을 알 수 있다. 발신자로서 보다 강력한 의미를 부여하는 지역NGO는 지역문화성 등의 의미를 함의하고 지역문화발전성의 기호학적 의미를 표출하는 것으로 분석된다<부록 Ⅰ 참조>.

<표 5-5> 문화적 상징내용 평가

	주체	조력자	적대자	발신자	수신자
중앙정부					
지방정부	△				
축제위원회	○				
지역상인					
지역주민					○
관광객					○
지역언론				△	
지역NGO				◎	

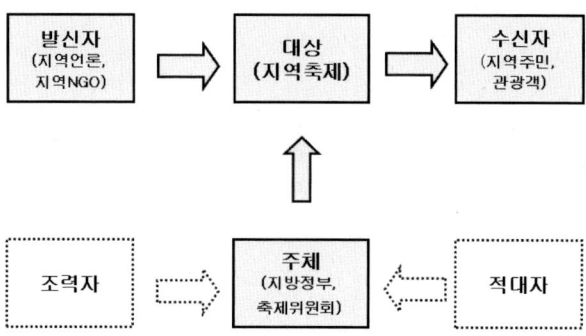

[그림 5-5] TM3: 언론기사 Text 분석 축제 이해집단 간
문화적 의미구조관계

4) S4: Text 분석 결과 사회적 의미구조관계

사회적 상징내용 평가는 <표 5-6>에서 보는 바와 같이 주체
로서 지방정부, 축제위원회의 의미구조관계와 발신자로서 지역언
론, 수신자로서 지역주민, 관광객의 의미구조관계가 형성됨을 알
수 있다. 발신자로서 보다 강력한 의미를 부여하는 지역언론은 지
역화합성, 공동체성, 동질성 등 의미를 함의하고 지역사회통합성의
기호학적 의미를 표출하는 것으로 분석된다<부록 Ⅰ 참조>.

〈표 5-6〉 사회적 상징내용 평가

	주체	조력자	적대자	발신자	수신자
중앙정부					
지방정부	△				
축제위원회	△				
지역상인					
지역주민					○
관광객					○
지역언론				◎	
지역NGO					

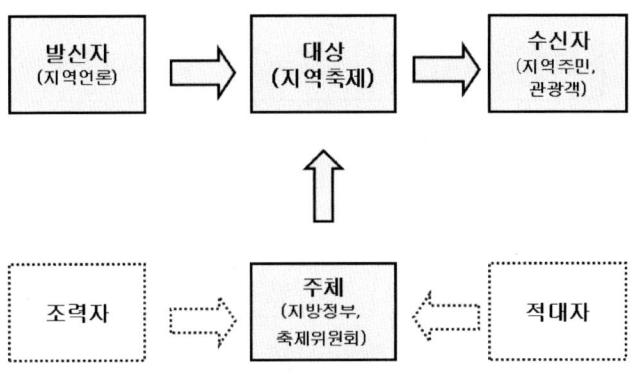

[그림 5-6] TM4: 언론기사 Text 분석 축제 이해집단 간
사회적 의미구조관계

5) S5: Text 분석 결과 여가관광적 의미구조관계

여가관광적 상징내용 평가는 <표 5-7>에서 보는 바와 같이
주체로서 지방정부의 의미구조관계와 적대자로서 관광객, 발신자로
서 지역언론의 의미구조관계가 형성됨을 알 수 있다.

〈표 5-7〉 여가관광적 상징내용 평가

	주체	조력자	적대자	발신자	수신자
중앙정부					
지방정부	△				
축제위원회					
지역상인					
지역주민					
관광객			○		
지역언론				△	
지역NGO					

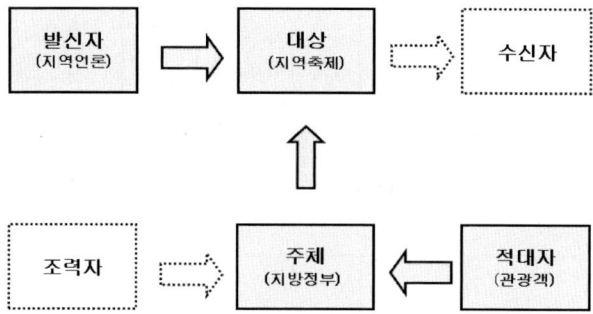

[그림 5-7] TM5: 언론기사 Text 분석 축제 이해집단 간
여가관광적 의미구조관계

제2절 안동국제탈춤페스티벌 심층인터뷰 조사분석 결과

심층인터뷰 조사는 2009년 2월 23일부터 3월 28일에 걸쳐 총 12
차례 실시되었고, 연구참여자(인터뷰대상자)는 각 안동국제탈춤페스
티벌 관련 8개 이해집단의 대표성을 갖는 대상자를 선별하여 구성
하였다. 인터뷰시간은 약 1시간~1시간 30분 정도로 진행되었다.

특히, 안동국제탈춤페스티벌과 관련된 지역의 이해집단인 지방정부, 축제위원회, 지역상인, 지역주민, 지역언론, 지역NGO의 인터뷰 대상자의 특성을 살펴보면, 이들 지역집단의 인터뷰참여자들은 남자(남자 6명, 여자 2명)가 더 많았고, 나이는 평균 40.5세이고, 학력은 대부분 대학원 재학 이상의 높은 학력수준을 보이고 있었고, 현재 거주지는 모두 안동으로 나타났다. 안동거주기간은 평균 28.4년으로 나타났고, 안동국제탈춤페스티벌의 참가횟수는 평균 6.6회(2008년 현재 총 12회 개최)로 나타났다.

〈표 5-8〉 연구참여자의 심층 인터뷰 관련사항 및 인구 통계학적 특성

이해집단 분류		연구참여자 (인터뷰 대상자)	인터뷰 일시	성별	나이	학력	직업	현재거주지	안동 거주 기간	안동 축제 참가 횟수
공급 집단	중앙정부	문화체육관광부 축제담당자	2009년 3월 5일 16시	남	44	대졸	공무원	서울	–	0
	지방정부	안동시축제담당자	2009년 2월 23일 13시	남	50	대학원 졸	공무원	안동	50년	3
	축제위원회	안동축제관광조직위원회축제관계자	2009년 2월 23일 15시	남	43	대학원 졸	축제담당 사무직	안동	43년	12
	지역상인	안동상공회의소관계자	2009년 2월 24일 13시	남	59	대학원 졸	기업인	안동	50년	12
수요 집단	지역주민	안동시민 A	2009년 2월 23일 19시 20분	여	25	대학원재학	대학원생	안동	25년	5
		안동시민 B	2009년 2월 24일 9시 10분	여	33	대졸	전업주부	안동	1년	3
		안동시민 C	2009년 2월 24일 11시	남	28	대학원재학	대학원생	안동	28년	4

이해집단 분류		연구참여자 (인터뷰 대상자)	인터뷰 일시	성별	나이	학력	직업	현재거 주지	안동 거주 기간	안동 축제 참가 횟수
수요 집단	관광객	관광객 A	2009년 2월 27일 20시 30분	여	31	대학원 졸	연구원	대전	–	1
		관광객 B	2009년 3월 26일 12시 30분	남	40	대졸	축제비평 가	서울	–	1
		관광객 C	2009년 3월 28일 14시	남	48	대학원 졸	교수	서울	–	1
매개 집단	지역언론	안동인터넷뉴 스관계자	2009년 2월 23일 17시 15분	남	36	대학원 졸	언론인	안동	10년	3
	지역NGO	안동 문화지킴 이단관계자	2009년 2월 23일 9시 50분	남	50	대학원 졸	교사	안동	20년	11

1. 심층인터뷰의 Text 내용 기호학적 분석 및 의미부여 내용

심층인터뷰 Text 내용을 기호학적으로 분석한 결과(부록 Ⅱ 참조), 안동국제탈춤페스티벌 이해집단별 축제 의미부여 내용을 살펴보면 <표 5-10>에서 나타난 것처럼 축제 공급집단인 중앙정부는 정치적 의미, 문화적 의미, 여가관광적 의미에 주요 의미를 부여하고 있었다. 단지, 정치적 의미에서는 부정적 의미를 부여하는 것으로 분석되었다. 기호학적 의미부여 내용을 구체적으로 살펴보면, [그림 5-8]에서 보는 것처럼, 중앙정부는 문화적 의미에서 한국대표문화의 계승성, 정치적 의미에서는 정치활용 목적성, 여가관광적 의미에서는 외국인관광객 참여성에 구체적 의미를 부여하는 것으로 나타났다.

축제 공급집단이고 주체자인 지방정부는 문화적 의미에, 그리고 축제위원회는 정치적 의미와 문화적 의미에 큰 의미를 부여하는 것으로 나타났다. 그러나 축제위원회의 정치적 의미는 긍정적인 의미부여와 부정적인 의미 부여가 동시에 나타나는 것으로 분석되었다. 구체적인 기호학적 의미로는 지방정부는 문화적 의미로 안동문화역량강화성에, 축제위원회는 문화적 의미로 한국문화 대표성과 정치적 의미로 문화정책 동력화에 의미를 부여하는 것으로 나타났다. 지역상인은 문화적 의미, 경제적 의미, 여가관광적 의미에 큰 의미를 부여했다. 구체적 기호학적 의미로는 문화적 의미로 안동문화 홍보성에, 경제적 의미로는 지역산업경제성에, 여가관광적 의미로는 지역대표관광상품성에 의미를 부여하는 것으로 나타났다.

한편, 축제 수요집단인 지역주민과 관광객은 문화적 의미에 큰 의미를 부여했는데, 구체적 기호학적 의미로는 지역주민은 문화적 의미로 지역문화발현성, 관광객은 전통문화계승발전성에 의미를 부여하는 것으로 분석할 수 있다. 특히, 관광객은 일반적으로 유희성, 오락성, 체험성 등 여가관광적 차원의 의미를 강조할 것으로 예상했지만, 여가관광적 의미보다 문화적 의미를 강조하는데, 이는 안동이라는 특수한 지역의 장소적·문화적 성격이 워낙 강력하여 안동국제탈춤페스티벌을 찾는 관광객들도 문화적 영향력 안에서 크게 벗어나지 못하는 것으로 분석된다. 이러한 이유로 관광객들도 여타 이해집단과 마찬가지로 문화와 전통에 기반을 둔 한국문화의 전통적 계승에 높은 의미를 부여하고 있었다.

축제 매개집단인 지역언론은 문화적 의미와 여가관광적 의미에 의미를 부여했고, 지역NGO는 문화적 의미, 사회적 의미에 높은 의미를 부여하는 것으로 나타났다. 구체적인 기호학적 의미내용으로는 지역언론은 문화적 의미로 한국문화의 대표성을, 여가관광적 의미로는 유희적 매력성에 의미를 부여하는 것으로 분석되며, 지역 NGO는 문화적 의미로 안동문화의 세계화와 사회적 의미로 대동적 화합성에 의미를 부여하는 것으로 분석된다.

〈표 5-9〉 안동국제탈춤페스티벌 이해집단별 축제 의미부여 '기의' 및 '기호' 종합

	기의 수	기의 내용		기호 내용
중앙 정부	• 사회적 의미(3)[-3] • 문화적 의미(9)[-2] • 경제적 의미(6) • 정치적 의미(8)[-7] • 여가관광적 의미(8) • 기타 의미(5)[-1]	〈사회적 의미〉 • (-)대동성(2) • (-)사회 및 계급통합성(1) 〈문화적 의미〉 • 전통문화 계승성(4) • (-)형식성(2) • 문화적 자부심(2) • 창의성(1) 〈경제적 의미〉 • 지역경제활성화(3) • 경제적 파급효과(2) • 낭비성(1)	〈정치적 의미〉 • (-)권한의 제한성(4) • (-)정치적 수단성(2) • 중앙정부 관여성(1) • (-)축제발전 정체성(1) 〈여가관광적 의미〉 • 외국인방문객 모객성(4) • 볼거리 제공성(1) • 일탈성(1) • 여가활용성(1) • 체험성(1) 〈기타 의미〉 • (-)안전성(1) • 안전성(1) • 기획성(1) • 전문인력양성(1) • 콘텐츠성(1)	▶ 한국 대표 문 화의 계승성 ▶ 한국 관광자원 으로 매력성
지방 정부	• 사회적 의미(7) • 문화적 의미(11) • 경제적 의미(8)[-2] • 정치적 의미(4) • 여가관광적 의미(3)[-1] • 기타 의미(1)	〈사회적 의미〉 • 지역사회 통합성(1) • 자발적 참여성(5) • 지역공동체성(1) 〈문화적 의미〉 • 전통문화 계승성(4) • 문화적 자부심(1) • 문화지향성(1) • 문화역량 강화(4) • 역사성(1)	〈경제적 의미〉 • 지역경제활성화(2) • 수익성(1) • (-)산업성(2) • 산업성(1) • 경제적 자립성(1) • 지역브랜드화(1) 〈정치적 의미〉 • 지역홍보성(2) • 민간주도성(1)	▶ 안동문화역량 강화 ▶ 지역산업경제 활성화 ▶ 대동적 어울림

지방 정부		• 문화콘텐츠성(1)	• 이미지 제고성(1) 〈여가관광적 의미〉 • 여가향유성(1) • (-)관광수용력한계성(1) • 관광산업연계성(1) 〈기타 의미〉 • 세계성(1)	

축제
위원
회
	• 사회적 의미(5)
	• 문화적 의미(8)
	• 경제적 의미(4)
	• 정치적 의미(7)[-3]
	• 여가관광적 의미(6)
	• 기타 의미(4)
		〈사회적 의미〉
		• 축제주체 변화성(1)
		• 지역주민 행복성(1)
		• 축제 공동체성의 재조
		  명(1)
		• 지역공동체성(1)
		• 사회문화의미 중시성(1)
		
		〈문화적 의미〉
		• 문화향유성(1)
		• 한국문화 대표성(1)
		• 문화적 자부심(4)
		• 문화지향성(1)
		• 사회문화의미 중시성(1)
		
		〈경제적 의미〉
		• 문화산업성(3)
		• 상품가치성(1)
			〈정치적 의미〉
			• 문화정책성(2)
			• (-)문화정책성(1)
			• (-)정치이벤트성(1)
			• (-)정책결정의 일방성(1)
			• 정치동력성(1)
			• 축제 지원시스템 활용
			  성(1)
			
			〈여가관광적 의미〉
			• 유희성(1)
			• (-)관광상품성(1)
			• (-)서비스성(1)
			• 관광객 주체참여성(1)
			• 재미성(1)
			• 관광자원 연계성(1)
			
			〈기타 의미〉
			• 삶의 진정성(1)
			• 삶의 의미성(1)
			• 축제의 교육성(1)
			• 세계성(1)
				▸ 한국문화대표성
				
				▸ 문화정책 동
				  력화

지역
상인
	• 사회적 의미(7)
	• 문화적 의미(12)[-1]
	• 경제적 의미(10)[-5]
	• 정치적 의미(7)[-1]
	• 여가관광적 의미(13)[-1]
	• 기타 의미(1)
		〈사회적 의미〉
		• 자발적 참여성(2)
		• 지역주민 주체 참여성(1)
		• 대동성(4)
		
		〈문화적 의미〉
		• 문화적 자부심(3)
		• 지역문화홍보성(4)
		• (-)문화적 보수성(1)
		• (-)지역문화표출성(1)
		• 지역문화 특화성(1)
		• 문화역량 강화(1)
		• 창의성(1)
			〈정치적 의미〉
			• 민간주도성(1)
			• (-)관 주도성(1)
			• 범정부적 지원성(4)
			• (-)정치적 수단화(1)
			
			〈여가관광적 의미〉
			• 관광상품성(3)
			• (-)여가향유성(1)
			• 여가향유성(2)
			• 유희성(3)
			• 유인매력성(1)
			• 몰입성(2)
			• 관광자원 연계성(1)
				▸ 안동문화 홍
				  보성
				
				▸ 지역 산업경
				  제성
				
				▸ 지역대표 관
				  광상품성

지역 상인		〈경제적 의미〉 • 수익성(4) • (−)수익성(2) • 지역경제활성화(2) • (−)지역경제활성화(2) • (−)주민소득증대(1) • 지역브랜드성(1)	〈기타 의미〉 • 세계성(1)	

지역
주민
	■ 안동시민 A
	
	• 사회적 의미(6)[−2]
	• 문화적 의미(5)[−2]
	• 경제적 의미(4)[−1]
	• 정치적 의미(5)[−3]
	• 여가관광적 의미(7)[−3]
	• 기타 의미(7)[−4]
	
	■ 안동시민 B
	
	• 사회적 의미(3)
	• 문화적 의미(9)[−1]
	• 경제적 의미(7)[−1]
	• 정치적 의미(6)
	• 여가관광적 의미(3)[−3]
	• 기타 의미(7)[−1]
	
	■ 안동시민 C
	
	• 사회적 의미(5)[−3]
	• 문화적 의미(10)[−5]
	• 경제적 의미(7)[−2]
	• 정치적 의미(4)[−1]
	• 여가관광적 의미(6)[−1]
	• 기타 의미(6)[−4]
		■ 안동시민 A
		
		〈사회적 의미〉
		• 지역적 자긍심(2)
		• (−)지역주민 배려성(1)
		• (−)자발적 참여성(1)
		• 자발적 참여성(1)
		• 지역홍보성(1)
		
		〈문화적 의미〉
		• 지역문화유대감(1)
		• (−)지역문화 왜곡성(1)
		• (−)전통문화계승성(1)
		• 지역문화홍보성(1)
		• 전통문화 여가활용성(1)
		
		〈경제적 의미〉
		• 지역경제활성화(3)
		• (−)경제이익 편중성(1)
		
		〈정치적 의미〉
		• 지역홍보성(1)
		• 이미지 제고성(1)
		• (−) 정치 홍보성(2)
		• (−) 정치적 활용성(1)
		
		〈여가관광적 의미〉
		• 여가향유성(2)
		• 여가목적 탈피성(1)
		• 난장성(1)
		• (−)재미성(1)
		• (−)축제의 비흥미성(1)
		• (−) 관광자원 연계성(1)
		• 전통문화 여가활용성(1)
		
		〈기타 의미〉
		• 축제 분위기성(1)
		• (−)소음공해성(1)
		• 축제의 양면성(1)
			〈정치적 의미〉
			• 지역선전성(1)
			• 지역홍보성(3)
			• 정치수단화(2)
			
			〈여가관광적 의미〉
			• (−)관광자원 연계 개
			  발성(1)
			• (−)관광객의 국제성(1)
			• (−)외국인관광객 유치
			  성(1)
			
			〈기타 의미〉
			• 교육적 효과성(1)
			• (−)주객전도성(1)
			• 전략적 홍보성(2)
			• 세계성(1)
			• 국가 경쟁력성(1)
			• 지역 경쟁력성(1)
			
			■ 안동시민 C
			
			〈사회적 의미〉
			• (−)지역적 외면성(1)
			• (−)지역주민 배제성(2)
			• 지역주민 참여성(1)
			• 자발적 참여성(1)
			
			〈문화적 의미〉
			• 지역문화 상징성(1)
			• 문화향유성(1)
			• (−)문화콘텐츠의 다양
			  성(2)
			• 지역문화 자부심(1)
			• (−)문화의 변질성(3)
			• 문화프로그램 집중성(1)
			• 우리 문화 구현성(1)
			• 전통문화 계승성(1)
				■ 안동시민 A
				
				▶ 지역주민 여
				  가향유화
				
				■ 안동시민 B
				
				▶ 지역문화 발
				  현성
				
				■ 안동시민 C
				
				▶ 전통문화의 변
				  질화

114

지역 주민		• (−)지역기관 네트워킹(1) • 세계성(1) • (−)축제의 내실성(2) ■ 안동시민 B 〈사회적 의미〉 • 사회통합성(1) • 지역주민 화합성(2) 〈문화적 의미〉 • 지역문화콘텐츠 향유성(1) • 문화콘텐츠 홍보성(1) • 지역문화 홍보성(2) • 지역문화 표출성(1) • 문화적 공통성(1) • 지역주민 문화향유성(2) • (−)문화콘텐츠의 다양성(1) 〈경제적 의미〉 • (−)상업성(1) • 수익성(3) • 산업성(1) • 문화의 상품화(1) • 지역경제활성화(1)	〈경제적 의미〉 • 상업성(1) • 수익성(1) • 문화상품화(1) • 지역경제활성화(2) • (−)상업화(2) 〈정치적 의미〉 • 지역이미지 제고성(1) • 지역홍보성(1) • (−)정치수단성(1) • 정치적화합성(1) 〈여가관광적 의미〉 • 국가 관광홍보성(1) • 오락성(1) • (−)관광객의 방문성(1) • 몰입성(1) • 재미추구성(1) • 문화의 관광자원활용성(1) 〈기타 의미〉 • (−)난잡성(2) • (−)축제의 유명성(1) • (−)프로그램 다양성(1) • 프로그램 질적 향상성(1) • 축제의 차별성(1)	
관 광 객	■ 관광객 A • 사회적 의미(2) • 문화적 의미(8) • 경제적 의미(6) • 정치적 의미(0) • 여가관광적 의미(5)[−1] • 기타 의미(10)[−3] ■ 관광객 B • 사회적 의미(2) • 문화적 의미(15)[−5] • 경제적 의미(7)[−2] • 정치적 의미(9)[−6] • 여가관광적 의미(4)[−1] • 기타 의미(14)[−8] ■ 관광객 C	■ 관광객 A 〈사회적 의미〉 • 공동체성(1) • 대동성(1) 〈문화적 의미〉 • 전통문화성(1) • 유교문화 중심성(1) • 지역문화 홍보성(4) • 한국문화 대표성(1) • 문화장소성(1) 〈경제적 의미〉 • 산업성(1) • 수익성(5) 〈정치적 의미〉	〈정치적 의미〉 • (−)지원시스템의 민주성(1) • 축제의 정치성(1) • 정치수단화(1) • 정치적 활용성(1) • (−)축제의 관주도성(2) • 민간주도성(1) • (−)축제의 양적 성장 위주성(1) • (−)축제정책의 모순성(1) • (−)문화의 정책추종성(1) 〈여가관광적 의미〉 • 문화관광성(1) • 적정수용력(1) • 대표 관광상품성(1) • (−)관광객의 자발적 참여성(1)	■ 관광객 A ▶ 지역문화 국제화 ■ 관광객 B ▶ 전통문화계승 발전성 ■ 관광객 C ▶ 전통문화계승 발전성 ▶ 지역경제 기여성 ▶ 여가오락성

		〈여가관광적 의미〉	〈기타 의미〉	

| 관광객 | • 사회적 의미(4)
• 문화적 의미(6)[− 1]
• 경제적 의미(6)
• 정치적 의미(1)
• 여가관광적 의미((6)[− 1]
• 기타 의미(4) | 〈여가관광적 의미〉
• 신명성(1)
• (−)관광객 수용태세성(1)
• 관광객 수용태세성(1)
• 체험성(1)
• 관광자원 연계성(1)

〈기타 의미〉
• (−)외국인 배려성(3)
• 자원봉사자의 적정성(1)
• 주제성격별 차별성(2)
• 축제의 국제성(1)
• 축제인프라 우선성(1)
• 교육적 체험성(1)
• 유희성(1)
• 조화성(1)

■ 관광객 B

〈사회적 의미〉
• 지역주민자발적 참여성(1)
• 축제의 공동체성(1)

〈문화적 의미〉
• 전통문화예술성(1)
• 전통문화계승성(3)
• 전통문화극대화(1)
• 지역전통문화상징성(1)
• 문화체험매개성(1)
• 전통문화적 성격성(1)
• (−)축제의 고유성(2)
• (−)문화적 본질가치성(1)
• 문화적 자발성(1)
• (−)축제 장소의 문화적 한계성(1)
• 내재적 전통문화 가치성(1)
• (−)문화가치 인식의 저급성(1)

〈경제적 의미〉
• 경제적 효과성(2)
• 자발적지원성(1)
• 상품화전략성(1) | 〈기타 의미〉
• 축제의 시스템성(2)
• (−)축제의 시스템성(1)
• 내부시스템의 안정성(1)
• (−)축제의 정체성(1)
• (−)과다 홍보성(1)
• (−)축제의 과대포장성(1)
• (−)백화점식 나열성(1)
• (−)축제 공간적 분리성(1)
• 축제의 본질 가치성(1)
• (−)프로그램의 혼란성(1)
• 친문화적 환경성(1)
• 축제의 인간적 매력성(1)
• (−)축제의 철학성(1)

■ 관광객 C

〈사회적 의미〉
• 지역사회단합성(1)
• 주민적극참여성(2)
• 주민참여 시스템화(1)

〈문화적 의미〉
• 문화대표성(1)
• 전통문화 계승성(2)
• 지역문화 적합성(1)
• (−)문화의 상업화(1)
• 국가 이미지 중심성(1)

〈경제적 의미〉
• 지역경제활성화(3)
• 산업성(1)
• 경제적 효용성(1)
• 수익성(1)

〈정치적 의미〉
• 민간주도 지향성(1)

〈여가관광적 의미〉
• (−)관광객 자발적 참여성(1)
• 관광객 참여활성화(1)
• 재미성(3)
• 체험성(1) | |

주체	의미 분류	사회적·문화적·경제적 의미	정치적·여가관광적·기타 의미	대표 의미
관광객		• 관광객의 자발적 소비성(1) • (-)서비스 및 콘텐츠의 보조성(1) • (-)축제의 거품성(1)	〈기타 의미〉 • 지역홍보성(2) • 소재의 독특성(1) • 프로그램 시스템 체계성(1) • 세계성(1) • 전략적홍보성(1) • 인류화합성(1)	
지역언론	• 사회적 의미(5)[-1] • 문화적 의미(11) • 경제적 의미(8)[-2] • 정치적 의미(4) • 여가관광적 의미(11)[-6] • 기타 의미(9)[-1]	〈사회적 의미〉 • 지역사회화합성(1) • 대동성(1) • (-)지역 내 갈등성(1) • 지역주민화합성(1) • 자발적 참여성(1) 〈문화적 의미〉 • 문화적 자부심(4) • 안동문화의 집약성(1) • 지역문화홍보성(1) • 문화자원성(1) • 문화계승성(2) • 문화재현성(1) • 문화적 의미성(1) 〈경제적 의미〉 • 수익성(3) • 문화산업성(1) • 산업성(1) • 지역경제활성화(1) • (-)경제적 자립성(2)	〈정치적 의미〉 • 관주도성(1) • 축제자체의 정치성(1) • 지역홍보성(1) • 행정적지원성(1) 〈여가관광적 의미〉 • 외국인의 흥미유발성(1) • 체험성(1) • (-)체험성(2) • (-)흥미유발성(1) • 유희성(2) • (-)체험프로그램 개발성(1) • 체험프로그램 개발성(1) • (-)관광자원 연계성(1) • (-)체류관광성 • 재미성(1) 〈기타 의미〉 • 지역홍보성(2) • (-)축제콘셉트의 변화성(1) • 창의성(1) • 풍부한 자원성(1) • 프로그램의 매력성(1) • 관람형 축제성(1) • 대표 축제성(1) • 교육성(1)	▶ 한국문화의 대표성 ▶ 축제의 유희성 ▶ 전통문화의 문화산업화
지역 NGO	• 사회적 의미(12) • 문화적 의미(14)[-2] • 경제적 의미(8)[-4] • 정치적 의미(3) • 여가관광적 의미(6) • 기타 의미(7)	〈사회적 의미〉 • 지역주민화합성(1) • 지역 정체성(2) • 자발적 참여성(4) • 민중 자발적 참여성(1) • 대동성(3) • 지역화합성(1)	〈정치적 의미〉 • 축제의 비정치수단화(1) • 지역홍보성(1) • 정치논리 탈피성(1) 〈여가관광적 의미〉 • (-)여가향유성(1) • 관광지연계성(1)	▶ 안동문화의 세계화 ▶ 대동적 화합성

| 지역
NGO | | 〈문화적 의미〉
• 문화보편성(1)
• 제의성(1)
• (−)제의성(1)
• (−)문화적 전시성(1)
• 축제의 본질성(1)
• 문화적 자부심(2)
• 지역문화 홍보성(4)
• 문화소통성(1)
• 축제의 장소성(1)
• 비교문화성(1)

〈경제적 의미〉
• 지역경제활성화(3)
• (−)경제적 갈등성(1)
• 경제적 양면성(1)
• (−)축제의 상행위성(1)
• (−)지역경제효과　양
　극화(1)
• (−)경제적 의미부여 탈
　피성(1) | • 관광객유치성(1)
• 놀이성(1)
• (−)관광연계성(1)
• 축제의 흥분성(1)

〈기타 의미〉
• 소재의 세계성(1)
• 축제의 단순성(2)
• 지역자긍심(1)
• 전시성(1)
• 축제의 변화성(1)
• 축제의 자부심(1) | |

주: '−'는 부정적 의미부여를 의미함.

〈표 5-10〉 안동국제탈춤페스티벌 이해집단별 축제의 의미부여 내용 종합

	축제 공급집단				축제 수요집단						축제 매개집단	
					지역주민			관광객				
의미주체 의미내용	중앙 정부	지방 정부	축제 위원회	지역 상인	A	B	C	A	B	C	지역 언론	지역 NGO
행위소 모형의 수정 모형	조력 자(적 대지)	주체자		조력자 (적대 자)	수신자 (수신방해자)						발신자 (발신방해자)	
S1: 경제적 의미	○(+)	○(+)	△(+)	◎(±)	○(+)	○(+)	○(+)	○(+)	○(+)	◎(+)	○(+)	○(±)
S2: 정치적 의미	◎(−)	△(+)	◎(±)	○(+)	○(±)	○(+)	△(+)	×	○(−)	△(+)	△(+)	△(+)
S3: 문화적 의미	◎(+)	◎(+)	◎(+)	◎(+)	○(±)	◎(+)	◎(±)	◎(+)	◎(+)	◎(+)	◎(+)	◎(+)
S4: 사회적 의미	△(−)	○(+)	○(+)	○(+)	◎(+)	△(+)	△(±)	△(+)	△(+)	○(+)	△(+)	◎(+)
S5: 여가관광 적 의미	◎(+)	△(+)	○(+)	○(+)	○(±)	△(−)	○(+)	○(+)	△(+)	◎(+)	◎(±)	○(+)
S6: 기타 의미	○(+)	△(+)	△(+)	△(+)	◎(±)	○(+)	△(−)	◎(+)	◎(−)	○(+)	○(+)	○(+)

주: ◎는 주요 상징의미를 나타내며, ○, △는 다음 단계의 상징의미이며, ×는 상징의미가 없음을 의미함. 단, (+)는 주로 긍정적 의미부여,
　　(−)는 주로 부정적 의미부여, (±)는 긍정적 및 부정적 의미 비율이 비슷한 경우를 의미함.

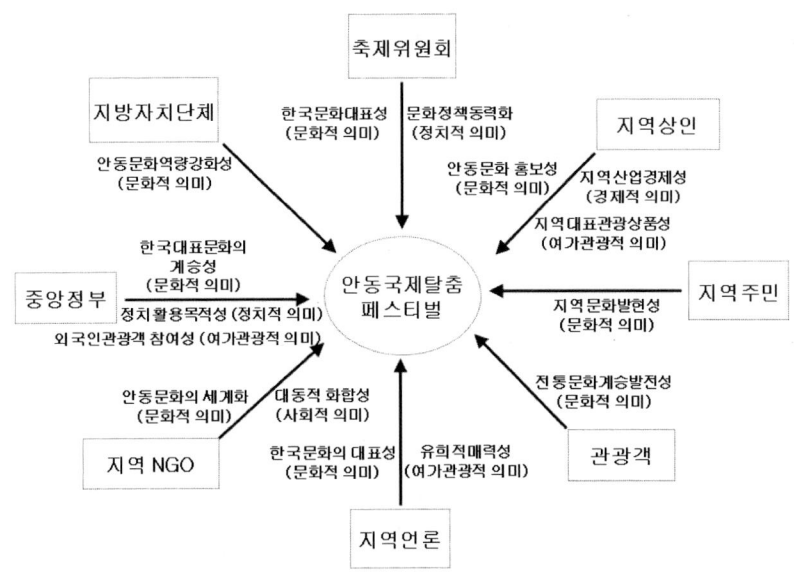

[그림 5-8] MⅡ: 이해집단별 축제의 기호학적 의미부여 모형 Ⅱ

2. 안동국제탈춤페스티벌 이해집단 간 의미구조관계

'안동국제탈춤페스티벌의 이해집단 간 의미구조관계 모형'은 기존에 그레마스가 제안했던 행위소 모형에서 주체를 둘러싼 조력자와 적대자 역할을 동시에 하는 조력자 겸 적대자가 추가되었고, 발신자 및 수신자인 '전달의 축'에서는 발신자의 역할을 방해하는 '발신방해자'와 수신자의 역할을 방해하는 '수신방해자'가 추가되었다. '조력자 겸 적대자'는 조력자와 적대자의 역할을 동시에 하는 경우로 의미를 부여할 때 양(+), 음(-)의 의미를 동시에 부여하는 경우로 이해하면 된다. 한편, '발신방해자', '수신방해자'도 발신자, 수신자의 성격을 동시에 갖지만 발신방해자와 수신방해자는 의미를 부여할 때, 음'(-)'의 의미를 부여하는 경우 나타난다고 이해하면 된다.

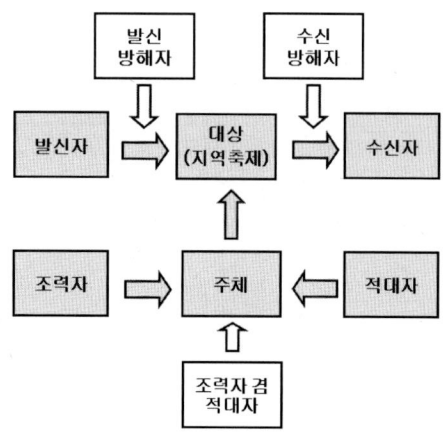

[그림 5-9] CM: 축제 이해집단 간
의미구조관계에 대한 Greimas의 행위소 모형의
수정모형(Concept Model)

1) S1(Significance Structure1): 경제적 의미구조관계

심층인터뷰 분석 결과 안동국제탈춤페스티벌의 이해집단 간 경제적 의미구조관계는 [그림 5-10]에서 보는 바와 같이 주체자, 조력자, 조력자 겸 적대자, 발신자, 수신자, 발신방해자가 안동국제탈춤페스티벌이란 축제를 둘러싼 뚜렷한 경제적 의미구조관계를 형성하고 있는 것으로 나타났다. 경제적 의미구조관계를 나타내는 모형은 '주체자 및 수신자 의미부여 중심형 모형'으로 볼 수 있다. 즉 주체자의 의미부여에 조력자의 의미부여가 더해지고, 적대자의 의미부여가 나타나지 않으며, 축제의 의미가 수신자에게 제대로 전달

될 수 있도록 발신자의 역할이 일부 방해를 받지만 행해지고 수신
자 두 주체인 관광객, 지역주민의 의미부여도 적절히 나타나는 구
조라고 볼 수 있다.

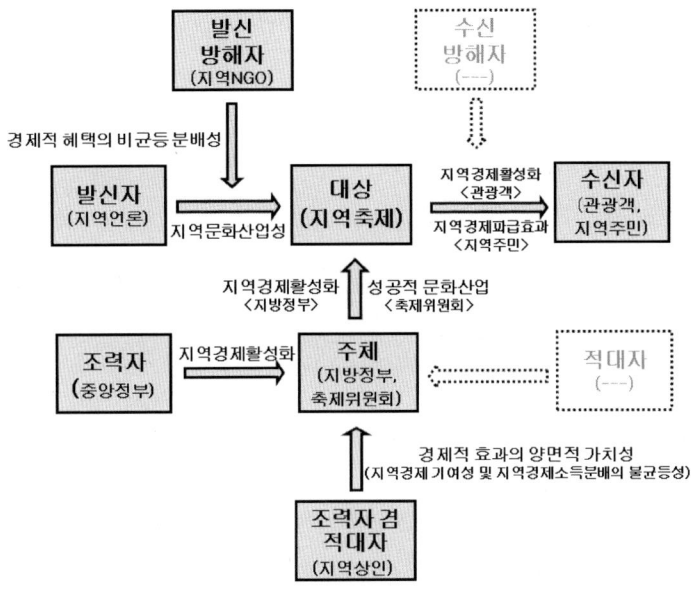

[그림 5‑10] IM1: 심층인터뷰 분석 축제 이해집단 간 경제적 의미구조관계
(Interview Model 1)

① **주체자** ‑ 지역경제활성화를 강조하는 지방정부와 성공적 문화산업
　　에 의미를 부여하는 축제위원회

경제적인 면에서 축제의 의미부여는 각 이해집단의 의미구조관
계에서 주체자는 지방정부와 축제위원회가 경제적 의미부여 주체
로서 주로 긍정적(+)인 의미부여를 하고 있는데, 지방정부는 조금
강력한 수준(○)의 경제적 의미부여를 하고 있고, 축제위원회는 지
방정부보다 약한 보통 수준(△)의 경제적 의미부여를 하는 것으로

분석된다. 지방정부 입장에서는 축제의 산업적 성격과 지역브랜드 가치의 상승 등 축제개최에 따른 지역경제활성화와 경제적 파급효과에 큰 의미를 두고 있으며, 축제위원회 입장에서는 안동축제가 지역의 성공적인 문화산업의 본보기라는 데 집중적인 의미를 부여하는 것으로 분석된다.

> 정부가 인정했으니까 당연히 성공적인 축제죠. 그리고 문화축제이면서 경제적 유발효과가 어느 정도 수준으로 났으니까 축제로 인해 안동은 성공했다고 볼 수 있습니다(지방정부).

> 경제적 유발효과가 630억 되는데, 그걸 떠나서 앞서 말씀드린 안동 브랜드이미지 상승효과는 금액으로 따질 수 없는데……(지방정부).

> 어느 지역에서도 전통문화가 소중하다고는 생각하는데요. 전통문화를 활성화해서 지역을 발전시킬 수 있다는 자신감, 가치, 방향성에 대해서는 논의한 바도 없고 최근에 와서 논의가 되고 있지만 그 부분에 대해서는 의견이 분분한데, 어쨌든 전체적으로 탈춤축제가 성공을 함으로써, 지역의 문화산업이 성공할 수 있다는 어떤 힘들을 지역민들에게 내보일 수 있는 장이 될 수 있는 거죠(축제위원회).

② **조력자** - 지역경제활성화에 의미를 부여하는 중앙정부

경제적인 면의 의미구조관계에서 조력자인 중앙정부는 경제적 의미부여에서 주체자를 돕는 역할로 주로 축제에 대해 조금 강력한 수준(○)으로 긍정적(+)인 경제적 의미부여를 하고 있는 것으로 분석된다. 중앙정부 입장에서는 지방정부와 유사하게 축제가 가져오는 지역경제활성화와 경제적 파급효과에 큰 의미를 부여하는 것으로 볼 수 있다.

지방은 안동탈춤페스티벌을 통해서 볼거리를 제공하고, 외래관광객을 유인해서 지방 나름대로 관광활성화를 통해서 지역경제를 활성화시키고, 그런 목적이 있고(중앙정부)

문화관광축제의 경제효과를 산출했는데……(중략)……2007년도에는 1조 6천억 정도 된다고 통계가 나와 있어요. 2008년도에는 1조 8천억 정도 2,000억 정도 늘어난 걸로 지금 되어 있습니다. 이런 통계로 봐서도 축제 자체가 가지는 사회경제적 효과라든가……(중앙정부)

③ **조력자 겸 적대자** - 경제적 효과의 양면적 가치성을 강조하는 지역상인

경제적인 면의 의미구조관계에서 조력자 겸 적대자인 지역상인은 경제적 의미부여 주체자를 돕기도 하고 주체자와 적대적 관계를 형성하기도 하는 역할로 주로 축제에 대해 매우 강력한 수준(◎)으로 긍정적 및 부정적(±)인 경제적 의미부여를 하고 있는 것으로 분석된다. 지역상인 입장에서는 축제가 지역경제에 기여할 수 있는 산업성과 수익성을 강조하고 있으나, 또 한편으론 축제가 지역경제소득분배의 균등성을 내포하지 못해 일부 상인으로부터는 외면받고 있다는 점을 강조하기 때문에 안동축제의 경제적 효과에 대한 양면적 가치에 의미를 부여하는 것으로 분석이 된다.

안동이란 곳이 공장도 없고 여기서 먹고살거리도 없고 매년 인구가 줄어가고 있는데. 이 관광객을 유치를 해 가지고 이 지역에 먹고살 수 있는 계기를 만들어 보자 이런 생각인 거죠[+](지역상인)

일본 마쯔리 같은 경우엔 아무것도 아닌 것으로 돈을 받아 내서 뭘 하나를 해도 돈을 뺏듯이……이런 건 기획이고, 다 전문가의 구상에 의해서 나온다는 거죠. 이것을 얼마든지 그런 수익을 창출할 수 있는 뭐가 있는데, 그런 것을 전문가들이 연구해서 돈을 받아 낼 수 있도록 해야 한다.

그것이 지역의 도움이 되고 그러면서 고용을 확대를 하고. 그런 뭐 어떻게 하든지 만들어 내면 되지 않겠나[＋](지역상인)

실제로 지역의 주민들한테는 장사하는 분들한테는 나하고는 아무 관련이 없다. 실제 축제기간 동안에는 장사가 잘되어야 하는데. 오히려 재래시장에는 장사가 안 된다는 그런 얘기가 있거든요[－](지역상인)

안동에 많은 사람들이 찾아오게 되는데. 이분들에게 어떻게 지역에 경제적으로 수익을 창출하게 한다든지 오시는 분들에게 기분 안 나쁘게 우리가 보여 주고 즐길거리를 만들 수 있는 그걸 타당한 지역의 경제적 수익을 올려야 되는데. 그런 것이 부족하다 너무너무 부족하다[－](지역상인)

④ 발신자 - 지역의 문화산업성을 강조하는 지역언론

경제적인 면의 의미구조관계에서 발신자인 지역언론은 경제적 의미부여 대상인 축제를 수신자에게 전달하는 역할로 주로 축제에 대해 조금 강력한 수준(○)으로 긍정적(＋)인 경제적 의미부여를 하고 있는 것으로 분석된다. 지역언론 입장에선 지역의 생존과 관련된 산업적 측면을 강조하고 지역의 열악한 산업적 취약성을 극복할 대안산업으로 축제를 통한 문화산업화와 지역적 경제 파급효과에 큰 의미를 부여하는 것으로 분석된다.

안동이 지금 공장이 없어요. 안동이 북부지역은 전국에서 낙후도가 가장 높은 지역입니다……(중략)……여기에서 저희가 안동하고 북부지역이 살아갈 방법이 뭐냐 하면, 이게 장점이 될 수 있거든요. 자연 그대로의 환경이 잘 보존된 문화재, 오지인들만이 가지는 그런 독특한 지역성. 이런 것들은 충분히 상품화될 수 있다고 보거든요. 탈춤도 마찬가지로 이런 걸 통해 가지고 안동도 그렇게 발전해 가려고 활용해 가면서. 여러 가지 사업들이 만들어지고 있고……(지역언론)

⑤ **발신방해자** - 축제의 상행위성과 경제적 혜택 비균등 분배성을 강조하는 지역NGO

경제적인 면의 의미구조관계에서 발신방해자인 지역NGO는 경제적 의미부여 대상인 축제를 발신자가 수신자에게 전달하는 역할을 방해하는 역할로 주로 축제에 대해 조금 강력한 수준(○)으로 긍정적 및 부정적(±)인 경제적 의미부여를 하고 있는 것으로 분석된다. 지역NGO 입장에선 축제의 본질적 요소가 배제된 축제의 상행위성에 대한 우려의 목소리와 축제의 경제적 혜택 분배의 비균등성에 따른 경제적 혜택 비균등 분배성에 큰 의미를 부여하고 있다.

> 일단은 지역의 경제적 측면이 강조된 축제가 아닌가 싶네요. 가장 중요한 게 그게 아닌가 싶어요……[＋](지역NGO)

> 경제적 문제를 일반 정치인들이나 일반 주체자들이 이야기함으로써 당장은 큰 이익을 볼 수 없는 상인의 측면에서는 갈등의 요소가 될 수 있죠. 시장 같은 경우는 축제장에 몰리기 때문에 실제 장사가 안 돼요. 그러다 보니까 이분들은 당장은 불만이 생기죠……[－](지역NGO)

> 우리나라에선 축제에 대한 개념들이 제대로 적용되는 곳이 없는 것 같아요……가까이는 봉화송이축제라든지, 곤충이라든지……일반인들이 돈을 쓰게 하는 것으로 변질되는 것 같아요. 축제의 본질적 의미가 없는 거죠……상행위죠……시장축제죠……그런 면에서 안동축제는 다른 축제보다는 낫죠……[－](지역NGO)

⑥ **수신자** - 지역경제활성화 및 경제적 파급효과를 강조하는 관광객과 지역에 분배되는 수익성 및 경제적 파급효과에 의미를 부여하는 지역주민

경제적인 면의 의미구조관계에서 수신자인 관광객은 경제적 의

미부여 대상인 축제를 전달받는 역할로 주로 축제에 대해 조금 강력한 수준(○)으로 긍정적(+)인 경제적 의미부여를 하고 있는 것으로 분석된다. 관광객 입장에선 안동이 갖는 관광자원 및 자연환경적, 산업특성적으로 나타날 수 있는 지역적 특수성을 활용한 축제의 관광적 효과를 바탕으로 한 경제적 파급효과와 지역경제의 활성화에 축제에 관해 의미를 부여하는 것으로 분석된다.

경제적인 면의 의미구조관계에서 또 하나의 수신자인 지역주민은 경제적 의미부여 대상인 축제를 전달받는 역할로 지역주민은 주로 축제에 대해 조금 강력한 수준(○)으로 긍정적(+)인 경제적 의미부여를 하고 있는 것으로 분석된다. 특히, 축제라는 문화산업을 통해 지역주민에게 돌아갈 수 있는 수익성과 지역경제 파급효과를 강조하는 산업적 측면에서 축제의 의미를 부여하는 것으로 분석할 수 있다.

> 축제를 통해서 관광객이 방문을 함으로써 경제적인 부분까지도 수익창출을 할 수 있어서 필요하다고 생각합니다(관광객 A).

> 워낙 지역적으로 경제적으로 자립도라든지 이런 것들이 열악하기 때문에 안동탈춤을 통해서 문화적 파급효과뿐만 아니라 좀 경제적·관광적 파급효과를 많이 노리고 있는 것, 이런 것들이 눈에 띄는 것 같아요(관광객 B).

> 안동 입장에선 뚜렷한 산업적인 것이 없지 않아요? 관광으로 외부 방문객을 유치할 수 있으니까 그런 축제가 큰 역할을 하고 있지 않을까, 경제적인 어떤 필요성, 안동시 입장에선 아주 필요하지 않을까 생각이 드네요(관광객 C).

> 지역공예인이라든지 어떤 축제에 참여할 수 있는 사업을 할 수 있는 사람

들에게는 도움이 될 것 같아요. 그런 사람들에게는 대목인 거죠. 대
목……(지역주민 A).

여긴 산업이 없어요. 오로지 관광이 주된 테마인데. 그걸 가지고 되게 잘
했는 거죠. 축제를 삼아서 그 수입을 많이 창출할 수 있는 역할을 한 것
같아요(지역주민 B).

경제적으론 연장선상에서 안동의 문화를 가지고 지역민이나 상인들에게
경제적인 효과를 얻어 냈고……(지역주민 C).

2) S2: 정치적 의미구조관계

심층인터뷰 분석 결과 안동국제탈춤페스티벌의 이해집단 간 정
치적 의미구조관계는 [그림 5 - 11]에서 보는 바와 같이 주체자, 조
력자, 적대자, 발신자, 수신자, 수신방해자가 안동국제탈춤페스티벌
이란 축제를 둘러싼 뚜렷한 정치적 의미구조관계를 형성하고 있는
것으로 나타났다. 정치적 의미구조관계 모형은 조력자, 적대자의
관계가 뚜렷이 나타나고 발신자의 역할관계가 뚜렷이 나타나는 등
'주체자 주변상호관계 및 발신자 중심형 모형'으로 볼 수 있다.

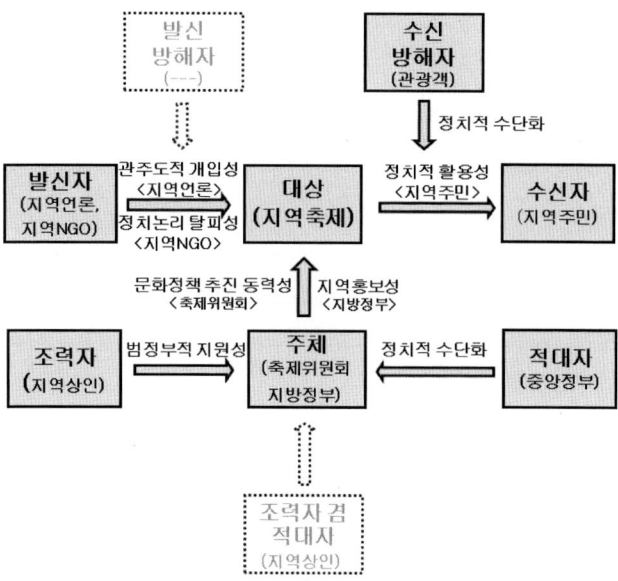

[그림 5-11] IM2: 심층인터뷰 분석 축제 이해집단 간 정치적
의미구조관계

① **주체자** – 문화정책 추진 동력성을 강조하는 축제위원회와 지역홍보
성에 의미를 부여하는 지방정부

축제의 정치적 의미부여에서 각 이해집단의 의미구조관계 중 주
체자인 지방정부와 축제위원회가 정치적 의미부여 주체로서 축제
위원회는 매우 강력한 수준(◎)으로 긍정적 및 부정적(±)인 의미부
여를 하고 있는데, 지방정부는 보통 수준(△)의 경제적 의미부여를
하는 것으로 분석된다. 특히, 축제위원회 입장에선 문화정책성, 정
치를 통한 문화정책의 추진 동력 부분은 긍정적으로 의미가 부여
되고 있었고, 축제를 둘러싼 위아래 조직 간에 교류가 되지 않고,
위에서 내려가는 상부하달식 일방적 정책에 대해서는 부정적인 의
미가 부여되고 있었다. 지방정부 입장에선 외부적으로 지역을 홍보

할 수 있는 계기로 삼는 등의 지역의 홍보성에 중점적인 의미를 부여하는 것으로 나타났다.

> 지역민들에게는 정책적으로 문화도시 만들기라든가 그런 것들이 가능한 디딤돌이 될 수 있을 것이고……(중략)……축제를 통해 문화도시 만들기에 대한 방향성을 알게 되고 모색하게 되었다는 것이고요[＋](축제위원회)

> 축제란 것은 정치적 집단들의 조합이라고 보는 거죠. 그게 문화축제라는 문화성으로 포장되어 있지만은 내부적으로 정치적 집단들 간의 섬세한 접근이 요청이 되는 거죠. 그래서 기본적으로 정치인들이 문화단체에 참여하는 것을 나쁘다고 보지 않아요. 그건 당연한 현상이고 오히려 그들의 문화적인 동력들을 축제가 받아들이고 활용하는 그런 측면이 강해야 한다는 거죠[＋](축제위원회)

> 사회단체에서 요청되어 오는 것들을 우리가 취합하지 못하고, 시청이나 사무처나 일부 사람들에게서 일부 기획된 프로그램이 내려가는 어떤 과정들이 더 많아지는 거죠. 이게 나쁘다는 것이 아니라 밑에서 올라오는 거랑 위에서 내려가는 거랑 교류가 되어야 하는데, 그런 것이 문제이구요[－](축제위원회)

② **조력자 – 범정부적 지원성에 의미를 부여하는 지역상인**

정치적인 면에서의 축제의 의미부여에서 각 이해집단의 의미구조관계에서 조력자인 지역상인은 정치적 의미부여 주체자를 돕는 역할로 조금 강력한 수준(○)으로 긍정적(＋)인 의미부여를 하고 있는 것으로 분석된다. 특히, 범정부적 차원의 정책적 지원에 대해 긍정적인 의미가 부여되고 있었다.

> 안동 이런 중소도시의 축제가 국가적인 대표축제가 되었으니 국가에서 정책적 지원 내지 입안 기획 이런 게 필요하다 그렇게 생각합니다……(중

략)……문화관광부라든지 전문가들이 기획을 하고 이런 부분에 관심을 가져서 정부에서 정책적으로 지원해서 업그레이드시켰으면 좋겠습니다(지역상인).

③ **적대자** – 중앙정부의 권한 제한성 및 축제의 정치수단화를 강조하는 중앙정부

정치적인 면의 의미구조관계에서 적대자인 중앙정부는 정치적 의미부여 주체자인 축제위원회, 지방정부와 맞서는 역할로 중앙정부는 주로 축제에 대해 매우 강력한 수준(◎)으로 부정적(－)인 정치적 의미부여를 하고 있는 것으로 분석된다. 특히, 중앙정부의 권한의 제한성, 지방자치단체장의 축제의 정치적 수단화 측면에서 축제에 대해 부정적인 의미를 부여하는 것으로 분석할 수 있다.

전체 지역축제의 수를 조정하는 데 문제점이 뭐냐 하면 실질적인 조정권한이 없는 중앙정부에서 지방자치단체장의 정치적 말하자면 자기 치적 위주로 그야말로 전시성, 유사성, 중복성 등 예산낭비적 측면이 많이 있음에도 불구하고 그걸 조정을 못 하고 있다는 거 그리고 금년 초에 화왕산 갈대태우기 축제에서도 저희가 안전관리에서 통제할 수 있는 어떤 권한이 없어요(중앙정부).

지역자치단체장들이 자기의 선거를 이용해서 하는 부분들이 있어요. 그러다 보니까 경제적 효과가 전혀 없는데, 관에서 하니까 마지못해서 하는 그러한 축제들이 계속 늘어나고 있다 이겁니다(중앙정부).

④ **발신자** – 관주도적 개입성을 강조하는 지역언론과 정치논리 탈피성에 의미를 부여하는 지역NGO

정치적인 면의 의미구조관계에서 발신자인 지역언론, 지역NGO

는 주로 축제에 대해 보통 수준(△)으로 긍정적(+)인 정치적 의미
부여를 하고 있는 것으로 분석된다. 특히, 지역언론은 축제의 관주
도적 개입성, 행정적 지원성에 대해 긍정적인 의미를 부여하고 지
역NGO는 정치논리 탈피성, 축제의 비정치수단화에 대해 긍정적인
의미를 부여하는 것으로 분석할 수 있다.

> 안동시에서 콩나라 팥나라 다하고 어떤 식으로 방향까지 설정까지 다해
> 주고 있거든요. 그 정도로 시에서는 되게 중요한 축제고 사업이고……(지
> 역언론)

> 축제도 정치적 힘이나 외부적 힘의 논리에서 이루어 간다면 축제 본질을
> 잃어버리고 장기적으론 안 된다는 거죠(지역NGO).

⑤ **수신자** - 지역홍보성 및 정치적 활용성에 긍정적 의미를 정치적 수
　　단화에 부정적 의미를 부여하는 지역주민

정치적인 면의 의미구조관계에서 수신자인 지역주민은 주로 축
제에 대해 보통 수준(○)으로 긍정적(+)인 정치적 의미부여를 하고
있는 것으로 분석된다. 특히, 지역주민은 축제의 지역홍보성, 정치
적 활용성에 긍정적인 의미를 부여하고, 한편, 정치적 수단화에는
부정적인 의미를 부여하는 것으로 분석할 수 있다.

> 시민화합이면서 탈을 알려 주는 거니까 안동을 선전하는 효과와 시민이
> 합쳐지면서 안동이라는 도시를 선전하는 효과를 노리는 것 같은데요(지역
> 주민 B).

> 정치적인 의미로 봤을 때는……개인적인 수단으로 이용하면 단점이고요,
> 그걸 가지고 지역적 발전으로 이용할 수 있기 때문에 제가 보는 정치적인

면의 국회의원적 관점에서 보는 거죠(지역주민 C).

자기들의 어떤 뭘 하려고 하는지는 모르겠지만, 나와서 막 계속 얼굴을 비추는 거죠. 또 누구 온다고 하면, 그때 국무총리가 왔었나. 한번 온다고 해서 한번 난리가 났죠. 아주. 그땐 비상이죠. 비상. 여기서 사람들은 여기서 놀고 싶고. 그 사람이 온다고 해서 이 자리에선 놀 수가 없는 거예요. 막아 버리니까(지역주민 A).

⑥ **수신방해자** - 축제의 관주도성 및 정치수단화에 의미를 부여하는 관광객

정치적인 면의 의미구조관계에서 수신방해자인 관광객은 주로 축제에 대해 보통 수준(○)으로 부정적(-)인 정치적 의미부여를 하고 있는 것으로 분석된다. 특히, 지역주민은 축제의 관주도성, 정치수단화, 문화의 정책 추종성 등에 부정적인 의미를 부여하는 것으로 분석할 수 있다.

처음부터 너무나 관주도로 물론 지금의 위원회는 분리되어 있는 것처럼 보이지만 그것은 완전히 독립되어 있는 상태가 아니라는 거예요. 계속 통제를 받는다는 거예요. 이런 측면에서 자유롭지 못하다는 거예요(관광객 B).

지자체는 사실 자신의 정치적인 치적을 상징화하는 하나의 문화적인 표현인 거구 그것을 가시적으로 보여 줄 수 있는 중요한 요소라는 거죠. 그런 점에서 축제를 간과할 순 없겠죠(관광객 B).

안동이 정책적 흐름에 따라가지 않아도 굉장한 잠재력이 있는 축제로 보는데, 이 부분은 너무 지나치게 밀착해서 따라가다 보니까 그 자체도 딜레마에 모순에 빠지게 될뿐더러, 다른 추종하는 축제들도 딜레마에 빠진다는 거죠. 문화적 자생력을 잃어버린다는 거죠(관광객 B).

3) S3: 문화적 의미구조관계

심층인터뷰 분석 결과 안동국제탈춤페스티벌의 이해집단 간 문화적 의미구조관계는 [그림 5-12]에서 보는 바와 같이 주체자, 조력자, 발신자, 수신자, 수신방해자가 안동국제탈춤페스티벌이란 축제를 둘러싼 뚜렷한 문화적 의미구조관계를 형성하고 있는 것으로 나타났다. 문화적 의미구조관계 모형은 '조력자 및 발신자 역할 중심형 모형'이라고 볼 수 있다.

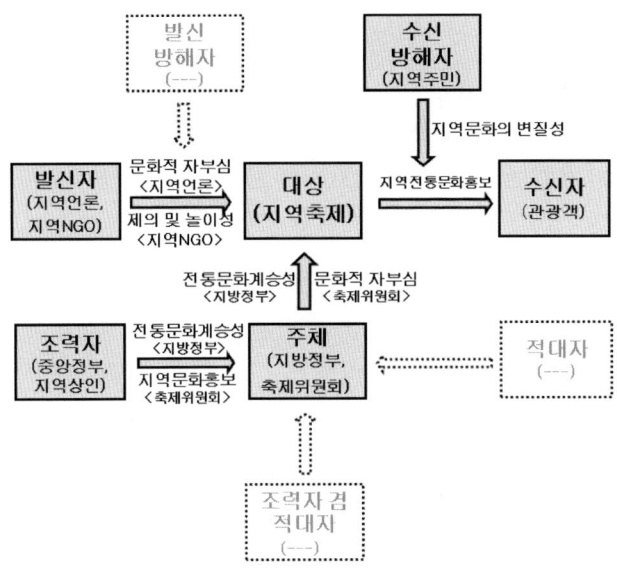

[그림 5-12] IM3: 심층인터뷰 분석 축제 이해집단 간 문화적
의미구조관계

① **주체자**-전통문화계승성 및 문화역량보존을 강조하는 지방정부와
   문화적 자부심에 의미를 부여하는 축제위원회

문화적인 면의 의미구조관계에서 주체자인 지방정부, 축제위원회

는 주로 축제에 대해 보통 수준(◎)으로 긍정적(+)인 문화적 의미 부여를 하고 있는 것으로 분석된다. 특히, 지방정부는 축제의 전통문화계승성, 지역의 문화역량보존 등에 긍정적인 의미를 부여하는 것으로 분석할 수 있다. 축제위원회는 안동문화에 대한 문화적 자부심, 축제상품의 문화지향적 성격에 대해 의미를 부여하는 것으로 분석된다.

> 800년 역사를 가진 탈과 탈춤을 지속적으로 계승 발전시킨다에 의미가 있다고 할 수 있죠(지방정부).

> 물론 경제적 이익은 두 번째입니다. 문화적 역량 보존상태에서 부가적으로 경제적으로 유발효과가 있으면 좋겠다는 생각이고, 문화축제로는 경제적 이익을 추구하는 데는 어려움이 있습니다. 그걸 바란다면 특산물 축제로 나가야지요(지방정부).

> 개인적으로 봤을 때는 안동이 굉장히 문화적으로 거듭나길 바라는데요, 탈춤축제는 그런 차원에서 굉장히 중요한 자신감을 줄 수 있는 행사라는 거죠. 탈춤축제가 지역민들에게 공감대를 얻게 됨으로써, 지역문화에 대한 가치를 새롭게 각인시킬 수 있는 계기가 될 수 있는 거죠(축제위원회).

> 문화성이 우선시되야 하죠……(중략)……더 고가의 상품을 만들기 위해서는 브랜드가치를 높여야 하고 브랜드가치를 높이려면 제품이 좋아야 한다는 것이죠(축제위원회).

② **조력자** - 전통문화계승성, 문화적 자부심을 강조하는 중앙정부와 지역문화의 홍보 및 자부심에 의미를 부여하는 지역상인

문화적인 면의 의미구조관계에서 조력자인 중앙정부, 지역상인은 주로 축제에 대해 매우 강력한 수준(◎)으로 긍정적(+)인 문화적

의미부여를 하고 있는 것으로 분석된다. 특히, 중앙정부는 축제의 전통문화계승성, 문화적자부심 등에 긍정적인 큰 의미를 부여하는 것으로 분석할 수 있다. 지역상인은 축제를 통한 지역문화 홍보와 지역의 고유전통문화에 대한 자부심에 대해 긍정적인 큰 의미를 부여하는 것으로 분석된다.

> 우리 전통적인 탈춤을 소재로 했기 때문에 그 축제를 우선적으로 대표축제에 선정된 것이고……(중략)……여타 축제들이 다 전통적인 우리 것을 가지고 있는 소재가 많지 않아요. 안동축제는 우리 탈춤을 소재로 했기 때문에 보령머드축제하고는 상당히 다르죠(중앙정부).

> 유명한 축제를 보면 어떤 오랜 역사만 가지고 있지, 그 지역도 영국의 에딘버러나 독일 옥토버페스트라든가, 독일 옥토버페스트 같은 경우 그 나라 전통춤과 같은 그런 것은 많이 보여 주지 못합니다. 단순히 맥주 마시고 즐기는, 축제가 그런 쪽으로 많이 나가고 있거든요. 세계적인 방향하고 과연 이게 안동 이것하고 같은가? 소재는 아니거든요. 우리 쪽에서 봤을 때는 우리 문화이기 때문에 받아 줘야 한다는 게 있는데요(중앙정부).

> 목적도 지역을 홍보를 하고 지역문화를 소개하고 또 안동의 고유한 문화적 가치를 홍보를 함으로써……(중략)……한국의 고유한 문화의 원형을 한번 보여 주는 장이다……(지역상인).

> 안동은 정신문화의 수도라 이렇게 하고 안동은 유교문화의 본고장이죠. 그래서 그런 탈춤이란 걸 내세워 가지고 안동 유교문화의 특성, 그 문화를 좀 소개를 하자 그런 뜻이 있고……(지역상인)

③ **발신자** - 문화적 자부심과 전통문화계승성을 강조하는 지역언론과
　　　축제의 본질적 측면과 지역문화홍보에 의미를 부여하는 지역NGO

문화적인 면의 의미구조관계에서 발신자인 지역언론, 지역NGO

는 주로 축제에 대해 매우 강력한 수준(◎)으로 긍정적(＋)인 문화
적 의미부여를 하고 있는 것으로 분석된다. 특히, 지역언론은 축제
의 문화적 자부심, 지역의 전통문화계승성, 안동문화의 집약성 등
에 긍정적인 큰 의미를 부여하는 것으로 분석할 수 있다. 지역
NGO는 제의와 놀이와 같은 축제의 본질적 측면과 지역의 우수한
문화를 알릴 수 있는 지역문화홍보성 등에 대해 긍정적인 큰 의미
를 부여하는 것으로 분석된다.

안동이 가진 색깔, 전통, 문화, 그리고 그런 모든 것들을 하나로 밀집해
놓은 축제라 볼 수 있는 거죠. 탈춤축제 안에는 안동인들만이 가지고 있는
고유의 정신 그리고 어떤 문화, 이런 것들이 다 포함되어 있죠. 밀집되어
있다고 볼 수 있죠(지역언론).

잊혀 가는 우리의 전통문화, 자산, 문화재 이런 모든 것들을 탈춤축제장에
오시면 재현이 돼요. 그게 탈춤축제든 민속놀이든……탈춤축제장에 오시
는 분들은 우리의 잊혀 가는 전통문화를 보기 위해 오시는 분들도 있어요.
그분들은 봐 왔고, 그게 관찰하기 위한 거예요. 그래서 문화적인 의미는
되게 있죠(지역언론).

지금까지의 탈춤들은 전국 각 지역에 우리 공동체 문화에 무속신앙의 일
환이죠. 전통문화의 일환인데, 제의성이 강한 그런 것들을 하나의 개별화
된 놀이로 함께 모아 놓았다 이렇게 볼 수 있죠. 그래서 제의성이 조금
떨어지는 축제가 아닌가 하는 그런 생각을 갖고 있죠……(중략)……정말
축제가 되려면은 신과 함께하는 축제가 돼야 가장 좋죠……(중략)……제
가 인제 그래도 최고의 축제라고 본다면 강릉 단오제 그것이 정말 우리나
라에서는 정말 제와 놀이가 함께하는 그런 축제가 아닌가 하는 생각을 해
봐요……(중략)……축제는 제의와 놀이적 요소가 동시에 가미되어야 하
고……(지역NGO)

안동문화가 외부적으로 알려지고……(중략)……탈춤을 보러 왔다가 안동

문화를 또 접하게 되죠. 그러면서 안동문화에 관심을 갖게 되고, 그런 효과로 안동의 숨은 문화가 외부에 알려지게 되고……(지역NGO)

④ **수신자** - 지역 전통문화홍보 및 전통문화상징에 의미를 부여하는 관광객

문화적인 면의 의미구조관계에서 수신자인 관광객은 주로 축제에 대해 매우 강력한 수준(◎)으로 긍정적(+)인 문화적 의미부여를 하고 있는 것으로 분석된다. 특히, 관광객은 축제의 지역전통문화를 홍보하는 전통문화 홍보성, 축제를 통해 안동이란 지역의 전통문화에 대한 상징성 극대화, 탈춤축제를 통한 전통문화의 계승성 등에 긍정적인 큰 의미를 부여하는 것으로 분석할 수 있다.

축제를 통해서 안동이라는 지역 그리고 그 지역에서도 유교문화잖아요. 그 주변에 보면 하회마을이라든지 이런 게 있잖아요. 그 지역의 탈춤이라든지 문화 이런 걸 외지인에게 알리고……(관광객 A).

저는 안동이 갖는 도시의 전통적 상징성은 대단하다고 봐요. 잠재성, 전통적 자산으로서의 안동도시의 잠재성이 대단하다. 이걸 어떻게 풀어낼 것인가, 표현의 방식은 다양하다고 봐요. 축제로 풀어내든, 자잘한 이벤트로 풀어내든, 박람회로 풀어내든, 아니면 다른 어떤 여러 가지 문화재 보존이라든가 다양한 방법이 있다고 하는데, 축제만큼 가시적이고 직접적인 상징효과를 극대화할 수 있는 것은 별로 없다는 거죠(관광객 B).

국가 차원에서 우리 고유문화를 잘 살릴 수 있지 않을까 생각이 드는 게 탈춤이잖아요. 탈춤이라는 게 그 지역의 정서를 잘 포함하고 있는 거 같구, 그런 차원에선 국가적으로 잘 살릴 필요가 있지 않을까 그런 생각이 들고요(관광객 C).

⑤ **수신방해자** - 지역문화의 변질성 및 왜곡성에 의미를 부여하는
지역주민

　문화적인 면의 의미구조관계에서 수신방해자인 지역주민은 주로 축제에 대해 매우 강력한 수준(◎)으로 긍정적이자 부정적(±)인 문화적 의미부여를 하고 있는 것으로 분석된다. 특히, 지역주민은 본래 고유문화가 상품화됨에 따른 문화의 변질성 및 지역문화의 왜곡성, 문화콘텐츠의 다양성 부족 등에 대해 부정적인 큰 의미를 부여했고, 지역문화의 대외적 홍보성, 지역주민의 문화를 접할 기회가 많아지고 이를 통해 문화적 성장을 도모할 수 있는 문화향유가치 증대성에 긍정적인 큰 의미를 부여하는 것으로 분석할 수 있다.

　　본래는 하회탈춤이 하회마을에서 양반과 별신굿 이런 것 해 가지고 풍자하는 내용이지 않습니까? 탈춤페스티발장에 가 보면 축제기간에 하회마을 사람들의 말에 의하면 예전보다 많이 변질되었데요. 예전과 내용도 많이 다르고 공연시간이나 이런 것도 예전과 많이 달라졌데요. 그런걸 보면 그게 진짜가 아닌데, 가짜를 진짜처럼 바라보고 그런 게 부정적인 파급효과겠죠[-](지역주민 C).

　　실제 축제에서 표방하고 있는 게 하회별신굿에서 모티브를 따 가지고 하고 있잖아요. 근데 여기에는 당연히 지역주민이 배제가 되어 있고, 실제로 진짜 별신굿을 어떻게 했는지 그 과정이라든지 그런 건 전혀 필요 없고 필요한 요소만 딱딱딱 찍어 가지고 캐릭터화시켜 버리고, 그러니까, 문화적으로 왜곡이 있다고 할까요[-](지역주민 A).

　　단점은 매년 지적받는 게 프로그램 나아진 게 없다. 작년에 했던 게 올해도 할 것이고 올해한건 내년에도 할 것이고, 그런 발전이 좀 없는 거 같아요[-](지역주민 C).

　　이 정도의 이 지역에선 진짜 아무것도 없던 것인데, 문화적인 요소를 가지

고 이 정도의 축제를 만들었다는 건 파급효과는 어떻든 지간에 그렇게 크게 축제장에서 다른 지역에 홍보도 가능하고 이 정도 하면 잘하지 않았나 생각하거든요. 정말 여기가 수도 서울이라서 서울처럼 어떤 사람들이 많이 모여서 그런 것도 아니었고 그래도 이 정도 했으면 잘 한 거죠[＋](지역주민 A).

자기의 문화적인 걸 높일 수 있는 거죠. 노래하고 참가하고 그런 의미도 있지만 축제이기 때문에 그런 콘텐츠가 들어가거든요. 탈만 보는 게 아니고 공연만 보는 게 아니고 비슷한 공연을 돈을 주고 봐야 하는데 굉장히 저렴하게 또는 무료로 볼 수 있기에 그런 것들을 통해 지역주민들의 문화적인 성장을 높일 수 있다는 거죠[＋](지역주민 B).

4) S4: 사회적 의미구조관계

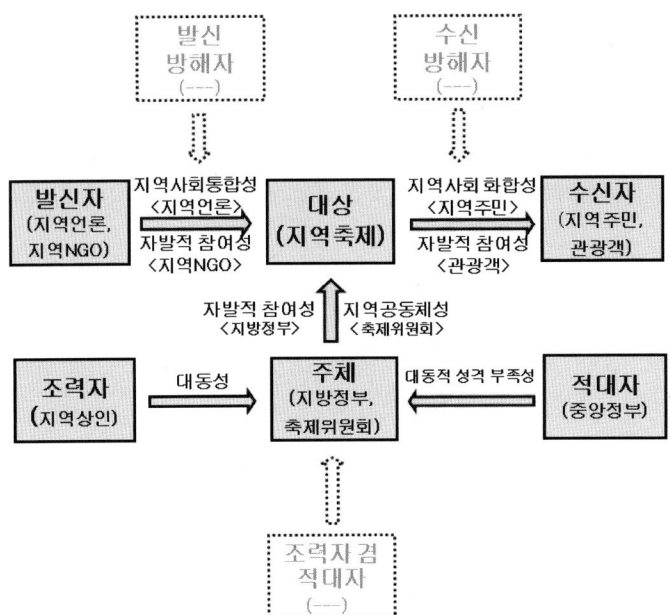

[그림 5-13] IM4: 심층인터뷰 분석 축제 이해집단 간 사회적 의미구조관계

심층인터뷰 분석 결과 안동국제탈춤페스티벌의 이해집단 간 사회적 의미구조관계는 [그림 5 - 13]에서 보는 바와 같이 주체자, 조력자, 적대자, 발신자, 수신자가 안동국제탈춤페스티벌이란 축제를 둘러싼 뚜렷한 사회적 의미구조관계를 형성하고 있는 것으로 나타나 그레마스가 제시한 원래의 행위소 모형과 같게 나타났다. 사회적 의미구조관계 모형은 '조력자, 적대자 상호작용 및 발신자, 수신자 축제의미전달 중심형'으로 볼 수 있다.

① **주체자** - 자발적 참여성을 강조하는 지방정부와 지역공동체성에
         의미를 부여하는 축제위원회

사회적인 면의 의미구조관계에서 주체자인 지방정부, 축제위원회는 주로 축제에 대해 조금 강력한 수준(○)으로 긍정적(+)인 사회적 의미부여를 하고 있는 것으로 분석된다. 특히, 지방정부는 시민들의 자발적 참여성, 지역사회통합성 등에 대해 긍정적인 의미를 부여했고, 축제위원회는 지역공동체성에 긍정적인 의미를 부여하는 것으로 분석할 수 있다.

일단 자발적 시민 참여가 더 확대돼서 자기 탈과 탈 복장을 입고 탈춤을 춰 주는 것이 시민 스스로가 즐겨 주는 외부에 보여 줘서 더 올 수 있다고 볼 수 있죠. 세계적인 축제가 다른 것이 아니고, 그 마을에서 즐겨 주면 그 자체가 볼거리가 되기 때문에 시민들이 즐겁게 참여해야 한다는 거죠(지방정부).

성공적인 축제의 요건은 축제 본질과도 관련이 되는데, 축제가 어떤 공동체를 지향할 것인가에 고심이 있는 것 같아요. 예를 들어, 한 마을단위에서 하는 축제가 있고, 지자체가 하는 축제가 있잖아요. 규모에 차이가 있

는 거죠. 탈춤축제는 한 도시가 행하는 거잖아요. 무엇보다도 도시민들이
공동의 플레이를 가져야 하는 거죠(축제위원회).

② **조력자** – 대동성 및 자발적 참여성에 의미를 부여하는 지역상인

사회적인 면의 의미구조관계에서 조력자인 지역상인은 주로 축
제에 대해 조금 강력한 수준(○)으로 긍정적(+)인 사회적 의미부여
를 하고 있는 것으로 분석된다. 특히, 지역상인은 대동성, 자발적
참여성 등에 대해 긍정적인 의미를 부여하는 것으로 분석할 수 있다.

> 남녀노소가 다 함께 할 수 있는 장을 만들어 줘야 한다. 어떤 특정 부분
> 의 연령대라든지 뭐 이렇게 돼 가지고는 안 되죠. 남녀노소가 여기에 다
> 와서 즐길 수 있는 그런 문화를 만들어야 사람들이 같이 가족들과 와서
> 몇 시간이나 같이 즐길 수 있지 않나(지역상인).

> 지역민들이 활발하게 축제를 만들어 가고 또 지역민들의 열기가 모여지는
> 그런 축제장이 되어야 되는데……(지역상인).

③ **적대자** – 대동적 성격 부족성, 사회 및 계급통합성을 강조하는
중앙정부

사회적인 면의 의미구조관계에서 적대자인 중앙정부는 주로 축
제에 대해 보통 수준(△)으로 부정적(−)인 사회적 의미부여를 하고
있는 것으로 분석된다. 특히, 중앙정부는 안동국제탈춤페스티벌의
대동적 성격 부족, 안동국제탈춤페스티벌의 바람직한 방향으로 사
회 및 계급 타파성 등에 대해 부정적인 의미를 부여하는 것으로 분
석할 수 있다.

탈춤도 굳이 물론 탈을 쓰고 하는 것이지만 같이 탈춤 추는 것만 보는 것
이 아니라 전체 관람객이 함께해 버리는 축제체험하고 같이 할 수 있는
프로그램이 있어야 하는데……(중앙정부).

우리 안동도 양반고장이라서 형식을 중요시하다 보니까 일반관광객들이 같
이 호흡하고 참여하려는 욕구가 있을 텐데, 이걸 수용을 못 해요(중앙정부).

④ **발신자** – 자발적 참여성, 대동성에 의미를 부여하는 지역NGO와
지역사회 통합성에 의미를 부여하는 지역언론

사회적인 면의 의미구조관계에서 발신자인 지역NGO는 주로 축
제에 대해 매우 강력한 수준(◎)으로 긍정적(+)인 사회적 의미부여
를 하고 있는 것으로, 지역언론은 보통 수준(△)으로 긍정적(+)인
사회적 의미부여를 하고 있는 것으로 분석된다. 특히, 지역NGO는
시민들의 자발적 참여성, 대동성 등에 대해 매우 긍정적인 의미를
부여하는 것으로, 지역언론은 지역사회의 화합성, 대동성 등에 긍
정적인 의미를 부여하는 것으로 분석할 수 있다.

축제가 자발적으로 이루어짐으로써 국가의 돈이 아니라 지역민들이 자발
적으로 모으고 관광객들의 주머니를 털어서 축제를 만들어 가는, 진짜 밑
으로부터 함께하는 진짜 축제가 서민들이 만들고, 가진 자들과 지도층들이
녹아드는 그런 축제가 되어야 합니다. 정치인이나 지도층에 의해 이끌려
가는 축제가 많아요. 옳은 지도자라면 지역민들이 이끌어 가는 축제를 간
접적으로 지원하는 축제가 되어야 해요(지역NGO).

지역민뿐만 아니라 가족, 친지, 사위, 딸들까지 다 같이 와요……오면 재
미있잖아요. 음식 그냥 주고, 기분 좋으면 기부하고……우리나라 대보름
축제처럼 그런 축제들을 살려야 해요(지역NGO).

안동을 대외적으로 알리고 안동축제를 통해서 하나로 밀집을 하는 거죠(지역언론).

축제를 통해 모든 지역민들이 축제장에서 하나가 되는 그런 것이라고 보면 되겠어요(지역언론).

⑤ **수신자** - 지역사회 자긍심, 지역사회 화합성, 지역주민 배제성을 강조하는 지역주민과 자발적 참여성에 의미를 부여하는 관광객

사회적인 면의 의미구조관계에서 수신자인 지역주민은 주로 축제에 대해 조금 강력한 수준(○)으로 긍정적(+)인 사회적 의미부여를 하고 있는 것으로, 관광객은 보통 수준(△)으로 긍정적(+)인 사회적 의미부여를 하고 있는 것으로 분석된다. 특히, 지역주민은 지역사회 자긍심, 지역민들 배려에 따른 화합성, 또 한편으론 지역주민이 배제되어 자발적 참여가 어려움을 나타낸다는 의미의 지역주민 배제성 등에 대해 긍정적이며 일부는 부정적인 의미를 부여하는 것으로, 관광객은 대동성, 자발적 참여성, 주민의 즐겁게 자발적인 참여를 통해 관광객도 즐거울 수 있다는 점을 강조하는 주민참여의 적극성 등에 긍정적인 의미를 부여하는 것으로 분석할 수 있다.

일단 제가 안동사람이잖아요. 안동 여기서 계속 살았는데, 밖에 나가서 여기 탈춤축제를 한다고 해서 다른 사람한테 얘기를 할 수가 있어요. 9월달에 안동에 놀러 오세요. 저 같은 경우는 그렇게 많이 말을 하거든요(지역주민 A).

안동축제가 한 5일 정도에서 그쳐도 되는데, 5일 더 보탠 건 지역주민들을 위한 그런 배려적인 측면인 것 같아요. 지역주민들 화합할 수 있는 시설을 많이, 무대를 많이 시설해 놨거든요(지역주민 B).

기간이 길든 짧든 지역주민들이 그 축제에 녹아들어 하나가 될 수 있는 자원봉사자라든지 지역주민이 적극 참여해서 그 축제에 중심이 되어야 하는데, 지역주민이 배제되어 있어요[-](지역주민 C).

축제라는 게 같이 동반하는 사람들이 있잖아요. 같이 동반하는 사람을 통해서 축제 참여하는 사람들과의 뭐라고 해야 하죠, 그 표현을. 혼자 하는 게 아니라 같이 하는 거 대동적인 거 어울림, 같이 어울리는 거 그런 거……(관광객 A).

지역사람들이 정말 자긍심을 가지면서 축제에 자원봉사를 하고 참여하고 스스로 재미를 느껴야 되는 거니까(관광객 B).

축제기본이 주민들이 흥이 나고 주민들이 즐거운 축제는 관광객도 즐겁고 흥이 나고 즐거울 것이다. 그런 측면에서 주민참여가 최고라고 생각합니다 (관광객 C).

5) S5: 여가관광적 의미구조관계

심층인터뷰 분석 결과 안동국제탈춤페스티벌의 이해집단 간 여가관광적 의미구조관계는 [그림 5-14]에서 보는 바와 같이 주체자, 조력자, 발신자, 발신방해자, 수신자가 안동국제탈춤페스티벌이란 축제를 둘러싼 뚜렷한 여가관광적 의미구조관계를 형성하고 있는 것으로 나타났다. 여가관광적 의미구조관계 모형에서는 '조력자 및 수신자의 역할 중심 구조'로 볼 수 있다.

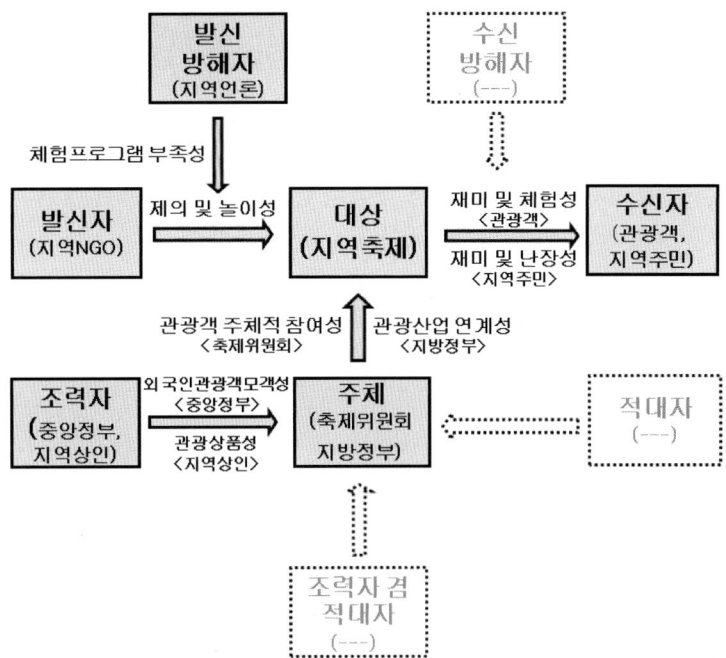

[그림 5-14] IM5: 심층인터뷰 분석 축제 이해집단 간 여가관광적 의미구조 관계

① **주체자** - 유희성, 관광객 주체참여성을 강조하는 축제위원회와
관광산업 연계성에 의미를 부여하는 지방정부

여가관광적인 면의 의미구조관계에서 주체자인 축제위원회는 주로 축제에 대해 조금 강력한 수준(○)으로 긍정적(+)인 여가관광적 의미부여를 하고 있는 것으로 지방정부는 보통 수준(△)으로 긍정적(+)인 여가관광적 의미부여를 하고 있는 것으로 분석된다. 특히, 축제위원회는 축제참여자들의 유희성, 관광객이 스스로 참여하게 하는 관광객 주체적 참여성, 관광자원연계성 등에 의미를 부여하는 것으로 나타났고, 지방정부는 축제방문객들이 안동의 주변 관광지 방문, 숙박 등과 같은 관광산업과의 연계성이 있다는 점에 의미를

부여하는 것으로 나타났다.

> 행복하고 유쾌하고 가슴이 막 뛰는 어떤 느낌들을 축제를 통해 발현하고
> 싶은 거죠. 그것이 가장 중요한 목적이고……(축제위원회).

> 무엇보다도 관광객이 스스로 즐기게끔 만들게 하는 분위기를 조성하는 데
> 는 실패했죠. 그 분위기를 만들려면 지역민들이 스스로 즐거움을 찾아야
> 하는데, 아까도 얘기했지만 기획된 프로그램 공연화된 경직성들을 탈피하
> 지 못함으로써 관광객들을 우리가 말하자면 금 밖으로 밀어내는 거죠. 너
> 희는 이 금에서만 구경하라는 거죠. 그러다 보니 관광객들은 타자가 되는
> 거죠. 관광객들이 스스로가 주체가 되도록 만들어야 하죠(축제위원회).

> 안동축제로 100만 명 오는데, 그 축제 때문에 이미지가 홍보돼서 안동관
> 광과 연관이 되죠. 안동 관광객은 연 500만 명 오고 있는데, 100만 명은
> 축제관광객이죠. 축제에 오면 딱 축제장만 보는 것이 아니라 연계해서 관
> 광지와 연계하고 그것 때문에 숙박과도 연계되죠. 축제는 관광과 불가분의
> 관계에 있다고 보죠(지방정부).

② **조력자** - 관광객 모객성, 축제의 일탈적 체험성을 강조하는 중앙정
　　부와 관광상품성, 몰입성에 의미를 부여하는 지역상인
　여가관광적인 면의 의미구조관계에서 조력자인 중앙정부, 지역상
인은 주로 축제에 대해 매우 강력한 수준(◎)으로 긍정적(+)인 여
가관광적 의미부여를 하고 있는 것으로 분석된다. 특히, 중앙정부
는 축제의 외국인관광객 유치에 의미를 두어 외국인 관광객 모객
성, 축제의 일탈적 요소를 강조하는 체험성 등에 의미를 부여하는
것으로 나타났고, 지역상인은 관광객을 유치하는 관광상품 성격,
축제참여자들이 빠져들 수 있는 몰입성 등에 큰 의미를 부여하는
것으로 분석된다.

볼거리 제공을 통해서 관광활성화를 시킨다. 그것이 가장 큰 목적이거든요. 그렇기 때문에 가장 큰 것은 외국인 관광객들이 많이 와야 되는 겁니다(중앙정부).

이를테면 체험축제로 나가야 하는데⋯⋯(중략)⋯⋯아직까지는 전시성요소가 많다고 보는 거죠. 조금만 개선하면 요것도 상당히 발전할 수 있다는 생각을 가집니다(중앙정부).

축제를 개념정리라 할까요. 안동을 소개하는 관광상품이다 그렇게 할 수도 있고⋯⋯(중략)⋯⋯지역에 많은 관광객이 오도록 만드는, 유인하는 그런 하나의 동기를 부여한다 할까요. 관광객의 유인수단이라 이렇게 생각하고⋯⋯(지역상인).

지금까지는 계속 탈춤공연장이다 뭐다 해 가지고 보여 주는 것으로 했는데, 그걸 난장을 만들어 가지고 같이 즐길 수 있는 그런 축제장으로 만들 수 없을까 그렇게 되어야 사람들이 빠져들지 않을까 그렇게 생각합니다(지역상인).

③ **발신자 - 축제의 본질성과 흥분성에 의미를 부여하는 지역NGO**

여가관광적인 면의 의미구조관계에서 발신자인 지역NGO는 주로 축제에 대해 조금 강력한 수준(○)으로 긍정적(+)인 여가관광적 의미부여를 하고 있는 것으로 분석된다. 특히, 지역NGO는 축제의 본질적 측면인 제의와 놀이성과 축제의 흥분성 등 축제의 일탈적 측면에 의미를 부여하는 것으로 나타났다.

⋯⋯제의와 놀이적 요소가 동시에 가미되어야 하고⋯⋯(지역NGO).

한 달 전부터 축제가 오기 전부터 들떠야 하고. 그래서 준비를 해서 가야 하고 이렇게 돼야 해요(지역NGO).

④ **발신방해자** – 체험 프로그램 부족성에 의미를 부여하는 지역언론

여가관광적인 면의 의미구조관계에서 발신방해자인 지역언론은 주로 축제에 대해 매우 강력한 수준(◎)으로 긍정적이며 부정적(±)인 여가관광적 의미부여를 하고 있는 것으로 분석된다. 특히, 지역언론은 안동축제는 한국 고유의 문화인 탈춤을 외국인들에게 흥미를 유발한다는 차원의 의미에 긍정적 의미를 부여하고 어린이나 가족단위 관광객들이 즐길 수 있는 체험 프로그램의 부족에 부정적 의미를 부여하는 것으로 나타났다.

> 탈춤이라는 하회별신굿이라는 게 한국 사람들은 큰 흥미를 못 느껴요. 외국사람들은 관광객이 와요. 외국인들은 축제를 보면서 코리안인코리안이니까 뭐든지……[＋](지역언론).

> 안동축제는 문화축제거든요. 모든 게 문화행사예요. 탈춤도 문화고, 민속축제도 하나의 문화고 짚풀공예, 대동놀이, 차전놀이 이런 거 정말 어마어마 하거든요, 하나를 보기 위해 전국의 사진작가들이 다옵니다. 그 정도로 어떤 그런 문화적인 의미도 있지만 일반시민들이 왔을 때 이런 축제를 좋아는 할지, 요즘은 세대가 추세가 바꿔 가거든요. 대부분 가족단위죠. 애들 손잡고 축제장을 찾는 시대인데, 그런 부분에서는 별 매력이 없는 거 같구, 앞으로 그런 부분에 대해서는 탈춤에서는 프로그램을 개발을 해야겠죠. 애들이 참여해서 재미를 줄 수 있는 그런 걸 자꾸 개발해 나가야겠구[－](지역언론).

⑤ **수신자** – 재미성, 체험성을 강조하는 관광객과 재미성, 몰입성, 난장성, 흥미성 부족에 의미를 부여하는 지역주민

여가관광적인 면의 의미구조관계에서 수신자인 관광객, 지역주민은 주로 축제에 대해 조금 강력한 수준(○)으로 긍정적(＋)인 여가관광적 의미부여를 하고 있는 것으로 분석된다. 특히, 관광객은 관

광객들에게 스트레스 해소를 가져다줄 수 있는 재미성, 체험성 성격과 축제의 문화관광적 효과에 바탕을 둔 문화관광성에 의미를 부여하고 있으며, 지역주민은 축제참가자 입장에서의 재미성, 몰입성, 난장성의 요소와 지역주민 입장에서 흥미성이 떨어진다는 점과 외국인 관광객 유치 부족에 의미를 부여하는 것으로 나타났다.

축제에 가면 일단 즐거워야 하잖아요. 즐거움의 수단이 축제 같아요(관광객 C).

안동축제는 전통문화축제를 토대로 갖고 있되 이걸 토대로 지역 내 통합이라든지 문화적 공동체성을 강조하기보다는 문화관광적 효과에 포커스를 맞춘 축제라 볼 수 있겠고……(관광객 B).

거기 축제장에 가서 해 볼 수 있잖아요. 그런 측면 체험할 수 있는……(중략)……그런 건 가족들이랑 한다든가 애들과 같이 그런 부분에서는 괜찮은 거 같아요(관광객 A).

축제의 자체에 빠져들어서 재미를 느꼈다기보다는 외부적인 요소들 있지 않습니까 술을 마시고 락 공연을 본다든지, 물건을 산다든지, 어떤 부수적인 요소에서 재미를 느꼈지. 솔직히 젊은 사람 입장에서 요즘 TV버라이어티 프로그램이 더 재미있지, 축제프로그램이 더 재미있습니까? (지역주민 C)

저에게는 좋은 볼거리가 되죠……(중략)……한번 구경거리는 되죠, 사람이 많이 모여 있는 데서 먹고 놀고……(중략)……놀고 먹고 거기서 난장판을 벌이는 그걸 보러 가는 거잖아요(지역주민 A).

지역주민에게 좀 더 재미를 주고……(중략)……이런 걸 더 고민해 주길 바랐는데, 이런 건 더 아쉽죠……(중략)……지역주민 입장에서는 매년 똑같으니까요. 보이는 게 비슷하고, 한번해보는 걸 그다음엔 정말 정말 재미를 느끼고 정말 1년 동안 기다리면서 꼭 하고 싶다 이러면은 모르겠는데……(지역주민 A).

주민으로서 봤을 때는 다른 외부적인 참가인원이 적었다는 거, 물론 외국인들도 많이 왔다 하지만, 국제라는 말이 붙었는데, 국제라는 느낌을 많이 못 받았다는 거, 공연팀이라는 것은 국제라는 말이 많은데, 방문객이나 관광객들은……공연으로서 국제라면 제가 할 말은 없는데……(지역주민 C).

6) S6: 기타 의미구조관계

심층인터뷰 분석 결과 안동국제탈춤페스티벌의 이해집단 간에는 [그림 5 - 15]에서 보는 바와 같이 주체자, 조력자, 발신자, 발신방해자, 수신자가 안동국제탈춤페스티벌이란 축제를 둘러싼 뚜렷한 기타 의미구조관계를 형성하고 있는 것으로 나타났다. 기타 의미구조관계 모형에서는 '조력자 및 발신자의 역할 중심 구조'로 볼 수 있다.

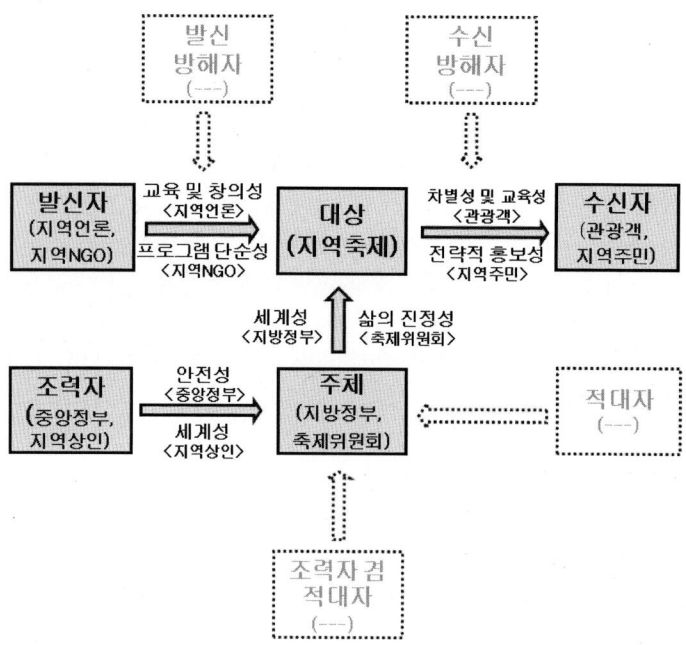

[그림 5 - 15] IM6: 심층인터뷰 분석 축제 이해집단 간 기타 의미구조관계

① **주체자** - 세계성을 강조하는 지방정부와 삶의 진정성에 의미를 부
여하는 축제위원회

기타 의미구조관계에서 주체자인 지방정부, 축제위원회는 주로
축제에 대해 보통 수준(△)으로 긍정적(+)인 의미를 부여하고 있는
것으로 분석된다. 특히, 지방정부는 축제의 세계성에 의미를 부여
하는 것으로 나타났고, 축제위원회는 축제를 통한 삶의 진정한 의
미에 대해 의미를 부여하는 것으로 나타났다.

> 결국 우리 축제도 하나의 세계적인 축제 반열에 들 수 있는 기회가 일단
> 왔습니다. 대한민국 대표축제로서 세계 축제의 후보축제라고 보면 정확할
> 것 같습니다. 후보축제를 넘어서 세계축제로 가길 바라죠……(지방정부).

> 지역민들에게는 탈춤페스티벌이 그런 축제가 가진 본질적인 장들을 실현
> 시키는 것이고……(중략)……즐거운 거. 마치 대보름날 아이들이 쥐불놀
> 이하는 그런 심정들 그런 것들을 얘기하는 거죠. 매년 10월이 되면 축제
> 가 있다는 생각만으로도 가슴이 따뜻해지는 거. 이런 거죠(축제위원회).

② **조력자** - 축제의 안전성을 강조하는 중앙정부와 축제의 세계성에
의미를 부여하는 지역상인

기타 의미구조관계에서 조력자로서 중앙정부는 축제에 대해 조
금 강력한 수준(○)으로, 지역상인은 주로 축제에 대해 보통 수준
(△)으로 긍정적(+)인 의미를 부여하고 있는 것으로 분석된다. 특
히, 중앙정부는 축제의 안전성에 의미를 부여하는 것으로 나타났
고, 지역상인은 축제 세계성에 대해 의미를 부여하는 것으로 나타
났다.

행안부나 우리 부처도 마찬가지지만 안전관리 차원에서 뚜렷한 대책을 내놓지 못하고 있어요(중앙정부).

저는 안동축제는 아주 성공한 축제라고 봅니다. 앞으로도 개발가능하고 발전가능한 축제라고 보고, 세계적인 축제가 될 수 있다고 봅니다(지역상인).

③ **발신자** - 교육성 및 창의성을 강조하는 지역언론과 축제의 프로그램 단순성에 의미를 부여하는 지역NGO

기타 의미구조관계에서 발신자로서 지역언론, 지역NGO는 축제에 대해 조금 강력한 수준(○)으로 긍정적(＋)인 의미를 부여하고 있는 것으로 분석된다. 특히, 지역언론은 축제의 교육성, 창의성 등에 의미를 부여하는 것으로 나타났고, 지역NGO는 축제의 프로그램 단순성에 대해 의미를 부여하는 것으로 나타났다.

안동은 말 그대로 문화축제고 애들을 데려갔을 때 우리의 문화를 보여 주고 자식들한테 자랑할 수 있는 그런 교육적인 축제가 많이 포함되어 있는 거 같고……(지역언론).

너무 복잡해선 안 된다. 단순한 동작의 반복을 통한 쉽게 참여할 수 있는 축제가 되어야 하죠(지역NGO).

④ **수신자** - 주제 차별성 및 교육성을 강조하는 관광객과 축제의 전략적 홍보성에 의미를 부여하는 지역주민

기타 의미구조관계에서 수신자로서 관광객은 축제에 대해 매우 강력한 수준(◎)으로, 지역주민은 조금 강력한 수준(○)으로 긍정적(＋)인 의미를 부여하고 있는 것으로 분석된다. 특히, 관광객은 축제의 주제 성격적 차별성, 교육적 체험성, 지역홍보성, 소재의 독특

성 등에 대해 긍정적 의미를, 축제의 시스템성의 부작용에 대해 부정적인 의미를 부여하는 것으로 분석되었고, 지역주민은 전략적 홍보성에 긍정적 의미를 부여하고 있으며, 축제의 내실성 등에 부정적 의미를 부여하는 것으로 나타났다.

요즘엔 한국관광 많이 하잖아요. 그런 프로그램의 그 날짜와 접목시켜서 그런 관광상품을 개발해도 좋을 거 같구요. 그런 부분들에 대해서 홍보활동이 많이 필요할 거 같아요. 그러면 더 많은 방문객 수가 되지 않을까요(지역주민 B).

몸집보다 내실이 중요해요. 지역주민의 참여라든지, 관광객들이 좀 더 참여할 수 있도록. 탈춤축제이니까 탈춤이 뭔지 알고 갈수 있도록……너무 덩치만 크다 보니까 말은 국제인데, 솔직히 국제적인 것은 탈춤 다른 지역, 다른 나라 축제 몇 개 초청해 가지고, 그렇게 하면 그게 정말 국제인지 정말 모르겠어요[-](지역주민 A).

저는 성공적이라고 봐요. 축제 하면 비슷비슷하다고 할 수 있는데요, 주제라든가 성격이 다른 축제랑은 확실히 차별이 되어 있는 거 같아요(관광객 A).

축제가 있으니까 안동을 둘러보게 되는 거죠. 축제가 있으니까 그 지역을 가게 되는 큰 이유가 되는 거 같아요. 그게 가장 큰 거 같아요……(관광객 C).

풀어 놓는 방식 면에서도 너무나 시스템화되어 있다. 축제는 시스템과 비시스템을 오고 가는 넘나드는 그러한 흐름이 있어야 하는데, 너무나 짜인 듯한 느낌을 주는 거예요. 그러니까 너무 답답해 보인다는 거죠. 공연장이라는 틀 속에 가두어 놓다 보니까 시간이 되면 프로그램 돌리고, 그 틀을 벗어날 수 있는 축제의 내연과 외연을 확장해 나갈 수도 있는데, 오히려 이것이 공연축제적인 어떤 시스템에 가두어 둔 듯한 이런 느낌이 든다는 거죠. 더 나아가지 못한다는 거죠[-](관광객 B).

3. 안동국제탈춤페스티벌의 기호학적 의미 및 의미구조관계 종합

안동국제탈춤페스티벌의 기호학적 의미 및 의미구조관계를 종합하면, <표 5 - 11>에서 보는 바와 같이 의미내용 면에서는 경제적, 정치적, 문화적, 사회적, 여가관광적, 기타 의미로 나눌 수 있으며, 의미부여 주체 면에서는 주체자, 조력자, 적대자, 조력자 겸 적대자, 발신자, 발신방해자, 수신자, 수신방해자로 나눌 수 있다.

이해집단 중심 기호학적 의미부여 내용을 종합하면, 주체자 입장에서는 지방정부와 축제위원회로 나눌 수 있는데, 지방정부는 우선 경제적 의미로 지역경제활성화, 정치적 의미로 지역홍보성, 문화적 의미로 전통문화계승성, 사회적 의미로 자발적 참여성, 여가관광적 의미로 관광산업연계성, 기타 의미로 세계성에 기호학적 의미를 부여했다. 축제위원회는 경제적 의미로 성공적 문화산업, 정치적 의미로 문화정책 추진 동력성, 문화적 의미로 지역문화홍보성, 사회적 의미로 지역공동체성, 여가관광적 의미로 관광객 주체적 참여성, 기타 의미로 삶의 진정성에 의미를 부여하는 것으로 나타났다.

조력자로서 중앙정부는 경제적 의미로 지역경제활성화, 문화적 의미로 전통문화계승성, 여가관광적 의미로 외국인관광객 모객성, 기타 의미로 안전성에 의미를 부여했다. 조력자로서 지역상인은 정치적 의미로 범정부적 지원성, 문화적 의미로 지역문화홍보성, 사회적 의미로 대동성, 여가관광적 의미로 관광상품성, 기타 의미로 세계성을 의미로 부여했다.

적대자로서 중앙정부는 정치적 의미로 정치적 수단화, 사회적 의미로 대동적 성격 부족성에 의미를 부여했다.

조력자 겸 적대자는 지역상인이 유일한데, 지역상인은 경제적 효과의 양면적 가치성에 기호학적 의미를 부여했다.

발신자로서 지역언론은 경제적 의미로 지역문화산업성, 정치적 의미로 관주도적 개입성, 문화적 의미로 문화적 자부심, 사회적 의미로 지역사회통합성, 기타 의미로 교육 및 창의성에 기호학적 의미를 부여했다. 지역NGO는 정치적 의미로 정치논리탈피성, 문화적 의미로 제의 및 놀이성, 사회적 의미로 자발적 참여성, 기타 의미로 프로그램 단순성에 기호학적 의미를 부여했다.

발신방해자로서 지역NGO는 경제적 의미로 경제적 혜택의 비균등분배성, 지역언론은 여가관광적 의미로 체험프로그램 부족성에 기호학적 의미를 부여했다.

수신자로서 관광객은 경제적 의미로 지역경제활성화, 문화적 의미로 지역전통문화홍보, 사회적 의미로 자발적 참여성, 여가관광적 의미로 재미 및 체험성, 기타 의미로 차별성 및 교육성에 기호학적 의미를 부여했다. 수신자로서 지역주민은 경제적 의미로 지역경제 파급효과, 정치적 의미로 정치적 활용성, 사회적 의미로 지역사회통합성, 여가관광적 의미로 재미 및 난장성, 기타 의미로 전략적 홍보성에 기호학적 의미를 부여했다.

마지막으로 수신방해자로서 지역주민은 문화적 의미로 지역문화의 변질성에 기호학적 의미를 부여하는 것으로 분석되었다.

〈표 5-11〉 안동국제탈춤페스티벌의 각 의미별 이해집단 간 의미구조관계 종합

구분	경제적 의미		정치적 의미		문화적 의미		사회적 의미		여가관광적 의미		기타 의미	
주체자	지방정부	지역경제활성화	지방정부	지역홍보성	지방정부	전통문화계승성	지방정부	자발적참여성	지방정부	관광산업연계성	지방정부	세계성
	축제위원회	성공적문화산업	축제위원회	문화정책추진동력성	축제위원회	지역문화홍보	축제위원회	지역공동체성	축제위원회	관광객주체적참여성	축제위원회	삶의진정성
조력자	중앙정부	지역경제활성화	지역상인	범정부적지원성	중앙정부	전통문화계승성	지역상인	대동성	중앙정부	외국인관광객모객성	중앙정부	안전성
					지역상인	지역문화홍보			지역상인	관광상품성	지역상인	세계성
적대자			중앙정부	정치적수단화			중앙정부	대동적성격부족성				
조력자겸적대자	지역상인	경제적효과의양면적가치성										
발신자	지역언론	지역문화산업성	지역언론	관주도적개입성	지역언론	문화적자부심	지역언론	지역사회통합성	지역NGO	제의 및 놀이성	지역언론	교육 및 창의성
			지역NGO	정치논리탈피성	지역NGO	제의 및 놀이성	지역NGO	자발적참여성			지역NGO	프로그램단순성
발신방해자	지역NGO	경제적혜택의비균등분배성							지역언론	체험프로그램부족성		
수신자	관광객	지역경제활성화	지역주민	정치적활용성	관광객	지역전통문화홍보	관광객	자발적참여성	관광객	재미 및 체험성	관광객	차별성 및 교육성
	지역주민	지역경제파급효과					지역주민	지역사회통합성	지역주민	재미 및 난장성	지역주민	전략적홍보성
수신방해자					지역주민	지역문화의변질성						

자료: 연구자 작성

제6장 의미구조관계 통합모형

제1절 의미구조관계의 통합모형 도출

안동국제탈춤페스티벌의 이해집단 간 의미구조관계의 통합적 모형은 [그림 5 – 16]에서 제시하는 것처럼 경제적, 정치적, 문화적, 사회적, 여가관광적 의미 등의 축제 이해집단들이 축제에 대해 부여하는 의미부여 내용과 주체자, 조력자, 적대자, 조력자 겸 적대자, 발신자, 발신방해자, 수신자, 수신방해자 등 축제 이해집단 간 의미구조관계가 통합되어 통합적 의미구조관계 모형이 완성된다.

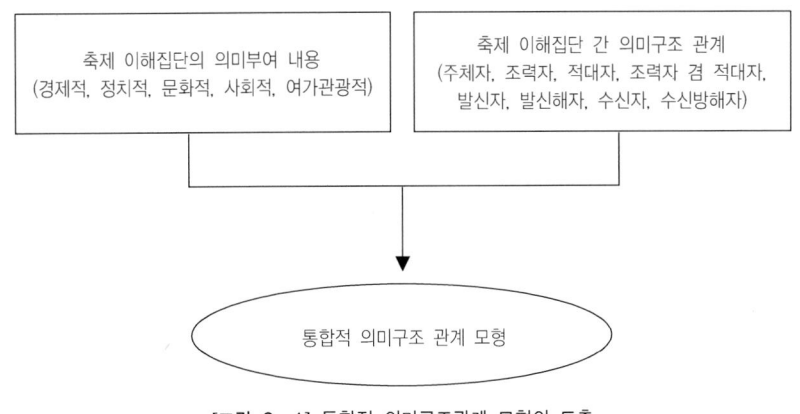

[그림 6 – 1] 통합적 의미구조관계 모형의 도출

제2절 안동국제탈춤페스티벌의 이해집단 간 의미구조관계의 통합모형

안동국제탈춤페스티벌의 이해집단 간 의미구조관계 통합 모형은 [그림 6-4]에서 나타나는 것처럼 의미부여 내용과 의미구조관계가 형성된다. 공급집단으로서 중앙정부는 축제위원회에 문화적 조력자, 정치적 적대자, 여가관광적 조력자의 의미구조관계가 성립되며 안동국제탈춤페스티벌에 부여하는 의미로는 문화적·정치적·여가관광적 의미를 강조하며 한국대표문화의 계승성, 정치활용목적성, 외국인관광객 참여성에 상징적 의미를 부여하는 것으로 나타났다. 의미구조관계에 있어서 중앙정부는 문화적인 면과 여가관광적인 면에서 주체인 축제위원회가 축제를 추구하는 것을 도와주는 역할을 하며, 정치적인 면에서는 주체인 축제위원회가 축제를 추구하는 것을 방해하는 역할을 한다는 것을 의미한다.

지방자치단체는 대상인 안동국제탈춤페스티벌에 문화적 주체자의 의미구조관계가 성립하며, 문화적 의미를 강조하며 안동문화역량강화성에 상징적 의미를 부여하는 것으로 나타났다. 의미구조관계에 있어서 지방자치단체는 문화적인 면에서 축제를 추구하는 주체자 역할을 담당한다는 것을 의미한다.

축제위원회는 대상인 안동국제탈춤페스티벌에 문화적 주체자의 의미구조관계가 성립하며, 문화적·정치적 의미를 강조하며 한국문화대표성, 문화정책동력화에 상징적 의미를 부여하는 것으로 나타났다. 의미구조관계에 있어서 축제위원회는 문화적인 면에서 축제를 추구하는 주체자 역할을 담당한다는 것을 의미한다.

지역상인은 지방자치단체에 문화적 조력자, 경제적 조력자 겸 적대자, 축제위원회의 문화적 조력자, 여가관광적 조력자의 의미구조관계가 성립되며, 문화적·경제적·여가관광적 의미를 강조하며 안동문화 홍보성, 지역산업경제성, 지역대표관광상품성에 상징적 의미를 부여하는 것으로 나타났다. 의미구조관계에 있어서 지역상인은 지방자치단체에 대해 문화적인 면에서 지방자치단체가 축제를 추구함에 있어서 도와주는 역할을 담당하고, 경제적인 면에 있어서는 지방자치단체가 축제를 추구함에 있어서 도와주거나 혹은 축제를 추구하는 행위를 방해하는 역할을 담당함을 의미한다. 지역상인은 축제위원회에 대해서 문화적인 면과 여가관광적인 면에서 축제위원회가 축제를 추구하는 것을 도와주는 역할을 담당함을 의미한다. 한편, 매개집단으로서 지역언론은 대상인 안동국제탈춤페스티벌에 문화적 발신자의 의미구조관계가 성립되며 문화적·여가관광적 의미를 강조하며 한국문화의 대표성, 유희적 매력성에 상징적 의미를 부여하는 것으로 나타났다. 지역언론은 문화적인 면에서 축제가 주체자와 만나도록 이끄는 역할을 담당함을 의미한다.

지역NGO는 대상인 안동국제탈춤페스티벌에 문화적 발신자, 사회적 발신자의 의미구조관계가 성립되며 문화적·사회적 의미를 강조하며 안동문화의 세계화, 대동적 화합성에 상징적 의미를 부여하는 것으로 나타났다. 지역NGO는 문화적인 면과 사회적인 면에서 축제가 주체자와 만나도록 이끄는 역할을 담당함을 의미한다.

마지막으로 수요집단인 지역주민은 안동국제탈춤페스티벌로부터 문화적 수신자의 의미구조관계가 성립되며, 문화적 의미를 강조하고 지역문화발현성에 상징적 의미를 부여하는 것으로 나타났다. 지역주민은 문화적인 면에서 주체자가 축제를 구현함으로써 그 혜택을 받는 역할을 담당함을 의미한다.

관광객도 안동국제탈춤페스티벌로부터 문화적 수신자의 의미구조관계가 성립되며, 문화적 의미를 강조하며 전통문화계승발전성에 상징적 의미를 부여하는 것으로 나타났다. 관광객도 문화적인 면에서 주체자가 축제를 구현함으로써 그 혜택을 받는 역할을 담당함을 의미한다.

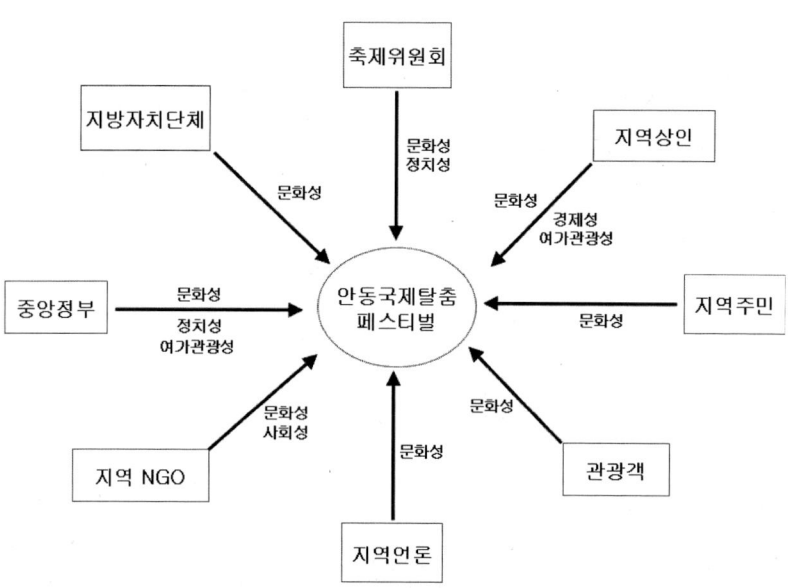

[그림 6-2] FM Ⅰ: <의미부여 모형> 안동국제탈춤페스티벌의 이해집단 간 의미부여 모형(Festival Model Ⅰ)

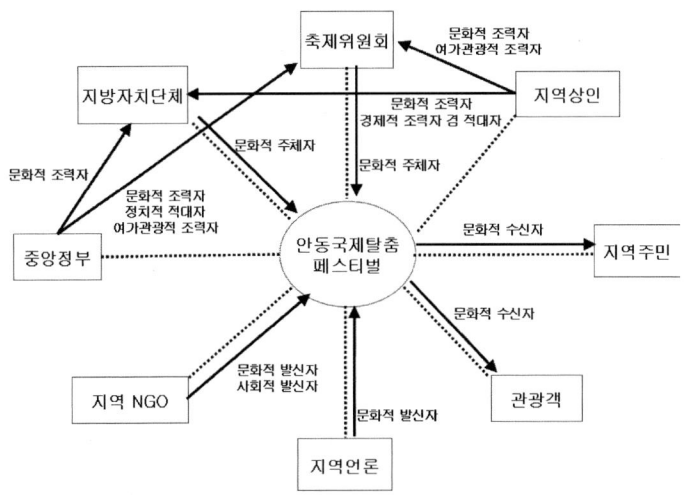

[그림 6-3] FMⅡ: <의미구조 모형> 안동국제탈춤페스티벌의 이해집단 간
의미구조 모형(Festival Model Ⅱ)

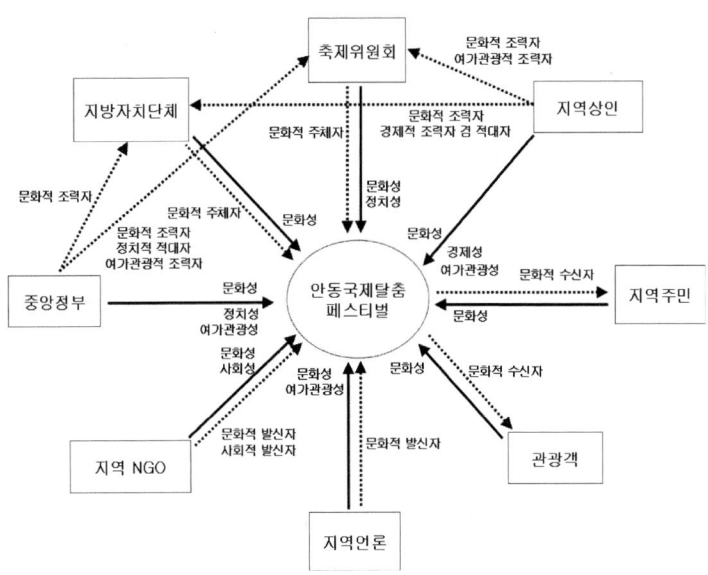

주: →는 의미부여, ┅는 의미구조를 의미함.

[그림 6-4] FMⅢ: <통합모형> 안동국제탈춤페스티벌의 이해집단 간 의미구조관계
통합 모형(Festival Model Ⅲ)

제7장 요약 및 결론

제1절 요약

본 연구는 안동국제탈춤페스티벌을 대상으로 축제를 둘러싼 이해관계자 집단인 중앙정부, 지방정부, 축제위원회, 지역상인, 지역언론, 지역NGO, 지역주민, 관광객 등 축제 이해집단 간 지역문화관광축제에 대해 어떤 의미를 부여하고 의미부여 내용에 따라 각이해집단 간 어떤 의미구조관계가 형성되어 있는가에 대해 알아보았다. 우선적으로 지역축제에 관한 분석을 위해 언론기사를 기호학적으로 분석하여 의미부여 분석틀을 개발해 냈고, 또한 심층 인터뷰를 통하여 안동국제탈춤페스티벌의 이해집단 간 의미구조관계를분석하였다. 특히, Greimas가 제시한 행위소 모형(Actant Model)을기반으로 하여 수정모형을 제시하고 수정모형에서도 기호학적 분석방법을 동원하여 사회적, 문화적, 경제적, 정치적, 여가관광적 등각 의미별로 이해집단 간 의미구조관계를 규명하였다.

연구결과, 첫째, 언론기사 Text를 기호학적으로 분석한 결과는전체적으로 대부분의 축제 이해집단들이 지역경제성을 강조하는경제적 부분에 대한 의미부여가 많았으며, 특히, 주체자의 역할을담당하는 지방정부, 축제위원회와 조력자로서의 지역상인과 수신자로서의 지역주민 등이 경제적 의미에 대해 대단히 긍정적인 의미를 부여하는 것으로 나타났다. 그 외 문화정치성을 나타내는 정치적 의미가 두 번째로 많은 의미를 부여하는 것으로 나타났는데, 정치적 의미는 지방자치단체에서 축제를 정치 수단화한다는 측면에서 부정적인 의미를 부여하는 것으로 분석되었다.

둘째, 안동국제탈춤페스티벌의 축제 이해집단을 대상으로 조사한 심층인터뷰 결과에서는 언론기사 Text 분석과 다른 결과가 나타났다. 즉 안동국제탈춤페스티벌의 모든 이해집단들은 문화적 측면에 강한 긍정적인 의미를 부여하는 것으로 분석이 되었다. 이는 안동이라는 지역적 특수성과 안동국제탈춤페스티벌의 안동지역 고유문화를 소재로 한 지역문화기반 축제라는 축제 성격, 지역민들의 지역에 대한 자부심, 애착도 등이 지역 관련 이해집단들에게 안동국제탈춤페스티벌에 대해 강하고 긍정적인 문화적 의미를 부여하게끔 한 것으로 분석된다. 문화적 의미 외에 그다음으로 여가관광적 의미, 경제적 의미, 정치적 의미, 사회적 의미 순으로 강한 의미를 부여하는 것으로 분석되었다. 특히 주목할 사항은 일반적 지역축제를 대상으로 한 언론기사 Text 분석에서는 여가관광적 부분에 의미부여가 가장 적게 나타났는데, 안동국제탈춤페스티벌을 대상으로 조사한 심층인터뷰 조사에서는 여가관광적 부분에 대한 의미부여가 두 번째로 강한 것으로 나타났다는 점이다. 이는 안동국제탈춤페스티벌이 우리나라의 대표적인 문화관광축제인 것과 관련이 된다. 즉 문화관광축제는 특히 관광적 측면을 강조하는데, 여가나 관광적 차원에서 축제가 관광산업과 크게 연계가 되고, 궁극적으로는 지역경제와도 밀접한 관계를 갖고 있는 등 포괄적으로 여가관광적 파급효과를 나타내는 등의 성격적 특성과 축제 소비집단으로 지역주민 및 관광객이 축제의 오락성, 체험성, 재미성 등 여가향유를 통한 삶의 질 향상을 중시하는 시대적 흐름을 반영한 결과로 해석된다.

한편, 안동국제탈춤페스티벌의 이해집단 간 의미구조관계에 있어서는 중앙정부는 지방자치단체에 대해 문화적 조력자 관계, 축제위원회에 대해 문화적 조력자, 정치적 적대자, 여가관광적 조력자의 관계가 형성되어 있는 것으로 나타났다. 지역상인은 지방자치단체에 문화적 조력자, 경제적 조력자 겸 적대자의 관계가 형성되었고, 축제위원회에 대해 문화적 조력자 및 여가관광적 조력자의 관계가 형성되어 있는 것으로 나타났다. 축제위원회와 지방자치단체는 대상인 안동국제탈춤페스티벌에 대해 문화적 주체자의 관계가 형성되었으며, 지역언론은 안동국제탈춤페스티벌에 대해 문화적 발신자의 관계, 지역NGO는 안동국제탈춤페스티벌에 대해 문화적 발신자, 사회적 발신자의 관계가 형성되었고, 지역주민과 관광객은 안동국제탈춤페스티벌로부터 문화적 수신자의 관계가 형성되었다.

제2절 결론

본 연구에서는 축제 이해집단의 축제에 대한 의미부여 내용과 축제 이해집단 간 축제의 의미구조관계를 규명하기 위해 안동국제탈춤페스티벌의 축제 이해집단을 대상으로 심층인터뷰를 수행하였으며, 기호학적 방법을 통해 각 이해집단별로 축제에 부여하는 의미와 의미부여에 따른 이해집단 간의 역할관계에 의한 의미구조를 분석해 냈다. 특히, 경제적, 정치적, 문화적, 사회적, 여가관광적 의미 등 선행연구와 언론기사 Text 분석에서 도출해 낸 각 의미별로 각 이해집단 간 의미구조관계를 기호학의 기의와 기호를 바탕으로 의미구조에서 역할에 따른 상징화된 의미를 밝혀냈다. 또한, 안동국제탈춤페스티벌의 이해집단 간 의미구조관계를 분석하기 위해 축제의 이해집단의 의미부여 내용과 축제의 의미구조관계를 통합화한 모형을 제시하였으며, 이를 통해 안동국제탈춤페스티벌의 각 이해집단들이 축제에 부여하는 구체적으로 상징화된 의미부여 내용과 의미부여 내용에 따른 역할관계 설정으로 형성되는 의미구조관계를 동시에 파악할 수 있었다.

안동국제탈춤페스티벌의 이해집단 간 의미구조관계 통합모형에서는 이해집단이 축제에 대해 부여하는 의미내용을 기호학적으로 분석하여 의미내용에 따라 형성되는 이해집단 간 의미관계를 Greimas 의 행위소 모형에 적용하여 역할관계를 규명함으로써 이해집단 간의 의미구조관계를 조명하였다.

이해집단들의 의미부여 분석결과, 대부분의 이해집단은 공통적으로 문화적인 면에서 의미를 높게 부여하고 있었는데, 이는 안동이라는 지역의 장소적 특수성에 기인하는 것으로 분석된다. 안동은 하회마을, 도산서원, 하회별신굿 등 다양한 유무형의 전통문화자원이 풍부한 지역이며, 이 지역의 축제와 관계된 이해집단들은 이 지역에 대한 높은 문화적 자부심을 보였으며, 지역문화에 대한 애착심이 다른 지역에 비해 뚜렷이 높게 나타나는 점이 축제 이해집단들의 이해관계와 상관없이 문화적인 면에서 공통적으로 높은 의미를 부여하게 한 것으로 볼 수 있다. 이해집단 중 공급집단인 중앙정부, 축제위원회와 매개집단인 지역언론 등에서는 '한국의 대표적인 문화로서의 안동국제탈춤페스티벌'을 인식하는 경향이 강한 것으로 드러났다. 더 나아가 지역NGO와 관광객 등은 한국대표전통문화의 계승 발전성, 세계성에 문화적인 의미를 부여했다. 즉 안동국제탈춤페스티벌은 자체적인 상징화된 의미, 축제의 가치이자 축제의 미학으로서 '한국문화대표성', '한국전통문화계승발전성'이란 의미를 강력히 함유한다고 볼 수 있다.

한편, 두 번째로 많은 의미가 부여된 분야는 여가관광적 측면인데, 공급집단 중에서 중앙정부는 '외국인 관광객 참여성'에 의미를 부여했고, 지역상인은 '지역대표 관광상품성'에 의미를 부여했으며, 매개집단으로 지역언론은 '유희적 매력성'에 기호로서의 의미를 부여하고 있었다. 이는 안동국제탈춤페스티벌이 한국 대표 문화관광축제로서의 의미와 관계되어 관광객을 유치하여 관광상품으로 매력적인 축제로서 인식하는 데 기인한다고 볼 수 있다. 안동국제탈춤페스티벌이 문화기반의 지역성이 강한 축제이다 보니 기존 문화관광축제에서 주로 발현되는 경제적인 의미는 다소 약한 것으로 해석된다. 안동국제탈춤페스티벌을 둘러싼 8개 이해집단 중에서 경제적 의미가 그 집단을 대표하는 의미로서 나타난 이해집단은 공급집단 중 하나인 지역상인뿐인 것으로 나타났다. 즉 지역상인은 축제의 개최에 따른 지역의 산업경제적 파급효과 차원에서 안동국제탈춤페스티벌에 큰 의미를 부여했다.

안동국제탈춤페스티벌의 이해집단들 간의 의미부여 및 의미구조 관계를 종합하면, 축제의 주체인 지방정부와 축제위원회는 문화적 의미부여 측면에서 조력자인 중앙정부, 지역상인들의 조력자적 역할에 힘입어 안동국제탈춤페스티벌의 한국문화대표성, 안동문화역량강화성 등에 강력한 의미를 부여하는 것으로 분석된다. 문화적 수신자로서 관광객과 지역주민은 지역언론 및 지역NGO의 문화적 발신자 역할을 통해 지역전통문화의 홍보, 지역문화의 변질성 등과 같은 긍정적 및 부정적인 문화적 의미를 전달받게 되는 의미구조를 형성한다고 볼 수 있다.

본 연구에서는 안동국제탈춤페스티벌에 대해 각 이해집단별로 기호학적 의미를 분석하고 의미부여에 따른 의미별로 각 역할에 따라 의미구조관계를 규명해 냈는데, 향후에는 안동국제탈춤페스티벌과 같은 성격의 문화예술축제, 보령머드축제와 같은 지역특성화축제, 금산인삼축제와 같은 특산물 축제 등 축제의 성격에 따라 이해집단별 기호학적 의미를 분석하여 축제 특성에 따라 부여되는 의미내용과 그 의미내용과 관련된 이해집단들의 의미 역할관계를 규명해야 할 것이다. 향후 축제 특성별 의미구조관계분석을 통해 각 축제의 특성에 따른 본질적 의미구성 내용 및 의미구조관계와 축제의 의미인식에 대한 문제점, 축제정책 및 전략에 대한 개선방안 및 발전방향에 대한 다양한 시사점을 도출해 낼 수 있을 것이다.

제3절 연구의 시사점 및 한계

본 연구에서 도출된 결과로 크게 학술적 차원과 실용적 차원의 시사점으로 나누어 제시할 수 있다. 우선, 학술적 차원의 시사점으로 본 연구를 토대로 축제 연구의 다양성을 추구할 수 있다. 기존 양적 연구 패러다임에서 추구해 온 축제의 경제적 파급효과, 축제의 산업성 등 경제학적 관점의 고착화된 기존 연구 패러다임에서 벗어나 축제의 사회적·문화적 본질적 가치, 정치적 차원에서의 축제 발전 방향, 전통문화로서 축제의 전승 등 사회학, 정치학, 문화 인류학 등 다양한 연구관점에서 보다 다양한 차원에서의 축제에 대한 연구가 수행되는 데 기초자료로 활용될 수 있을 것이다.

실용적 차원의 시사점으로는 첫째, 축제 평가시스템의 기준을 다양화할 수 있으며, 다양한 평가기준에 의해 축제를 평가함으로써 지역축제의 양질의 정제화가 가능해질 것이다. 2008년 현재 전국에 1,200여 개의 무분별한 축제들은 기존에 경제적, 관광적 관점에서 우수한 축제를 선정하고 지원받던 시스템에서 축제의 본질적 요소인 문화적 요소와 사회적 요소 등을 중요한 평가의 잣대로 추가함으로써 평가기준의 정형화된 틀을 벗어나 균형 잡힌 평가 틀을 제시하여 기존의 정체성을 의심해야 할 정도로 난립한 축제들을 자연스럽게 조정하고 우수축제를 선별하는 데 응용자료로 활용될 수 있을 것이다. 둘째, 본 연구에서 지역축제의 정책 및 전략적 차원에서 축제 공급, 소비, 매개 주체의 축제에 대한 의미인식의 차이에 대해 분석함으로써 축제의 이해집단 간 기획 및 운영상의 협력 방안을 강구하여 축제 공급집단 차원에서 중앙정부의 축제정책 수립과 지방정부의 축제전략 수립에 있어 유용한 자료로 활용될 수 있을 것이다.

셋째, 축제에 대한 의미부여 내용과 의미부여 내용에 따라 형성되는 의미구조관계를 파악함으로써 축제 이해집단 간 네트워킹을 조직하여 지역공동마케팅을 강화할 수 있게 한다. 축제 이해집단별 의미부여와 의미구조에 따른 역할관계에 따라 공급집단과 소비집단, 공급집단과 매개집단, 매개집단과 소비집단 등 집단 간에 축제 네트워킹을 구성하여 축제 운영상의 갈등을 해결하고 지역의 집약된 이해집단 공동마케팅을 유도할 수 있을 것이다.

본 연구의 한계점으로 첫째, 안동국제탈춤페스티벌의 이해집단의 심층인터뷰 참여자 선정과 인터뷰 과정에서 각 이해집단별 대표성을 지닌 대표자들을 6개 집단에서 각각 1명씩과 2개 집단에서 각각 3명씩 선정했기 때문에 연구의 진실성을 위해서는 대표성을 지닌 참여자의 다수 확보가 필요하다고 할 수 있다. 또한, 인터뷰를 1회씩만 시행했기에 인터뷰 횟수에 있어서 심층인터뷰 조사의 제한성이 있었다고 볼 수 있다. 향후 연구에는 질적 연구의 진실성을 확보하기 위해 인터뷰 참여자의 다수 확보와 횟수의 증대에 노력해야 할 것이다.

둘째, 연구의 신뢰성을 높이기 위한 노력이 부족하였다. 연구의 신뢰성을 높이기 위해 연구방법의 다양화가 가능한 삼각검증법(me-thodological triangulation)에 의한 방법을 적용하여 실증적 연구 차원에서 의미부여 및 의미구조에 대한 분석도 필요할 것이다.

셋째, 선행연구에 대한 이론적 고찰이 부족하여 기호학적 관점에서 축제의 의미부여와 의미구조를 분석한 결과를 선행연구와 비교하는 분석과정이 미흡했다고 볼 수 있다.

1. 국내문헌

1) 국내 논문

가나이 노부요시(2001). 축제의 커뮤니케이션적 의미, 『문화관광연구』, 3(2): 65 – 86.

강신겸(1999). 지역관광개발에서의 이해관계자 유형 및 협력과정에 관한 연구, 『관광연구논총』, 11: 45 – 59.

공자원·이승곤·한진수(2001). 문화관광거리 대학로의 장소마케팅에 관한 연구, 『관광학연구』, 25(1): 79 – 99.

권미리(2004). 장소성의 의미 고찰을 통한 장소마케팅 전략 수립에 관한 연구, 석사학위논문, 한양대학교 대학원.

김명자(1992). 세시풍속의 기능과 그 변화, 『민속연구』, 2: 233 – 255.

김시영(2003). 지역관광개발 영향인식과 지역주민 태도의 상관성에 관한 연구: 성산읍 지역을 중심으로, 석사학위논문, 제주대 경영대학원.

김유태(2002). 축제가 지역사회에 미치는 영향에 대한 주민의 인식: 청주국제공예비엔날레를 중심으로, 석사학위논문, 경기대 관광전문대학원.

김은혜(2002). 국제영화제의 정체성과 참여주체구조에 대한 연구, 석사학위논문, 한국정신문화연구원, 한국학대학원.

김장기·권혁순(2001). 현대 지역축제의 성공요인과 집행과정에 대한 연구, 『지역개발연구』 9: 193 – 206.

김정훈(2002). 문화관광축제 개최지역의 장소마케팅전략에 관한 연구, 『문화관광연구』4(1): 1 – 23.

김지원(2006). 그레마스 기호학의 무용분석적 적용에 관한 논의: 살풀이 춤을 중심으로, 『대한무용학회』 49: 93 - 111.

김학군(2005). 지속가능한 관광개발을 위한 지역주민·관광객·관광공무원의 관광영향 인식, 태도, 만족도에 관한 연구: 안면도 관광지 개발사례를 중심으로, 석사학위논문, 배재대 관광경영대학원.

김현식(2002). 수영생활체육지도자의 직업사회화에 대한 문화기술적 연구, 한국체육대학교 박사학위논문.

김형미(2007). 관광개발에서 지역간 갈등의 영향요인 분석: 강원남부 폐광지역을 중심으로, 박사학위논문, 한양대 대학원.

김효섭(1998). 산지휴양시설의 개발과 행위 주체들의 행태: 강원도 평창군 봉평면을 사례로, 서울대학교 지리학과 석사논문.

김효중(2003). 컨벤션 개발에 대한 지역주민의 인식과 태도 연구: KINTEX를 중심으로, 석사학위논문, 한림대 국제학대학원.

김희선(2004). 서울지역축제의 사회·문화적 영향에 대한 지역주민의 인식에 관한 연구: Hi Seoul Festival을 중심으로, 한림대 국제학대학원.

류재숙·한혜숙·이승곤(2005), 문화관광이벤트를 통한 장소마케팅에 관한 연구: 고양 세계 꽃박람회를 중심으로, 『호텔경영학연구』, 14(1): 175 - 191.

문성민(2008). 커뮤니티관광개발에서의 이해집단 간 신뢰와 의사소통의 관계, 박사학위논문, 한양대학교 대학원.

문성종·손대현(2007). 지자체의 지역축제 정책결정을 위한 우선순위에 관한 연구: 제주 지역축제를 중심으로, 『관광연구』, 22(1): 325 - 342.

박난순·이석환·주효진(2005). 장소마케팅 전략을 활용한 지역발전: 부천시를 대상으로, 『한국사회와 행정연구』, 16(2): 341 - 362.

박미진(2005). 송파산대놀이의 기호학적 고찰, 석사학위논문, 단국대학교 대학원.

박이문(1997). 기호의 해석 - 의미의 현상학, 한국기호학회지 11월호. p.3.

박인철(2003). 파리학파의 기호학, 서울: 민음사.

박재용(2005). 지역축제 참여집단의 네트워크 인식에 관한 연구: 경기도 「이천 도자기축제」를 중심으로, 석사학위논문, 국민대 대학원.

박재훈(2004). 문화관광자원으로서 전통민속공연의 의미해석에 관한 연구: 기호학적 분석을 중심으로, 석사학위논문, 한양대 대학원.

박진실(2007). 일탈성 체험이 축제만족에 미치는 영향: 보령머드축제를 중심으로, 석사학위논문, 한양대 대학원.

박철홍(2003). 지역축제를 활용한 장소마케팅 전략연구, 석사학위논문, 전남대 행정대학원.

배만규(2008). 지역축제 활성화를 위한 방문객 집단별 평가 차이 비교: 영천 한약축제를 중심으로, 『관광연구』, 23(1): 81 - 99.

백선혜(2006). 도시문화전략으로서 지역문화축제의 지향점과 구성요소 정립에 관한 연구, 『지리학연구』, 40(1): 107 - 125.

신윤창·김장기(2003). 지방정부 문화관광사업의 행사관리 적합성에 관한 연구: 2002 삼척세계동굴박람회를 중심으로, 『한국지방자치학회보』, 15(1), 131 - 147.

신용석(2004). 지역축제에 나타난 지역사회 참여문제에 관한 이론적 고찰: 이해집단의 역학관계를 중심으로, 『학술연구 발표 논문집』, 한국관광학회, 56: 495 - 504.

신용석·이태희(2005). 지역축제 이해집단 분석틀을 위한 탐색적 연구: 이해집단의 역학관계를 중심으로, 『관광학연구』, 28(4): 295 - 312.

송영택(2006). 해양수산축제의 사회 경제적 영향에 대한 연구: 축제 주최자들의 인식을 중심으로, 석사학위논문, 한림대 국제학대학원.

양승필(1999). 관광이벤트 '98제주세계섬문화축제에 대한 제주도민의 인식에 관한 실증적 연구, 석사학위논문, 경기대 경영대학원.

오순환(1999). 지역축제의 실제와 경제적 효과: 이천 도자기축제를 중심으로, 『관광학연구』, 22(3), 202 - 221.

유영준(2005). 에듀테인먼트 콘텐츠를 통한 장소마케팅 전략 개발: 경주 문화관광을 사례로 하여, 박사학위논문, 한양대 일반대학원.

이경영(2007). 지역축제 운영에서 발생하는 참여주체간 갈등에 관한 연구: 부천국제판타스틱영화제와 광주국제영화제를 중심으로, 석사학위논문, 이화여대 정책과학대학원.

이무용(2006). 장소마케팅 전략의 문화적 개념과 방법론에 관한 고찰, 『대한지리학회지』, 41(1): 39 - 57.

이수길(1999). IN BOUND 활성화를 위한 관광상품개발 전략에 관한 연구: 민속축제인 전주대사습놀이를 중심으로, 『관광정보연구』, 3: 69 - 93.

이영진 · 이훈(2007). 공연예술축제 체험 소비행위의 유형화: 춘천 마임 축제를 대상으로, 『관광학연구』, 31(3): 245 - 267.

이장주 · 강경훈(2003). 문화관광축제 프로그램 차별화를 통한 장소마케팅 전략, 『지역발전연구』, 3(2): 161 - 188.

이진희(2001). 장소마케팅전략을 통한 중문관광단지의 활성화 방안에 관한 연구, 『관광학연구』, 25(2): 217 - 236.

이훈(2005). 왜 지역축제에 참가하지 않는가?: 비참여자의 장소애착도와 여가제약이론을 중심으로, 『소비문화연구』, 8(1): 31 - 47.

_____(2006). 축제체험의 개념적 구성모형, 『관광학연구』, 30(1): 29 - 46.

장미경(2005). 지역주민의 관광영향 인식과 관광개발 태도에 관한 연구: 중문관광단지 인근 거주민을 중심으로, 석사학위논문, 제주대학교 대학원.

장병권(2000). 지방자치제와 지역축제정책의 방향, 『문화관광연구』, 2(1): 31 - 53.

장정룡(1996). 강릉 단오 굿, 『비교민속학』, 13: 117 - 126.

정강환(1996). 지역활성화를 위한 이벤트와 지역축제 진흥방안: 지역축제 이벤트의 관광자원화를 중심으로, 『지방행정연구』, 11(3): 59 - 82.

_____(2003). 지방자치단체의 마케팅 전략과 과제: 지역축제를 통한 관광마케팅 사례, 지방행정 11월호: 24 - 32.

전신욱 · 신윤창(2004). 장소마케팅을 통한 지방도시의 발전에 관한 연구, 『한국정책과학학회보』, 8(1): 33 - 58.

조민호(2001). 스포츠 이벤트의 관광마케팅에 관한 연구, 『관광연구논총』, 13: 15 - 29.

조아라(2002). 문화매체의 입지와 문화관광지 발달: 경북 문경시를 사례로, 서울대학교 지리학과 석사논문.

조용환(1999). 질적 기술, 분석, 해석, 『교육인류학연구』, 2(2): 27 - 64.

최승담(1998). 지방자치시대 관광개발의 문제점과 발전방향, 제2회 무주 반딧불축제 환경정책 세미나 자료집: 23 - 39.

최윤석(2007). 카지노산업의 영향인식과 태도에 관한 연구: 제주지역주
　　　민을 대상으로, 석사학위논문, 제주대학교 대학원.
한상겸(2005). 지역관광상품 개발전략에 관한 연구: 지역축제를 중심으
　　　로,『창업정보학회지』, 8(3): 127 - 152.
한양명(1998). 안동문화의 세계화 추진전략: 안동국제탈춤페스티벌97을
　　　중심으로,『안동개발연구』, 9: 123 - 164.
　　　(2008). 지역축제의 전승과 민속의 변용, 안동국제탈춤페스티벌
　　　의 경우,『비교민속학』, 35: 445 - 475.
헤이만(1999). 춘천시 축제에 나타난 장소마케팅의 성격: 참여주체구조
　　　와 주체간 갈등관계를 중심으로, 서울대학교 지리학과 석사논문.
황경수(1993). 제주도개발특별법 제정과정에서 집단요구표출활동에 관
　　　한 연구, 서울대학교 대학원 석사학위논문.

2) 국내 단행본

김경용(1994).『기호학이란 무엇인가: 기호의 우리, 우리의 기호』, 서울:
　　　민음사.
김영순·김기국·박여성·백승국(2004),『문화와 기호 - 문화기호학의 이
　　　념과 실천』, 인천: 인하대학교 출판부.
김영천(2006).『질적연구방법론 I 』, 서울: 문음사.
김운찬(2005).『현대기호학과 문화분석』, 서울: 열린책들.
김윤옥·김성혜·김은경·신경숙·신경일·정명화·허승희·황희숙
　　　(2001).『교육 연구를 위한 질적 연구방법과 설계』, 서울: 문음사.
김치수·김성도·박인철·박일우(1998).『현대기호학의 발전』, 서울:
　　　서울대학교출판부.
김흥수(2007).『축제와 문화 거버넌스』, 경기: 한국학술정보(주).
남궁근(2006).『행정조사방법론』, 경기: 법문사.
류정아(2003). 축제, 그 현대적 의미와 표상: 축제성의 변식과 재적응.
　　　(유럽문화정보센터 편),『축제와 문화』, 서울: 연세대학교 출판부.
류정아 외(1999).『축제, 민주주의, 지역활성화』(정근식 외 10인 편저),
　　　서울: 도서출판 새길.

문화관광부(2006). 한국 지역축제 조사평가 및 개선방안 연구(Ⅰ).

박영원(2003). 『광고디자인 기호학』, 서울: 범우사.

서정철(1998). 『기호에서 텍스트로: 언어학과 문학기호학의 만남』, 서울: 민음사.

신경림·조명옥·양진향 외(2004). 『질적연구방법론』, 서울: 이화여자대학교 출판부.

소쉬르(1973). 오원교 역. 『일반언어학강의』, 서울: 형설출판사.

안동국제탈춤페스티벌 집행위원회(1997). 『안동국제탈춤페스티벌 계획서』(유인물).

엄서호(1998). 『레저산업론』, 서울: 학현사.

유정애(2004). 『체육학에서의 질적연구 논문 작성법』, 서울: 무지개사.

이동연(1997). 『문화연구의 새로운 토픽들』, 서울: 문화과학사.

이무용(2005). 『지역발전의 새로운 패러다임 장소마케팅 전략』, 서울: 논형.

        (2005). 『공간의 문화정치학』, 서울: 논형.

이상일(1998). 『축제의 정신』, 서울: 성균관대학교 출판부.

정강환(1999). 『이벤트관광전략: 축제와 지역활성화』, 서울: 일신사.

정호기 외(1999). 『축제, 민주주의, 지역활성화』(정근식 외 10인 편저), 서울: 도서출판 새길.

표성수·장혜숙(1994). 『최신 관광계획개발론』, 서울: 형설출판사.

하비콕스(1989). 김천배 역, 바보제: 제축과 환상의 신학, 현대사상사.

한국관광연구원(2001). 문화관광축제 육성방안.

홍성열(2004). 『사회과학도를 위한 연구방법론』, 서울: 시그마프레스.

http://blog.naver.com/3sang4/40015148526

2. 국외문헌

Angus, I. H. and Jhally, S. (1989). Cultural Politics of Contemporary America, New York: Routledge.

Ashworth, G. J., & Voogd, H. (1990). Selling the city: Marketing approaches in public sector urban planning. London, UK: Belhaven Press.

Barrett, M.(1980). Women's Oppression Today: problems in marxist feminist analysis, London: Verso.

Barthes, Roland.(1972). Mythologies(trans. Annette Lavers), New York: Hill and Wang.

Bramwell, B. and A. Sharman(2000). Approaches to sustainable tourism planning and community participation: The case of the Hope Valley, G. Richards and D. Hall, eds., Tourism and Sustainable Community Development, Routledge Advances in Tourism: 18 – 21.

Bryson & Crosby(1992). Leadership for the common good: Tackling public problems in a shared – power world. San Francisco: Jossey – Bass.

Coser, L. A.(1968). Conflict: Social Aspects, In David Sills, (ed.), International Encyclopedia of The Social Science 3, New York: Macmillan.

Cosgrove, D. and Jackson, P.(1989). New Directions in Cultural Geography, Area, vol.19, no.2, p.95.

Durkheim, E.(1941). 후루노키요토(古野淸人) 譯, 宗教生活の原初形態, 岩波書店.

Eco, Umberto.(1984). Semiotica e filosofia del linguaggio, Torino: Einaudi.

Falassi, A.(1987). Time out of Time: Essays on the Festival, Albuque, University of New Mexico Press.

Freeman, R. E.(1984). Strategic management: a stakeholder approach. Boston: Pitman.

Getz, Donald.(1991). Festivals Special Events, and Tourism, Van Nostrand Reinhold, New York.

      (1996). Event Management and event tourism, New York: Congnizant Communication Corporation.

Gray, B.(1985). Conditions facilitating international collaboration. *Human relations.* 38: 911 – 936.

     (1989). Collaboration: Finding Common Ground for Multiparty Problems, San Francisco: Jossey – Bass.

Greimas, Algirdas Julien.(1966). Structural Semantics. Lincoln: Univ. of Nebraska Press.

Gunn(1988). Tourism Planning, NY: Taylor & Francis.

Hall. C. & Weiler. B.(1992). Special interest tourism. London: Belven Press.

Inseek(1991). Tourism Planning: An Integrated and Sustainable Development Approach, NY: VNR.

Jackson, P.(1989). Maps of Meaning: an introduction to cultural geography, London: Unhim & Hyman, p.2.

Jeong, S.(2004). Cultural Politics and Contested Place Identity, *Annals of Tourism Research*, 31(3): 640 – 656.

Jonersun Color., 이종인 옮김(1998). 소쉬르, 시공사, p.32.

Jordan and Weedon.(1995). Cultural Politics: Class, Gender, Race and the Postmordern World. Oxford: Blackwell.

Kearns, G. & Philo, C.(1993). Selling Places: the city as cultural capital, past and present, Oxford: Pergamon Press.

Kuhn – Hein, Ulrich., 심희섭 역(2001). 유럽의 축제, 컬처라인.

Mitchell, B.(1997). Resource and environment management. Essex: Longman.

Saussure, Ferdinand de.(1966). Course in General Linguistics(trans. wade Baskin), New York: McGraw – Hill.

Sautter, E. & Leisen, B.(1999). Managing Stakeholders: A Tourism Planning Model. *Annals of Tourism Research,* 26(2): 312 – 328.

Smith, S.(1995). Where to Draw the Line: A Geography of Popular Festival. In The Urban Context, A. Rogers and S. Vertovec eds., pp.141 – 164. Oxford: Berg.

Storey, J., 박모 역(1994). An Introduction Guide to Cultural Theory and Popular.

Turner, V.(1983). Carnival in Rio: Dionysian Drama in an Industrializing Society, The Celebration of Society: Perspectives on Contemporary Cultural Performance, Bowling Green Univ. pp.103 – 124.

Umberto, Eco., 김광현 역(1998). 기호와 현대예술, 열린책들, p.35.

World Tourism Organization.(1998). Guide for local authorities on developing sustainable tourism. Madrid, Spain: UNWTO.

Wunenburger, J. J.(1977). La Fête, le jeu et sacré, Universitaires, Paris, Ed.

부록 Ⅰ: 언론기사 Text의 기호학적 분석 내용

이해집단 분류		1차 분석－기표 및 외연적·지시적 의미: '기사 내용'	2차 분석－기의 및 내포적·함축적 의미: '정신적 의미로서 추상적 관념'	3차 분석－기호 및 신화적의미: '기표와 기의를 포괄하는 가치, 축제의 미학'
공급집단	중앙정부	• 〈문화체육관광부 관광산업과 김철 축제담당〉은 "표심을 의식한 일부 지자체장들이 예산 낭비의 문제점을 알면서도 과감히 축제를 통폐합하지 못하고 있다."며 "경기도의 경우 전국 1천300여 개의 축제 가운데 가장 많은 축제가 열리고 있는 것으로 파악돼 문제의 심각성이 매우 큰 상태"라고 지적했다.	• 축제의 정치적 활용성, 낭비성	▶ 문화정치성
공급집단	지방정부	• 〈계룡시의회〉류보선 의원 "이번 계룡군 문화축제는 군 문화에 대한 대외적인 이미지 부각은 물론 농산물에 대한 홍보에도 큰 성과를 얻었다."며 "내년에 개최되는 군문화축제와 대전 안영동에서 개최되는 아줌마축제에는 보다 효율적인 홍보를 위해 다양한 이벤트를 계획하겠다."고 말했다. • 〈전북도관계자〉"지역축제 난립 현상에 따른 문제점을 해소하기 위해 올해부터 각 시·군별 대표축제 1개씩을 제외하고는 도비 지원을 중단하기로 했다."며 "선출직 자치단체장의 어려움도 있겠지만 사회적으로 공감대가 형성된 만큼 지역축제는 점차 줄어들 것으로 본다."고 말했다. • 〈순창군수〉"올해는 지역주민 스스로 사업을 준비하고 추진하면서 지역공동체가 하나 되는 모습들을 볼 수 있어서 인상적이었으며, 축제를 시작하면서의 두려움이 진행하는 과정에서 할 수 있다는 자신감으로 주민들 가슴속에 새겨지는 것 같다."며 "앞으로도 섬진강과 전국 최장수 고을이라는 지역자원을 활용한 농촌마케팅 사업을 지속적으로 추진할 계획이다." • 〈평창군 관광기획담당〉새로운 축제의 발굴 및 추진을 위해서는 고유의 특성을 가지고 지역문화관광자원으로서 관광상품화가 가능함은 물론, 지역주민 스스로가 생산성 있는 축제발전을 위한 재정확보 방안을 고심하고 축제로서의 가치와 정체성, 지역경기활성화 기여도 등을 고려해야 한다. • 〈서귀포시 관계자〉"이번 축제를 통해 불로장생을 서귀포의 브랜드로 정립해 나갈 계획" • 〈서산시〉축제와 축제 간의 연결채널을 구축하고 상호보완적인 축제행사로 개최하되 그 중심에는 항상 지역경제활성화 방안이 자리하게 한다는 것이 가장 큰 목적이다. • 〈영동군 관계자〉"이번 축제를 통해 난계국악과 영동포	• 이미지 제고성, 지역 홍보성 • 축제의 차별성, 생산성 • 지역공동체성, 장소마케팅성 • 축제의 체계화 및 특성화, 정체성, 이미지 제고, 지역주민 삶의 질 향상 • 축제의 가치와 정체성, 지역경기활성화 기여도 • 지역브랜드화 • 지역경제활성화 • 지역경제활성화 • 브랜드화, 스토리텔링, 관광상품화 • 지역경제활성화, 지역화합 • 민간주도성, 전문성 • 축제의 사업성, 경제성, 지역주민의 주인의식 및 참여성 • 차별성, 체험성,	▶ 지역 경제 변혁성

공급집단	지방정부	도 홍보는 물론 축제기간 음식·숙박업소의 간접효과까지 합치면 20억 원이 넘는 지역경제활성화 효과를 거둔 것으로 집계된다.”고 말했다. • 〈남원시 문화관광과〉 “앞으로 칠월 칠석을 남원지역의 또 하나의 브랜드 축제로 만들 계획”이라며 “견우직녀의 애틋한 사랑이야기와 남원의 사랑 이미지를 결합한 체험형 관광상품으로 젊은이들에게 좋은 축제로 자리 잡을 수 있을 것”이라고 자신했다. • 〈홍천군 관계자〉 군 관계자는 “최근 들어 새농촌건설운동이 활발해지면서 각 마을 축제가 잇따라 개최되고 있다.”며 마을경제활성화 및 마을구성원들의 단합에 큰 도움이 되는 것 같다.”고 말했다. • 〈홍성군 관계자〉 군 관계자는 “올해부터 모든 축제가 완전 민간주도로 열려 민간 전문가들의 전문성을 바탕으로 더욱 활기차게 구성 개최돼 풍성한 볼거리와 먹을거리로 관광객들의 오감을 책임지게 될 것이라.”고 말했다. • 〈유성구청장〉 이제 남은 과제는 이러한 축제를 지역의 핵심수익사업으로 발전시키는 일이다. 이를 위해서는 전국을 아우르는 홍보마케팅과 철저한 소프트웨어적 준비가 있어야 할 것이다. 또한 정·관·민 모두가 나서 중앙정부의 지원을 이끌어 내도록 해야 한다. 더욱 중요한 것은 지역주민의 주인의식과 참여정신 그리고 할 수 있다는 자신감이 뒷받침되어야 한다. 나라의 국가경쟁력을 경제가 뒷받침한다면 경제에서 최고의 부가가치를 창조하는 것은 바로 문화의 힘이다. 분명 축제도 문화의 한 부분이며 미래산업이다. • 〈인천시 관계자〉 시 관계자는 “차별화된 전시관을 구성하고 체험 위주로 기획한 것이 우수한 평가를 받은 것으로 보인다.”며 “2009인천세계도시축전과 인천방문의 해, 인천경제자유구역 등을 홍보하는 데 큰 성과를 거뒀다.”고 밝혔다. • 〈고성군 관계자〉 “관광객 유치와 지역홍보 등 효용성과 실익을 따져 차별화된 전략을 세울 필요가 있다.”고 말했다. • 〈산청군수〉 이재근 군수는 “관람객의 관심과 흥미를 끌 수 있는 다양한 프로그램을 지속적으로 발굴하는 등 미흡한 부분은 보완해 명실상부한 축제로 자리매김하도록 하겠다.”며 “앞으로 축제장 주위에 1,000억 원을 투자해 약초연구소, 약초상설판매장 등을 설치해 전국의 약초 센터로 만들겠다.”고 말했다. • 〈경기도 관계자〉 “민선 단체장들이 예산낭비 등 문제점을 알면서도 유권자를 의식해 과감히 축제 통폐합을 하지 못하고 있는 실정”이라며 “차별성 없이 치러져 동네잔치로 전락하는 문제점 때문에 선택과 집중을 통해 경쟁력 있는 지역대표축제로 발돋움해야 할 때”라고 말했다. • 〈여주군수〉 “여주의 대표적인 문화축제는 지역 경제 성	지역 홍보성 • 효용성, 수익성, 차별성 • 흥미성, 다양성, 산업성 • 정치적 수단화, 선택과 집중성 (실용성) • 지역경제활성화, 지역문화성 • 관광성 • 축제의 명품성 • 경제성 • 선택과 집중성, 효율성 • 축제의 대중성, 관광성 • 경제성, 수익성 • 참여성, 오락성 • 경제성 〈종합〉 경제성(9), 산업성(3), 차별성(3), 장소브랜드성(3), 실용성(3), 이미지 제고(2), 공동체성(2), 정체성(2), 지역주민 참여성(2), 지역 홍보성(2), 관광상품성(2), 지역주민 여가향유성(1), 지역화합성(1), 민간주도성(1), 전문성(1), 문화성(1), 대중성(1), 스토리텔링성(1)	▶ 지역 경제 변혁성

공급집단	지방정부		

장의 희망 기관차가 될 것입니다!"……이기수 여주군수는 "올해 여주도자기축제에 대해 지역의 문화와 경제를 이끄는 힘"이라고 설명했다.

- 〈태안군수〉 "이번 축제가 태안 관광의 미래를 결정짓는 중요한 계기가 될 수 있는 만큼 성공적인 행사 준비와 개최를 위해 노력해 달라."고 당부했다.
- 〈인제군 관계자〉군 관계자는 "올해 처음 빙어축제와 북면의 열목어축제, 인제읍의 전국 연날리기대회를 연계해 3개 지역의 상경기 활성화를 꾀하고 있다."
- 〈부산시 관계자〉 "올해부터 지역축제에 대한 적절한 평가를 통해 축제의 지원·육성 때 선택과 집중을 해 나간다는 방침"이라고 밝혔다.
- 〈홍성군 문화관광과장〉 "문화관광부 지정축제로 발전할 수 있도록 앞으로도 더욱더 축제의 프로그램 개발 등에 전력을 다하겠다."
- 〈대전시 관광문화재과 관계자〉 "소비층들의 눈높이를 맞추고 내실 있는 유료 프로그램 등으로 수익성을 높여야 한다."며 "내년에도 지속적인 협의를 통해 축제와 관광코스를 연계하는 시너지 효과를 창출할 것"이라고 말했다
- 〈완주군수〉 임정엽 군수는 "올 축제는 예년보다 30%를 줄인 예산으로 치렀음에도 지역주민과 관광객이 함께 즐거울 수 있다는 점을 보여 줬다."
- 〈춘천시 관계자〉 "유사축제의 통폐합은 국내는 물론 국제적 경쟁력을 높이기 위한 필수불가결한 조치"라며 "축제 평가위원회를 구성해 각 축제별로 차등 지원하는 계획을 검토할 계획"이라고 했다.

▶ 지역 경제 변혁성

축제위원회

- 〈머드축제추진위원회〉에서는 이번 축제가 대한민국 대표축제를 뛰어넘어 세계적인 축제로 도약한 축제였다고 평가하고……(중략)……내년 축제에는 국내외 관광객을 흡인할 수 있는 새로운 아이템 개발에 주력하여 나간다는 방침이다.
- 〈08 익산서동축제 운영본부장〉 "그간 익산의 문화와 산업을 대표하는 축제들이 규모가 커지고 같은 시기에 개최되면서 상호 시너지효과와 함께 관광객유인효과 등이 발생해, 문화가 새로운 산업으로 각광받는 시대적 흐름에 맞춰 익산의 역사성과 정통성을 지닌 문화소재들을 산업화해 도시의 성장동력으로 삼을 수 있는 좋은 기회이다." 며 "서동축제의 경우 미술, 음악, 무용 등 각 예술분야의 지역민들이 참여해 설화 등장인물을 바탕으로 한 뮤지컬, 타악, 무용 등 정통 문화상품과 함께 어린 시절 서동 선화의 캐릭터 공모, UCC 짝사랑 콘테스트 등 무궁무진한 콘텐츠를 유도 생산해 내고 있다". "(중략)……축제가 최종목표가 아니고 도시문화 전략의 일환으로 삼아……축제기간 동안 문화산업을 육성한다는 자부심으로 많은 시민들이 참여해 줄 것"을 당부했다
- 〈08 횡성한우축제 위원장〉 "올 축제는 국내를 넘어 세계

세계성, 발전성, 관광성, 창의성
- 문화성, 산업성, 관광성, 전략성, 시민참여성
- 세계성, 도약성
- 지역 화합성
- 자생력
- 경제활성화
- 문화 활성화, 지역 긍지와 자부심
- 지역경제활성화, 관광성, 이미지 제고
- 지역 이미지 홍보성, 경제성

▶ 혁신적 산업 도약성

공급집단	축제위원회	적 축제로의 도약을 알리는 신호탄으로 정성껏 준비했다."며 "아름다운 섬강변 가을 정취 속에서 횡성한우의 모든 것을 마음껏 느끼고 돌아가시길 바란다."고 당부했다. • 〈홍천 한서문화제 위원장〉 "한서문화제 명칭으로 열리는 축제는 올해가 마지막이지만 민관군이 하나가 되는 축제로서의 큰 기틀을 마련한 의미 있는 축제가 될 것"이라고 말했다. • 〈진안군 지역축제발전위원회〉 "작지만 자생력을 가진 소재를 찾아 차츰 키워 가는 방법이 효과적이라 생각한다."고 아쉬움을 토로했다. • 〈영산포 홍어축제 추진위원장〉 이철웅 추진위원장은 "홍어 축제는 홍어 상가의 활성화와 함께 주민들의 소득과도 직결되는 만큼 향후 문제점들을 보완해 알차고 내실 있는 축제의 모범사례가 되도록 최선을 다하겠다."고 말했다. • 〈박호식 인천미술한마당축제운영위원장〉 "인천은 향토문화의 계승과 발전 그리고 문화예술인들의 저변확대 및 참여가 근간이 되어 경쟁력 있는 문화도시의 초석이 돼야 한다."며 "인천시민들이 가지고 있는 다양하고 역동적인 예술영역을 함께 체험하고, 미술 문화의 저변을 확대하며 예술적 감성을 발휘해 문화시민으로서의 긍지와 자부심을 고취할 수 있도록 이번 축제 한마당을 마련했다."고 말했다. • 〈태안백합꽃축제추진위원회〉 "어려운 시기에 열리는 축제가 무엇보다 지역 경제를 살리는 데 보탬이 될 수 있기를 바란다."며 "축제에는 우선 관광객이 찾아오는 것이 중요하다. 관광객이 태안에 좋은 이미지를 갖고 돌아갈 수 있는 내실 있는 축제를 만들어 가겠다."고 말했다. • 〈제천시 축제추진위원회〉 "차별화된 4계절 축제로 제천의 이미지를 전국적으로 홍보하고 지역경제에 부응하는 축제가 되도록 노력하겠다."	〈종합〉 경제성(3), 관광성(3), 세계성(2), 문화성(2), 이미지 제고성(2), 발전성(2), 참여성(1), 자생력(1), 자부심(1), 지역화합성(1)	▶ 혁신적 산업 도약성
	지역상인	• 〈유성호텔 대표〉 금산군과 유성호텔은 21일 금산인삼축제 공동 홍보마케팅 협약을 체결. 금산인삼축제 홍보의 폭을 넓히기로 했다……"이번 협약이 지역관광과 지역경제를 활성화하는 민·관 상생모델이 될 수 있길 기대한다."고 말했다. • 〈전북농협 관계자〉 전북농협 관계자는 "농촌지역 삶의 질 향상을 위해서는 농업인의 경제 및 사회적 지위향상도 중요하지만 문화향상도 중요하다."며 "앞으로도 농촌지역의 건전한 공연문화 정착을 위해 노력하겠다."고 말했다……이번 축제는 남원과 진안지역 대상으로 각각 농협중앙회 남원시지부와 진안군지부가 주관하며 문화적 삶의 질 향상을 도모하고 농촌지역의 생활 활력 제공과 신명나는 지역경제활성화를 위한 목적이다. • 〈괴산명품농산물영농조합〉 괴산명품농산물영농조합(대표 이정호)과 소수면 고마 2리 마을회(이장 허만오)가 대도	• 공동마케팅, 지역경제활성화 • 문화복지성, 삶의 질, 경제활성화 • 농촌체험, 도농교류 확대, 지역 특산물 이미지 제고, 지역 홍보성, 경제성 • 지역성, 집중성 〈종합〉	▶ 지역 경제기여성

공급집단	지역상인	시 소비자 초청을 통해, 농촌 체험 및 도농 교류확대, 지역 농특산물 이미지 제고에 크게 한몫하고 있다. 이 대표는 "앞으로 농촌의 정취가 물씬 풍기고 시골과 농촌의 맛을 괴산에서 느낄 수 있고 가장 시골스럽고 촌스러우면서 정감이 넘치는 아름다운 축제로 만들기 위해 최선을 다하겠다."고 말했다. • 〈부산지역 관광업계 종사자〉 "일선 구·군에서 무분별하게 개최하는 축제로는 관광상품을 만들 수 없다. 지역의 특색에 맞는 축제를 발굴, 집중 육성하는 방안을 마련해야 할 것"	경제성(3), 문화복지성(1), 체험성(1), 홍보성(1), 지역성(1)	
매개집단	지역NGO	• 〈태안 JC회장〉 "내년에 열리는 안면도국제꽃박람회를 통해 유류사고로 어려움을 겪은 태안군이 다시 일어서는 도약의 발판이 되길 기대한다."며 "앞으로 태안 JC가 지역에서 열리는 각종 행사 홍보에 적극적으로 앞장서겠다." • 〈대전 문화연대 공동대표〉 대전지역축제들이 다른 축제와 차별화되고 지역문화발전의 디딤돌이 되기 위해서는 축제에 대한 시각을 달리할 필요가 있다……기존의 축제보다 더 잘 만들거나 경쟁력이 없는 차별되지 않은 축제는 과감히 포기해야 마땅하다. 또 비슷한 축제끼리의 통·폐합으로 낭비를 줄여야 한다. 현재 관주도로 이루어지고 있는 축제를 민간주도로 이끌어 가는 것도 꼭 필요하다. 지자체의 지원과 협조와는 별도로 민간부문의 전문가와 시민들이 추진세력이 되어 창의적인 축제를 만들어 가야만 한다. 이를 위해서는 주민들이 자발적으로 조직하고 운영하는……. • 〈대전연극협회 회장〉 "시민연극축전의 첫 시행 당시, 연극협회 내부의 화합을 우선적으로 이끌어 내는 노력을 했다."며 "축제를 성공하기 위해서는 국악과 무용 해당 단체들의 구심점을 만들어야 한다."고 말했다. • 〈춘천 시민단체 관계자〉 "중복성이 강한 축제를 통·폐합하고, 예산의 효율적인 투자를 통해 지역을 대표하는 축제를 키울 필요가 있다."	• 지역경제회복성, 홍보성 • 차별성, 지역문화발전성, 민간주도성 주민 자발참여성 • 화합성 • 효율성 〈종합〉 경제성(1), 홍보성(1), 차별성(1), 지역문화성(1), 민간주도성(1), 주민참여성(1), 효율성(1)	▶ 지역문화 발전성
	지역언론	• 〈경기일보〉 이들 축제에는 수백만 원에서 수십억 원의 예산이 투입되고 있지만 상당수 축제가 관람객들의 호응을 받지 못한 채 내실 없는 행사로 전락, 관람객들로부터 '속 빈 강정', '동네잔치' 식으로 치부받기 일쑤다. 자치단체장의 '치적'을 위해 급조된 전시성 축제가 상당수를 차지하기 때문이다. 지역축제의 난립으로 인한 부작용 등을 막기 위해선 성격이 유사하거나 중복되는 축제를 과감히 통폐합해 생산적인 지역축제를 발굴·육성해야 한다는 목소리가 높다. • 〈중도일보〉 축제의 주인공인 지역주민들이 손님이 되고 구경꾼이 되면 안 된다. 주민의 자발적 참여에 의해 활성화되는 축제는 지역의 공동체 의식을 높이고 지역문화를 풍성하게 한다. 이러한 지역의 독특한 축제의 역량이 쌓이다 보면 자연스럽게 외부인의 시선도 끌고 궁극적으로	• 지자체단체장의 정치성, 선택과 집중성(효율성) • 주체성, 자발성, 공동체성, 경제성 • 지역주민의 참여성 • 지역사회 정체성 반영, 사회통합성, 축제의 정치적 수단화	▶ 지역사회 통합성 ▶ 산업경제성

| 매개집단 | 지역언론 | 지역경제활성화에도 도움이 될 수 있을 것이다. 관에서 예산을 지원해야 움직이는 축제가 아니라 내 호주머니를 털어서 즐거운 마음으로 참여하고 축제가 끝남과 동시에 다음 축제가 기다려지는 그런 축제를 기대해 본다.
• 〈전북도민일보〉독일 맥주축제의 참가자 중 70% 이상이 지역주민들이며, 이들의 적극적인 동참이 오늘날 세계에서 가장 성공적인 지역축제로 만들어 놓았다. 이는 1천 개가 넘어선 우리나라 지역축제의 성공 여부는 차별화된 프로그램도 중요하지만, 지역주민들의 적극적인 동참에 달려 있음을 알아야 할 것이다.
• 〈새전북신문〉축제는 지역사회의 정체성을 확인하고, 사회 구성원을 하나로 묶는 사회통합의 창구로서 효용성을 갖는다……단체장의 생색내기로 전락한 지역축제에 혈세를 낭비해서는 안 된다는 것이다.
• 〈광주일보〉당연히 지역주민의 공동체 의식과 동질성을 확인해 주는 의미 깊은 축제로 승화시키는 데 인색할 수밖에 없다. 진정한 축제 의미를 되살려면 지역주민과 유리되지 않고 일종의 세시풍속으로 자리 잡은 가운데 관광객이 저절로 찾아오는 지역문화축제가 진정한 지역축제다. 관람객 유치 목표부터 정하고 경제적 파급효과부터 따지는 역순환의 축제관은 이제 사라져야 한다.
• 〈경남도민일보〉수확을 마치고 풍성한 마음으로 한 해를 마무리하는 지역축제는 지역민의 화합과 지역이미지를 향상시키고 경제활성화에도 이바지하는 등 긍정적 효과가 크다고 하겠다. 문화를 관광자원으로 한 이러한 축제가 관광상품으로 그 중요성이 커지고 있다.
• 〈인천일보〉경기도에서는 도자기축제, 콩축제, 인삼축제와 같이 결실을 맺고 있는 축제들은 문화관광산업의 블루오션 기능을 발휘하며 기대감을 높여 주고 있다……마을 주민 또는 관련된 단체에서 주최하고 만들어 낼 수 있도록 관이 행정적 지원을 하여 민간 자율적으로 치러진다면 주민들 간의 협동심과 애향심도 더욱 고취되어 적극적인 참여를 기대할 수 있을 것이다.
관이 주도하는 축제는 대규모 행사로 치러지는 경우가 많기 때문에 관은 가능한 한 지역의 상징성을 담을 수 있는 대표 축제 한두 가지를 주관하는 것이 바람직하다. 아울러 좀 더 특화된 축제를 제안해 본다.
• 〈인천일보〉지나치게 관주도적이고, ……지역민을 멀리한 채 자치단체장과 경제에만 초점을 맞추는 형태에서 벗어나지 못한다면 성공은 요원할 게 뻔하다. 급선무는 역시 자치단체장의 인식변화이다. 초심으로 돌아가 과연 내가 지역민을 위해 제대로 봉사를 하고 있는지 자문해야 한다. 이럴 때 지역축제도 성공의 길에 들어설 수 있다.
• 〈충청투데이〉지역축제는 체계화 및 특성화를 통해 지역 정체성이 드러나는 문화축제이어야 한다……축제는 지역민과 관광객들에게 풍성할 볼거리를 제공함은 물론 지역 | • 축제의 공동체성, 동질성, 축제의 진정성
• 지역 화합성, 이미지 제고, 경제활성화, 문화의 관광자원성
• 특화된 산업성, 축제 개최상 민관의 분업성
• 민간참여성, 지역민 위한 축제
• 경제성, 향토성
• 문화다양성, 지역정체성
• 문화정치성, 경제성
• 지역성, 경제성, 브랜드화
• 세계화, 소비성, 친절 서비스성
• 축제의 지역주민 및 지역지향성, 문화정치 배제성
• 정체성, 경제성, 기획의 체계성
• 세계성
• 지역문화함양, 지역주민 유대강화, 지역발전 홍보수단, 정체성, 공동체의식, 지역주민 자발성, 창의성, 문화콘텐츠성
• 지역문화발전, 지역민의 삶의 질 향상, 지역공동체성
• 관광객 유치, 지역홍보, 주민소득 증대 | ▶ 지역사회 통합성

▶ 산업경제성 |

| 매개집단 | 지역 NGO | 공동체 의식을 토대로 지역이미지 제고에 기여해야 한다……우리 지역의 축제들이 향토문화유산과 지역 특산물에 대한 자긍심을 고취하고 주민들의 진정한 삶의 질 향상으로 이어지는 한마당 문화 축제로 거듭나길 기대한다.
• 〈강원일보〉 축제가 경쟁력을 갖추면 황금알을 낳는 거위가 될 수 있다. 가장 향토적인 것을 구체화해 국제적인 공감을 얻는 데 힘을 모아야 한다.
• 〈경남도민일보〉 지역축제는 지역문화가 지닌 다양성을 표현하는 것이므로 그 중요성은 말할 필요가 없다. 하지만 지역의 특성이 없는 행사라면 아무런 의미가 없다. 지역의 정체성을 드러내는 문화행사여야 한다. 그러려면 지역의 역사와 환경, 그 속에서 살아왔던 사람들의 삶의 모습, 지금을 사는 지역민들의 현실적 요구가 무엇인지에 대한 이해가 전제되어야 한다.
• 〈경남신문〉 축제를 주민의 화합과 지역경제활성화를 내세워 자신의 선거전략으로 악용하는 일부 단체장도 있다. 따라서 일회적 소비성 잔치로 매번 되풀이되는 일부 축제를 통폐합하고, 대표축제를 권장하는 등 축제의 의미를 살리면서 경제적인 축제 운용이 절실한 것으로 지적되고 있다.
• 〈전남일보〉 문화부는……그 지역특성과 결합돼 시너지 효과를 발휘할 수 있는 '우량 축제'를 보유하고 있는 자치단체에 대해서만 브랜드화할 수 있도록 적극 지원해야 한다.
• 〈광주일보〉 '세계화', '소비자 중심', '친절 서비스'로 압축되는 청자문화제 성공의 키워드를 활용해, '광주·전남 방문의 해'의 대미를 '대박'으로 장식하길 기대한다.
• 〈충북일보〉 충북의 지자체도 지역축제의 성공을 위해선 먼저 지역과 지역민을 위해 축제를 만든다는 목표의식으로 무장해야 한다. 지역민과 생각을 공유하고 지역을 제대로 연구하고, 지역의 비전을 구상하는 과정에서 이미 성공축제는 만들어진다. 전 세계 어디에서도 볼 수 없는 축제가 바로 그 지역의 축제다. 이 같은 본연의 지역축제가 정착이 돼야 지역경제가 살고 지역민이 혜택을 볼 수 있다……지자체장, 자신을 위한 축제는 이제 과감히 버려야 한다.
• 〈무등일보〉 지역축제는 이제 정체성과 경제성을 높이는 축제로의 전환이 필요한 때이다. 축제가 지역의 특성을 살리고 경제 발전의 원동력이 되려면 부단한 연구와 평가가 있어야 하고, 축제의 기획 단계부터 진행 과정과 결과를 예측하는 과학적 분석이 병행돼야 한다. 축제가 끝난 뒤에는 예산 집행의 적정성과 파급효과 등에 대한 평가도 필수적일 것이다. 평가 기능의 강화로 시행착오를 줄이는 것 또한 지역축제의 특성화를 달성할 수 있는 방법이다.
• 〈충북일보〉 충주시와 21만 충주시민 모두는 충주세계무 | • 지역주민의 여가향유성, 자발적 참여성
• 지역주민의 자발적 참여성
• 지역문화 표출성, 세계성, 체험성, 관광상품성, 운영조직의 전문성
• 소재의 특이성, 지역 정체성
• 지역활성화, 지역이미지 제고, 지역주민 참여성

〈종합〉

자발참여성(6), 경제성(6), 정체성(5), 문화정치성(4), 공동체성(4), 사회통합성(3), 지역문화성(2), 관광자원성(2), 여가향유성(2), 효율성(1), 동질성(1), 진정성(1), 산업성(1), 민관 분업성(1), 민간참여성(1), 향토성(1), 지역브랜드성(1), 문화콘텐츠성(1), 차별성(1), 서비스성(1), 체험성(1), 운영조직의 전문성(1), 세계성(1), 창의성(1) | ▶ 지역사회 통합성

▶ 산업경제성 |

매개집단	지역NGO	술축제를 함평 나비·곤충엑스포를 거울삼아 착실한 준비로 지역축제가 아닌 세계적인 축제로 성장시켜 나가길 기대한다.		

<table>
<tr><td rowspan="1">매
개
집
단</td><td rowspan="1">지
역
N
G
O</td><td>

술축제를 함평 나비·곤충엑스포를 거울삼아 착실한 준비로 지역축제가 아닌 세계적인 축제로 성장시켜 나가길 기대한다.

• 〈충청투데이〉 지역축제의 목적은 본래 지역문화 함양과 지역주민의 유대 증진을 도모함에 있으나 최근에는 지역 발전의 홍보수단으로 부각되면서 축제의 세계적 흐름이 지방경제활성화에 무게를 두고 있다. 지역축제를 더욱 성공적으로 계승, 발전시키기 위해서는 세계적으로 유명한 축제들을 벤치마킹하는 것도 하나의 방법이 되겠다. 이제 축제는 단순히 '관전형'이 아니라 '참여형'이 되어야 한다……테마, 기획, 마케팅 등에서 창의성과 상상력을 지닌 축제에 지원을 강화해야 할 것이다……창의적인 아이디어를 재미있는 이야기로 엮어 가시적인 콘텐츠로 만들어 축제로 표현해야 한다.
축제는 지역문화의 정체성과 공동체 의식에 기반하고 지역주민이 자발적으로 참여해 만족과 보람을 찾아야 한다.

• 〈충청투데이〉 이러한 바람직한 대안을 찾으려는 노력이 지속적인 지역문화의 발전과 주민의 삶의 질 향상에 기여하는 축제의 본 의미를 찾을 수 있을 것이다. 과거의 축제가 사회와 공동체, 종교를 유지하기 위해 사람들에게 정보를 전달하고 응집력을 부여하는 중요한 도구였다면, 현대에 와서는 휴식이나 재충전 또는 단순히 매일의 작업에서 탈출하고자 하는 기대감으로 변화했다. 축제는 '지역과 지역민을 위해' 축제를 만든다고 하는 목표의식을 공유하고 지역의 특수성과 지역미래의 비전을 구상하는 과정에서 '함께 만들어가는 장'으로서 축제가 마련되어야 하는 것이다.

• 〈무등일보〉 봄철을 맞아 각 지자체들이 외지 관광객을 유치해 내 고장을 알리고 주민소득 증대에도 기여하기 위해 앞 다퉈 지역축제를 열고 있다.

• 〈중부매일〉축제의 시발점은 항상 지역민들이 즐거워하고 긍지를 갖게 하는 것이 우선되어야 한다. 왜냐하면 무엇보다도 축제의 주역은 지역주민과 행사의 참여자들이기 때문이다.

• 〈강원일보〉화천 산천어축제가 성공을 거둔 데는 주민들의 인정과 열정이 가장 빛난 것으로 나타났다.

• 〈충북일보〉난계국악축제가 지역주민이 함께 느끼고 참여하는 축제, 지역문화를 표출하고 세계화가 가능한 축제, 외래 관광객을 대상으로 한 체험 위주의 축제, 외국인 관광객 유치 상품이 가능한 축제로 나아가기 위해서는 그동안 지역 내에서 꾸준히 제기되어 온 축제운영 조직의 전문화와 전문 인력의 양성이 무엇보다도 중요한 요소가 되고 있다.

• 〈중도일보〉좋은 평가를 받는 축제의 면면을 보면 대체로 소재의 특이성과 지역정체성 확보라는 공통점이 있다.

• 〈전북일보〉지역축제는 본래 지역경제활성화와 지역이미

</td><td></td><td></td></tr>
</table>

매개집단	지역언론		지를 높이기 위한 취지에서 시작되었다. 그러나 민선자치 이후 자치단체장의 얼굴 알리기나 표심잡기로 활용된 측면이 강했다. 대개 프로그램이 천편일률적이어서 외지인뿐만 아니라 주민들의 참여를 이끌어 내지 못했다.		
	중앙언론		• 〈동아일보〉 역사적으로 축제는 지역과 주민의 화합을 위한 것이었다. 축제의 기본으로 돌아갈 필요가 있다. 다른 곳에 없는 장점을 살리고 독특한 문화를 육성하는 쪽에 무게중심을 두어야 한다……우리도 규모에만 집착할 게 아니라 작더라도 사람의 마음을 사로잡을 '콘텐츠가 있는 축제'를 키워 나가야 한다. 한국은 세계 관광업계에서 "관광자원이 빈약해 볼 것이 별로 없다."는 얘기를 듣는다고 한다. 그런 말이 더는 안 나오도록 지자체들이라도 세계에 자랑할 수 있는 축제를 내놓았으면 한다. • 〈한국일보〉 지역축제의 1차적 의의는 주민통합을 통한 지역문화 육성과 발전이며 경제적 발전전략으로서의 관광상품 개발이다. 자율적 자치행정을 통한 의사결정과 집행이라는 의미도 중요하다. 그곳의 독특한 역사적 전통과 인물, 세시풍속과 설화는 지역축제의 성립과 발전에 중요한 요소가 된다. 지역축제의 문제점은 놀이와 제의라는 축제의 성격 중에서 놀이로서만 기능한다는 점, 쉽게 말해 먹자판, 놀자판, 팔자판의 소비적 행위로 변질되고 있다는 점, 실제로 지역경제활성화에 기여하는 바가 미미하다는 점 등이다. • 〈경향신문〉 축제의 주요 요소 중 하나인 재미와 유희성을 제공했다는 점에서는 가능성을 보여 주었다고 할 수 있다. 그러나 이 축제가 과연 누구를 위한 것인지는 매우 모호하다. 우선 축제의 성격이 불분명했기 때문이다. • 〈문화일보〉 대부분의 축제가 자치단체장의 표심을 의식해 축제마다 수억 원에서 수십억 원을 투입하고도 전시성 축제로 전락해 시민단체로부터 비난을 받고 있다.	• 지역사회통합성, 관광자원성 • 주민통합, 지역문화육성, 경제적 발전전략, 축제의 균형성 • 재미와 유희성 • 축제의 문화정치성 〈종합〉 지역사회통합성(2), 경제성(1), 지역문화성(1), 유희성(1), 문화정치성(1)	▶ 지역사회통합성
수요집단	지역주민		• 〈거창대학 학장〉 오늘날 시대가 요구하는 문화·관광적 측면, 경제적 측면을 적절하게 조화시킨 지역축제가 될 수 있도록 '1시군 1대표 지역축제'의 육성을 제안한다. • 〈김판용 시인, 순창〉 내일부터 순창장류축제가 시작된다. 군민의 날 행사에서 축제로 바뀐 지 올해로 세 번째이다. 그런데 스토리가 없다. 이야기가 없는 축제는 축제가 아닌 박람회일 뿐이다……. 축제의 예산이 낭비가 아닌 투자가 돼서 보다 윤택한 지역으로 나가는 통로가 돼야 한다. • 〈경남 고성군민〉 "군민들의 화합과 단결을 위해 많은 예산을 들인 축제가 매년 똑같은 행사로 일관하고 있다."며 "군민들의 의식 또한 높아 가는 만큼, 다른 지자체 축제를 벤치마킹을 하는 등 새로운 프로그램 개발에 고성군이 적극적으로 나서야 한다."고 말했다. • 〈당진 지역주민〉 "역사성과 보전가치를 비롯한 문화예술	• 문화성, 관광성, 경제성 • 축제의 스토리성, 생산성 • 지역주민 화합 및 단결성, 프로그램의 차별성 및 다양성 • 역사성, 문화예술성 보전 • 지역화합, 지역홍보 • 지역 정체성	▶ 창조적 생산성

지역주민		성 등에 대한 객관적인 평가를 바탕으로 의미 있는 축제는 승화시키고 평가 이하 대상에 대해서는 과감한 예산지원 중단을 통한 정비가 선행돼야 한다.”며 보다 효율적인 대안마련을 촉구했다. • 〈영동군 농업기술센터 마라톤 동호회〉 농기마 오명주 회장은 “이번 포도마라톤 참가를 통해 개인의 건강과 회원 간의 화합을 다질 계획”이라며 “축제기간 중 우리 지역을 찾는 관광객들에게 축제와 농·특산물 등을 알리는 홍보요원으로서의 역할에 최선을 다하겠다.”고 말했다. • 〈철원군 지역주민〉 “인접 자치단체에서는 20만~100만 명의 관광객을 불러 모으며 지역경제를 살찌우고 있어 부럽기만 한데 철원은 있던 철새축제마저 실속이 없다는 이유로 중단했다.”며 “하루속히 전국에서 주목받는 철원만의 독특한 겨울축제를 만들어야 할 것”이라고 주장.	〈종합〉 경제성(2), 문화성(1), 관광성(1), 스토리텔링성(1), 차별성(1), 역사성(1), 문화예술성(1), 지역화합성(1), 지역홍보성(1), 지역 정체성(1)	
수요집단	관광객	• 〈관광객〉 각 지자체들은 낭비성 중복 행사를 줄이고 축제들을 연중으로 분산 시행했으면 하는 바람이다. 예산과 인력만 낭비하는 지역축제, 매년 되풀이되는 먹고 놀기식의 행사로 구성된 지역축제는 개선되어야 한다. • 〈관광객 김동석 씨〉 대부분의 축제는 독창성이나 프로그램의 차별성도 없고 지역만의 고유한 축제를 살린 곳은 손꼽을 정도로 드물다. 축제의 문화적인 효과보다는 경제적인 면에 치중하다 보니 지역문화와의 연계성이 떨어지는 것이다……지역주민의 소득증대 및 지역알리기 등의 순수한 목적으로 시작한 축제가 이제는 지자체장의 홍보용 행사 등 전시행정으로 끝나 버리는 곳도 많다……지역축제는 그곳에 사는 지역민들이 모여 화합과 친선을 다지고 외부인들에게는 지역의 특성과 자랑거리를 보여 주는 뜻 깊은 행사임을 잊지 말아야 한다. • 〈관광객〉 선거에서 뽑힌 단체장들의 치적 쌓기 내지 생색내기용 축제가 많기 때문이다. • 〈대둔산 축제 관광객〉 “대둔산 단풍을 구경하기 위해 완주를 찾았는데 축제까지 열려 즐거움이 두 배가 됐다.”며 “각종 공연과 다양한 체험행사가 인상적이었다.”고 말했다.	• 낭비성, 중복성, 계절집중성, 유희성 • 문화성, 경제성, 지자체장의 정치적 수단성, 지역화합성, 지역 자부심 • 문화정치성 • 공연성, 체험성 〈종합〉 문화정치성(2), 유희성(1), 문화성(1), 경제성(1), 화합성(1), 자부심(1), 공연성(1), 체험성(1)	▶ 문화정치성

부록 Ⅱ : 심층인터뷰 Text의 기호학적 분석 내용

이해 집단 분류		1차 분석 – 기표 및 외연적·지시적 의미: '기사 내용'	2차 분석 – 기의 및 내포적· 함축적 의미: '정신적 의미로서 추상적 관념'	3차 분석 – 기호 및 신화적 의미: '기표와 기의를 포괄하는 가치, 축제의 미학'
공 급 집 단	중 앙 정 부	▣ 문화체육관광부 관광산업과 축제담당자 ▣ 〈사회적 의미〉 ▶ (−)탈춤도 굳이 물론 탈을 쓰고 하는 것이지만 같이 탈춤 추는 것만 보는 것이 아니라 전체 관람객이 함께 해 버리는 축제체험하고 같이 할 수 있는 프로그램이 있어야 하는데……(대동성) ▶ (−) 우리 안동도 양반고장이라서 형식을 중요시하다 보니까 일반관광객들이 같이 호흡하고 참여하려는 욕 구가 있을 텐데, 이걸 수용을 못 해요(사회 및 계급통 합성) ▶ (−) 왜 보령머드축제가 다른가, 그런 것이 없어요, 전 부 다 머드를 바르고 가 버리는 그런 장점이 있기 때 문에 외국인이 더 올 수밖에 없다는 거죠(대동성) 〈문화적 의미〉 ▶ 안동축제가 어떤 축제냐 하면은……(중략)……우리 분류를 하지 않습니다. 굳이 분류를 한다면……전통적 인 예술성의 축제로 분류를 합니다. 그 축제가 우리 것을 가지고 세계적인 축제를 만들고자 그런 의미에서 대표축제가 된 거고요(전통문화 계승성). ▶ 우리 전통적인 탈춤을 소재로 했기 때문에 그 축제를 우선적으로 대표축제에 선정된 것이고……(전통문화 계승성) ▶ 여타 축제들이 다 전통적인 우리 것을 가지고 있는 소 재가 많지 않아요, 안동축제는 우리 탈춤을 소재로 했 기 때문에 보령머드축제하고는 상당히 다르죠(전통문화 계승성) ▶ (−) 안동 같은 경우는 전통적인 탈춤을 하다 보니까 어떤 형식에 많이 치우친다 이거죠(형식성) ▶ 축제 콘텐츠가 사실은 예전에는 최우수축제 있을 때는 예전 것만을 자꾸 모방하려는 그런 것이 많았어 요……(중략)……컨설팅을 받다 보니까 기존형식에서 만 표현하는 것에서 조금 달라졌어요. ……(중략)……여 러 가지 것들을 다른 데로 프로그램을 새롭게 하는 것 이 있었어요(창의성)	〈사회적 의미(3)〉 • (−)대동성(2) • (−)사회 및 계 급통합성(1) 〈문화적 의미(9)〉 • 전통문화 계승 성(4) • (−)형식성(2) • 문화적 자부심 (2) • 창의성(1) 〈경제적 의미(6)〉 • 지역경제활성화 (3) • 경제적 파급효 과(2) • 낭비성(1) 〈정치적 의미(8)〉 • (−)권한의 제 한성(4) • (−)정치적 수 단성(2) • 중앙정부 관여 성(1) • (−)축제발전 정체성(1) 〈여가관광적 의미 (8)〉 • 외국인방문객 모객성(4) • 볼거리 제공성 (1)	▶ 한국 대표 문화의 계 승성 ▶ 한국 관 광자원으 로 매력성

공급집단	중앙정부	▶ 축제가 성공을 하려면 가장 중요한 게 소재입니다 ……(중략)……지역의 독특한 문화를 가지고 소재를 해야 되는데, 요즘엔 유사한 축제가 많지 않습니까(전통문화 계승성) ▶ (−) 우리 안동도 양반고장이라서 형식을 중요시하다 보니까 일반관광객들이 같이 호흡하고 참여하려는 욕구가 있을 텐데, 이걸 수용을 못 해요……(중략)…… 그런 부분을 개선을 한다면 상당히 우리 전통적인 것을 살린다는 측면에서 굉장히 좋구요(형식성) ▶ 가장 큰 것은 안동축제가 대표축제가 되었다는 것은 보령머드축제보다 우리 것이기 때문에 더 자랑스럽고, 그리고 외국사람들이 오면은 우리 것을 보여 주어야 하는 것이 기본적이거든요. 우리 것이 대표축제가 되었다는 것이 큰 의미라고 봅니다. 거기 다 우리 전통적인 탈춤을 외국사람들에게 보여 줌으로써 우리 문화를 홍보할 수 있는 것이고, 그런 측면에서 큰 거라고 생각하는데……(문화적 자부심) ▶ <u>범세계적으로 축제 자체를 보면은요, 유명한 축제를 보면 어떤 오랜 역사만 가지고 있지, 그 지역도 영국의 에딘버러나 독일 옥토버페스트라든가, 독일 옥토버페스트 같은 경우 그 나라 전통춤과 같은 그런 것은 많이 보여 주지 못합니다. 단순히 맥주 마시고 즐기는, 축제가 그런 쪽으로 많이 나가고 있거든요, 세계적인 방향하고 과연 이게 안동 이것하고 같은가? 소재는 아니거든요, 우리 쪽에서 봤을 때는 우리 문화이기 때문에 받아 줘야 한다는 게 있는데요(문화적 자부심)</u> ⟨경제적 의미⟩ ▶ 관광활성화를 통해서 지역경제도 활성화시키고, 그런 목적이 가장 크죠. 우리 목적이 단 하나 그겁니다(지역경제활성화) ▶ 지역적으로도 같은 맥락이죠. 안동에서도 지역적 관광활성화를 시켜서 지역경제도 활성화시키고, 지역소득도 기여하고 그런 목적이죠(지역경제활성화) ▶ <u>지방은 안동탈춤페스티벌을 통해서 볼거리를 제공하고, 외래관광객을 유인해서 지방 나름대로 관광활성화를 통해서 지역경제를 활성화시키고, 그런 목적이 있고……(지역경제활성화)</u> ▶ <u>문화관광축제의 경제효과를 산출을 했는데……(중략)……2007년도에는 1조 6천억 정도 된다고 통계가 나와 있어요, 2008년도에는 1조 8천억 정도 2,000억 정도 늘어난 걸로 지금 되어 있습니다. 이런 통계로 봐서도 축제 자체가 가지는 사회경제적 효과라든가……(경제적 파급효과)</u> ▶ (−) 지나치게 축제가 많음으로 인해서 어떻게 보면 지방재정이 낭비되는 그야말로 효과가 없는 축제들이 많	• 일탈성(1) • 여가활용성(1) • 체험성(1) ⟨기타 의미(5)⟩ • (−)안전성(1) • 안전성(1) • 기획성(1) • 전문인력양성(1) • 콘텐츠성(1) ⟨종합⟩ • 사회적 의미(3) • <u>문화적 의미(9)</u> • 경제적 의미(6) • <u>정치적 의미(8)</u> • <u>여가관광적 의미(8)</u> • 기타 의미(5)

공급집단	중앙정부	다는 얘기죠. 그러다 보니까 그 축제에 지방예산을 많이 할애함으로써 예산낭비다(낭비성)

<table>
<tr><td rowspan="13" style="writing-mode: vertical-rl">공 급 집 단</td><td rowspan="13" style="writing-mode: vertical-rl">중 앙 정 부</td></tr>
</table>

공급집단 | 중앙정부

다는 얘기죠. 그러다 보니까 그 축제에 지방예산을 많이 할애함으로써 예산낭비다(낭비성)
▶ 안동탈춤축제는 그래도 우리나라 대표축제로 되기까지 어느 정도는 성공했다고 봅니다. 그 이유는 우리 평가에서 전문적인 평가위원들이 후한 평가를 주었고, 또 어느 정도의 축제 관람객 수를 보더라도 이러한 축제가 좋은 축제라고 보니까 많은 축제관람객이 온 거라고 보거든요(경제적 파급효과)

〈정치적 의미〉
▶ (중략)……그런 면에서 우리 것도 좀 살려서 외국인들에게 보여 주고 싶은 우리들의 정책적인 입장도 있겠죠(정책적 고려)
▶ (-) 전체 지역축제가 많다 하더라도 민선지자체가 하다 보니까 우리가 조정할 수 있는 권한이 하나도 없어요. 근데 정치권에서는 자꾸 조정하라고 해요(권한의 제한성)
▶ (-) 전체 지역축제의 수를 조정하는 데 문제점이 뭐냐 하면 실질적인 조정권한이 없는 중앙정부에서 지방자치단체장의 정치적 말하자면 자기 치적 위주로 그야말로 전시성, 유사성, 중복성 등 예산낭비적 측면이 많이 있음에도 불구하고 그걸 조정을 못 하고 있다는 거 그리고 금년 초에 화왕산 갈대태우기 축제에서도 저희가 안전관리에서 통제할 수 있는 어떤 권한이 없어요(권한의 제한성)
▶ (-) 너무 자주 축제가 있다 보니까 한 개 시군구에서 평균적으로 3~4개 되지만 어떤 시군구는 9~10개 사시사철 축제를 하는 놀고 먹는 풍조가 생기지 않나 생각해 보고요. 전혀 효과가 없는 축제를 지자체장의 표어와 관련해서 요렇게 배분해 주는 형식으로 축제를 개최하는 이런 폐단이 있습니다(정치적 수단성)
▶ (-) 전혀 효과가 없는 축제를 지자체장의 표어와 관련해서 요렇게 배분해 주는 형식으로 축제를 개최하는 이런 폐단이 있습니다. 이런 부분은 많이 개선을 해야 하고 그런 부분을 많이 하려고 하는데도 실질적으로 권한이 없다 보니까 이런 식으론 안 되더라 그런 얘깁니다(권한의 제한성)
▶ (-) 가장 큰 문제점은 지역자치단체장들이 자기의 선거를 이용해서 하는 부분들이 있어요. 그러다 보니까 경제적 효과가 전혀 없는데, 관에서 하니까 마지못해서 하는 그러한 축제들이 계속 늘어나고 있다 이겁니다(정치적 수단성)
▶ 지역축제를 직접적으로 관할할 수는 없고 다만 민선지자체가 되다 보니까 조정할 수 있는 권한은 없고 금년 3월 2일자로 바뀌었어요. 축제에 대한 근거법이 없었어요. 금년 3월 2일자로 통과가 되어서 관광진흥법이

공급집단	중앙정부	개정이 되었어요. 축제에 진행을 위해서 권고할 수 있다는 거지요. 그래도 권고수준으로만. 그래도 이젠 근거라도 되어 있습니다(중앙정부 관여성)		
		▶ (-) 그전에 예산만 가지고 문화관광축제를 지원해 왔어요. 그래도 앞으로 정책적인 힘이 미치진 않습니다. 실질적으로 민선자치제가 되었기 때문에 그것까지 다 그건 규제이지 않습니까. 깊이 들어가 버리면, 그런 권한까지 있으면 규제이기 때문에 받아들여지지도 않습니다(권한의 제한성)		
		▶ (-) 단점은 국가적으로 대표축제를 선정을 해서 세계적인 축제를 육성하자고 했는데. 제대로 된 우리 계획을 맞춰서 축제가 발전이 되지 못하고 약간은 정체되어 있는 상황입니다(축제발전 정체성)		
		〈여가관광적 의미〉		
		▶ 일단 우리가 대표축제 선정의 근본적인 것은 외국인이 많이 와야 된다. 외국인이 많이 온 축제를 우선적으로 선정했어요……(중략)……또 가장 큰 것은 외국인이 많이 왔기 때문에 보령머드하고 안동탈춤이 선정된 것입니다. 다른 축제는 현재까지는 우리나라 축제는 외국인이 대부분 많지 않습니다. 국내 사람들이 대부분 축제에 참여하거나 그렇거든요. 보령머드축제는 한 7만여 명 정도로 자체 추산으로는요. 안동은 3만여 명 온다고 저희한테 보고는 됩니다(외국인방문객 모객성)		
		▶ 볼거리 제공을 통해서 관광활성화를 시킨다. 그것이 가장 큰 목적이거든요. 그렇기 때문에 가장 큰 것은 외국인 관광객들이 많이 와야 되는 겁니다(외국인방문객 모객성)		
		▶ 국가적인 차원에서는 관광활성화가 가장 큰 목적인데. ……(중략)……다만 안동을 선택해서 안동이라는 곳에 외국인들이 많이 오기 때문에 그걸 우선적으로 선택해서 관광활성화를 시키기 위해서 하는 거지요(외국인방문객 모객성)		
		▶ 관광객이나 국민도 마찬가지고 재미있는 걸 참여하고. 볼거리를 보고 싶어 하는 욕구가 있죠. 볼거리 제공이란 측면에서 그렇고. 일반관람객들은 여하튼 간에 볼거리를 찾아서 여가를 즐기려는 욕구가 있지 않습니까. 그런 욕구가 있기 때문에 더욱 참여하는 거 같고(볼거리 제공성)		
		▶ 우리 중앙정부는 중앙정부 나름대로의 큰 틀의 어떤 특정한 지역을 관광활성화시킨다는 건 아니고 전체적으로 봤을 때는 우리나라가 관광활성화를 통해 외국인이 많이 오게끔 축제도 굉장한 요인이 된다 해서 축제를 하는 것입니다(외국인방문객 모객성)		
		▶ 외래관광객 특히 외국인관광객을 포함하여 관광객들은 대부분 축제의 어떤 가고 싶어 하는 욕구를 만들어야		

			〈사회적 의미〉	

| 공급집단 | 중앙정부 | 하거든요……(중략)……축제란 자체는 형식보단 일탈이거든요(일탈성)
▶ 실질적으로 외래관광객은 전체 축제를 집계를 해 보다 보면 늘어나는 추세입니다(외국인방문객 모객성)
▶ 총 축제관람객 수도 2007년도에는 3,600만 명, 상당히 허수가 있는 것으로 보이지만 2008년도에는 4,000만 명 정도 한 400만 명 정도가 늘어났다는 얘기거든요. ……(중략)……이런 통계로 봐서도……앞으로 추세로 봐서는 국민들이 여가를 얼마나 중요하게 생각하는가를 알 수 있거든요(여가활용성).
▶ <u>이를테면 체험축제로 나가야 하는데, ……(중략)…… 아직까지는 전시성 요소가 많다고 보는 거죠, 조금만 개선하면 요것도 상당히 발전할 수 있다는 생각을 가집니다</u>(체험성)

〈기타 의미〉
▶ <u>(-) 행안부나 우리부처도 마찬가지지만 안전관리 차원에서 뚜렷한 대책을 내놓지 못하고 있어요</u>(안전성)
▶ 축제들은 지양을 하고 앞으론 절대 축제도 뭔가 짧은 기획단계를 거치지 말고 장기간 고심을 해서 축제를 만들었으면 하는 생각이고요(기획성)
▶ 우리나라 아직까지 축제 전문가가 많지 않아요. 관광학이나 이런 분야에 계신 분들이 축제를 기획하고 그러거든요. 축제전문가가 인력풀이 많지 않아요. 저희도 평가위원이나 선정위원이나 그분들을 전문가라 할 수 없어요. 저희로서는 그분은 관광학이라는 쪽으로 교수님일 뿐이지, 축제나 이벤트를 전문적으로 연구를 한다는 그런 것도 아니고 전문적인 식견을 가지고 축제를 평가를 하거나 컨설팅을 하는 분들이 절대적으로 부족하다고 봅니다. 이런 부분에 대해서는 국가적인 차원에서도 육성해 내야 하겠고……(전문인력양성)
▶ 우리는 금년부터 축제콘텐츠 부분에 배점을 많이 올렸거든요, 그 분야에 대해서 많이 관심을 가지고 평가를 할 거구요, 평가위원들도 전부 그쪽으로 평가를 할 겁니다(콘텐츠성)
▶ 최근에 안전문제가 부각되긴 했지만 그 부분도 중요하게 생각할 거요(안전성) | | |
| | 지방정부 | ▣ 안동시 관광산업과 축제담당자 ▣

〈사회적 의미〉
▶ 문화를 모태로 해서 안동시민 자체가 문화역량을 높일 수 있고, 시민들이 화합할 수 있는 계기가 됩니다(지역사회 통합성)
▶ 긍정적 파급효과는 시민들에게 일단은 축제 참여 동기 부여가 됩니다. 그다음에 여러 문화단체가 축제기간 내에 자기 단체의 발표의 장이 되죠, 그 문화단체의 | 〈사회적 의미〉
• 지역사회 통합성(1)
• 자발적 참여성(5)
• 지역공동체성(1) | ▶ 안동문화 역량 강화
▶ 지역산업 경제활성화
▶ 대동적 어울림 |

| 공급집단 | 지방정부 | 일 년 동안 활동한 결과를 축제 내에 한 번쯤 발표할 기회를 제공하는 거죠. ……(중략)……시민들이 많이 참여하고 300개 정도의 프로그램들이 돌아가죠. 그 10일간 계속 돌아가는 프로그램에 대해 시민단체들이 발표의 형식으로 채워 주는 시간들이 많이 있습니다. 그 부분들을 예를 들면, 돈을 주면서 오는 게 아니라 시민들이 자발적으로 참여하고 발표를 하겠다고 오죠(자발적 참여성)
▶ 문화역량을 높이는 것은 단합할 수 있는 기회가 되고 시민들이 보여 줄 수 있는 기회가 되죠(지역공동체성)
▶ 안동의 시민단체, 문화연대 등 자발적인 참여의 계기가 마련됐으니 성공한 축제입니다(자발적 참여성)
▶ 시민들이 자발적인 참여를 하면서 탈춤 복장과 자기 탈을 소유하는 것들이 가장 바람직한 방향이 됩니다. 자기 스스로 탈을 가지고 있고, 탈 복장을 소유하면서 탈 쓰고 탈 복장을 하고 시민들이 축제장에 나와야 하죠. 탈과 춤이 주제인데, 일반축제장에 양복을 입고 다니면 분위기가 안 나거든요. 관광객에 앞서 시민들이 자기 탈과 복장을 입고 쓰면서 참여해 주면서 관광객의 참여를 유도할 수 있는 분위기가 되죠(자발적 참여성)
▶ <u>일단 자발적 시민 참여가 더 확대돼서 자기 탈과 탈 복장을 입고 탈춤을 춰 주는 것이 시민 스스로가 즐겨 주는 외부에 보여 줘서 더 올 수 있다고 볼 수 있죠. 세계적인 축제가 다른 것이 아니고, 그 마을에서 즐겨 주면 그 자체가 볼거리가 되기 때문에 시민들이 즐겁게 참여해야 한다는 거죠</u>(자발적 참여성)
▶ 언제든지 지역주민들이 자발적으로 축제에 즐거운 마음으로 참여할 수 있는 게 바람직한 역할이라고 생각하고……(자발적 참여성)

〈문화적 의미〉
▶ 민속축제의 한 부분을 특화해서 만든 축제라고 보면 됩니다. 안동민속축제가 올해 39회인데, 일부 한부분이 하회별신굿 탈놀이가 있는데, 그 탈놀이를 확대해서 키운 게 안동국제탈춤페스티벌 축제의 모태가 된 거죠. 97년부터 개최하여 올해 13번째죠……(중략)……일반적 놀이축제가 아니고 문화 축제인 거죠……문화의 축제를 표방하여 지역축제로 나가고 있는 겁니다(전통문화 계승성)
▶ 안동 문화를 계승발전함으로써……(전통문화 계승성)
▶ 안동축제는 탈이란 축제가 800년 역사를 가지고 있기 때문에, 이런 문화소재를 기반으로 해서 기존 30년 된 소재와는 다르게, 역사적으로 기반이 있고, 그 탈이라는 게 국보로 지정된 문화재입니다. 국보 제121호 문화재를 기반으로 해서 축제를 만들기 때문에 일반적인 문화축제랑은 차별이 됩니다(문화적 자부심) | 〈문화적 의미〉
• 전통문화 계승성(4)
• 문화적 자부심(1)
• 문화지향성(1)
• 문화역량 강화(4)
• 역사성(1)
• 문화콘텐츠성(1)

〈경제적 의미〉
• 지역경제활성화(2)
• 수익성(1)
• (-)산업성(2)
• 산업성(1)
• 경제적 자립성(1)
• 지역브랜드화(1)

〈정치적 의미〉
• 지역홍보성(2)
• 민간주도성(1)
• 이미지 제고성(1)

〈여가관광적 의미〉
• 여가향유성(1)
• (-)관광수용력 한계성(1)
• 관광산업연계성(1)

〈기타 의미〉
• 세계성(1)

〈종합〉
• <u>사회적 의미(7)</u>
• <u>문화적 의미(11)</u>
• <u>경제적 의미(8)</u>
• 정치적 의미(4)
• 여가관광적 의미(3)
• 기타 의미(1) | |

공급집단	지방정부	▶ 축제 개최 입장에선 문화를 더 높게 봐야죠. 그 후속으로 지역경제가 이어지면 좋겠지만 경제적 파급효과가 적다 하더라도 이런 축제는 이어져 나가야 합니다. 결국은 경제적 이익으로 이어지기 때문에, 특산물축제는 경제적 이익만을 중요시하겠지만 문화축제는 경제적 이익은 적다고 하더라도 그 문화를 가꾸어 나가야 하기 때문에 그 문화를 소중히 여겨야 합니다(문화지향성) ▶ 안동문화영역을 넓힐 수 있고, 문화역량을 높이고……(문화역량 강화) ▶ 장점은 역사적 기반이 있기 때문에 역사적 기반 안에서 만들기 때문에 홍보라든가 국보로 지정되어 있어서 입증이 되었습니다(역사성) ▶ <u>물론 경제적 이익은 두 번째입니다. 문화적 역량 보존 상태에서 부가적으로 경제적으로 유발효과가 있으면 좋겠다는 생각이고, 문화축제로는 경제적 이익을 추구하는 데는 어려움이 있습니다. 그걸 바란다면 특산물 축제로 나가야지요</u>(문화역량 강화) ▶ 새로운 아이디어를 개발해야 한다는 것이 부담이 됩니다. 예를 들어 똑같은 탈춤을 올해도 추고 내년에도 추고 하면 관광객 입장에선 식상해지니까 새로운 콘텐츠를 계속 개발해야 하기 때문에 어려움이 있습니다(문화콘텐츠성) ▶ 안동인의 전체적 문화역량이 높아진다는 게 의미죠(문화역량 강화) ▶ <u>800년 역사를 가진 탈과 탈춤을 지속적으로 계승 발전시킨다에 의미가 있다고 할 수 있죠</u>(전통문화 계승성) ▶ ……축제를 통해서 문화역량보존, 그것이 가장 필요하다고 보고요(문화역량 강화) ▶ 경제적 도움이 없더라도 이 축제는 계속해 나가야 한다. 길게 나아가면 역사가 있으면 나중엔 경제가 자연히 따라온다……(중략)……축제가 잘 상승돼서 문화가 되면 그 뒤 경제적 효과는 따라온다(전통문화 계승성) 〈경제적 의미〉 ▶ ……지역경제활성화가 목적이죠(지역경제활성화) ▶ 지역적인 차원은 경제적 이익이 수반돼야 하고……(수익성) ▶ (-) 단점은 특산품 축제에 비해 경제적 유발효과가 적다고 할 수 있죠[(-)산업성] ▶ 축제 자체가 자립도가 100% 되면 좋은데, 그렇지 않은 것들이 문제점으로 볼 수 있죠. 지금 현재는 대한민국 대표축제이기 때문에 정부에서 지원을 많이 받습니다. 정부에서 8억에서 4억 받는데, 대표축제가 아니면 8억이 아니고 3억에서 2억 정도로 다운이 되는데, 그만큼 어려움이 있을 것 같구요(경제적 자립성)

공급집단	지방정부	▶ 정부가 인정했으니까 당연히 성공적인 축제죠. 그리고 문화축제이면서 경제적 유발효과가 어느 정도 수준으로 높으니까 축제로 인해 안동은 성공했다고 볼 수 있습니다(산업성) ▶ 안동의 브랜드 가치가 상승되고……(지역브랜드화) ▶ (-) 경제적으론 축제를 통해……경제유발효과가 뛰어나지만, 특산물 축제에 비하면 경제적 효과가 적을 수밖에 없죠[(-)산업성] ▶ 경제적 유발효과가 630억 되는데, 그걸 떠나서 앞서 말씀드린 안동 브랜드이미지 상승효과는 금액으로 따질 수 없는데. 이 축제와 더불어서 가장 큰 게 특산물 중에서도 안동 간고등어입니다. 이건 축제가 있음으로 안동 브랜드와 더불어 일단 간고등어 안동 말고도 많이 있습니다. 안동이란 지명이 붙은 특산품은 다 히트가 되고 있습니다. 예를 들면 안동찜닭, 안동사과, 안동한우, 안동식혜 전부 안동축제랑 관계되죠. 그러니까 축제를 함으로써 안동의 지역브랜드이미지가 올라가면서 더불어 안동특산품의 가치가 올라가니 축제의 상승효과로 볼 수 있죠(지역경제활성화) 〈정치적 의미〉 ▶ ……지역이미지 홍보, 지역브랜드 홍보 효과가 외부적으로는 더 크죠. 내부적으로 시민들의 역량이 모아졌지만 밖으론 홍보효과가 첫 번째죠(지역홍보성) ▶ 축제는 특히나 민간에서 순수하게 해야 하기 때문에 정치적 그런 것은 없습니다(민간주도성) ▶ 지금 현재 대표축제 일단 즐기는 놀이축제 하나랑 전통문화축제이고, 이렇게 해서 안동과 보령이 뽑힐 걸로 알고 있는데, 그런 것처럼 문화기반을 가진 축제로 국가에서는 정확하게 잘 뽑았다고 생각하고 있으면…… 한국관광공사 입장에서는 세계적으로 국가 차원에서 홍보를 해 주는 게 좋겠다 생각합니다(지역홍보성) ▶ 예를 들면, 단체장 입장이랑 국회의원 입장은 다르지요. 단체장은 축제를 통해 지역이미지를 제고하는 것이 단체장님이 바라는 역할이라고 볼 수 있습니다(이미지제고성) 〈여가관광적 의미〉 ▶ 축제는 전체적으로 시민들이 참여함으로써 축제를 즐길 수 있는 거죠(여가향유성) ▶ (-) 일시에 너무 많은 관광객이 몰려들기 때문에 안동에서 수용하는데, 한계가 있습니다. 물론 축제기간에 숙박시설이 전체가 만원사례로 오고, 교통도 어려움이 있고, 현재 주차장은 1만 대 정도 주차시설이 있는데, 앞으론 축제장 주차시설에도 어려움이 있을 것으로 생각돼요. 4대강 개발하고 있잖아요. 낙동강 주변 주차하	

지방정부		고 있는 곳을 개발하면 생태공원으로 개발되어 주차장이 없어지는데, 앞으론 문제가 될 수 있습니다(관광 수용력 한계성) ▶ 안동축제로 100만 명 오는데, 그 축제 때문에 이미지가 홍보돼서 안동관광과 연관이 되죠. 안동 관광객은 연 500만 명 오고 있는데, 100만 명은 축제관광객이죠. 축제에 오면 딱 축제장만 보는 것이 아니라 연계해서 관광지와 연계하고 그것 때문에 숙박과도 연계되죠. 축제는 관광과 불가분의 관계에 있다고 보죠(관광산업 연계성) 〈기타 의미 - 환경적, 안전, 세계화 등 의미〉 ▶ 결국 우리 축제도 하나의 세계적인 축제 반열에 들 수 있는 기회가 일단 왔습니다. 대한민국 대표축제로서 세계 축제의 후보축제라고 보면 정확할 것 같습니다. 후보축제를 넘어서 세계축제로 가길 바라죠……(세계성)		

공급집단	축제위원회	■ 안동축제관광조직위원회 축제관계자 ■ 〈사회적 의미〉 ▶ 탈춤축제는 우리나라 지역축제가 그렇듯, 조금 우리나라가 90년대 말하고 2000년대 담론이 바뀌어 가는 과정인데, 시작은 정책그룹에서 담당했지만은 지금은 시민들에게 문제의식을 던져 주는 축제라고 판단을 하는 거죠. 사회가 축제를 바라보는 시각이 계속 변화해 왔기 때문에 꼭 이거라고 규정하기는 어려운 것 같아요……(축제주체 변화성) ▶ 저는 관광객보다는 지역민들이 행복하게 즐기는 게 훨씬 더 중요하다고 보는 거죠(지역주민 행복성) ▶ 사회문화적으로 축제가 가진 통합의 논리, 공동체 이런 것들은 글쎄요. 우리 사회의 전반적인 문제가 아닐까요. 이건 축제만의 문제가 아니라 지방자치단체가 자기 정체성을 확보하지 못한 상태에서, 지방자치단체 대표 이미지로 가는 이미지로 만드는 것은 현실적으로 어려운 거죠. 쉽게 말하자면, 공동체가 아닌 상태에서 공동체 축제를 지향하기는 어려운 거죠. 그런 측면에서 행정적 공동체와 문화적 공동체라고 할 수 있는 축제가 어떤 길을 모색해야 될 것인가에 대해서는 전부 논의가 필요한 부분이 있다고 생각하는 거죠(축제 공동체성의 재조명) ▶ 성공적인 축제의 요건은 축제 본질과도 관련이 되는데, 축제가 어떤 공동체를 지향할 것인가에 고심해 있는 것 같아요. 예를 들어, 한 마을단위에서 하는 축제가 있고, 지자체가 하는 축제가 있잖아요. 규모에 차이가 있는 거죠. 탈춤축제는 한 도시가 행하는 거잖아요. 무엇보다도 도시민들이 공동의 플레이를 가져야 하는 거죠(지역공동체성) ▶ 사회문화적, 경제적, 정치적, 여가관광적 측면 중에서	〈사회적 의미〉 • 축제 주체 변화성(1) • 지역주민 행복성(1) • 축제 공동체성의 재조명(1) • 지역공동체성(1) • 사회문화의미 중시성(1) 〈문화적 의미〉 • 문화향유성(1) • 한국문화 대표성(1) • 문화적 자부심(4) • 문화지향성(1) • 사회문화의미 중시성(1) 〈경제적 의미〉 • 문화산업성(3) • 상품가치성(1) 〈정치적 의미〉 • 문화정책성(2) • (-)문화정책성(1) • (-)정치이벤트성	▶ 한국문화대표성 ▶ 문화정책동력화

<table>
<tr>
<td rowspan="2">공
급
집
단</td>
<td rowspan="2">축
제
위
원
회</td>
<td>우선순위 부여나 중요성에 대해서는 우선 전제하고 싶은 것은 이런 4가지는 복합적이란 걸 전제로 깔고 싶구요. 굳이 거기서 여기서 순서를 나눈다면 역시 축제는 사회문화적 차원에 대해 진지하게 고심을 더 해야 하는 거죠(사회문화 의미 중시성)</td>
<td></td>
</tr>
<tr>
<td>

〈문화적 의미〉
▶ 지역민들에게 문화적인 축제를 통해서 문화적 발산을 하는, 말 그대로 축제 본연의 장을 만들고 싶은 거죠……(중략)……그런 축제가 가진 본질적인 문화적 가치를 추구하고 싶은 거죠(문화 향유성)
▶ 국가적으로 봤을 때는 한국이라는 지역이 문화적인 핵심을 담고 있는 고장이죠. 그래서 한국의 문화적 가치를 안동탈춤페스티벌이 담아낼 수가 있는 거죠. 문제는 뭔가 하면, 탈춤페스티벌이 과연 한국문화인가 하는 데는 고심을 해 봐야 하죠. 그건 내용에 대한 문제고, 전체적으로 안동지역이 가질 수 있는 입장들 이런 고심들에 대해서는 안동지역의 문화역사적인 입장들에 대한 분명히 한국문화를 대표할 수 있는 지역이라고 판단해도 무방하지 않을까요……(한국문화 대표성)
▶ 개인적으로 봤을 때는 안동이 굉장히 문화적으로 거듭나길 바라는데요, 탈춤축제는 그런 차원에서 굉장히 중요한 자신감을 줄 수 있는 행사라는 거죠, 탈춤축제가 지역민들에게 공감대를 얻게 됨으로써, 지역문화에 대한 가치를 새롭게 각인시킬 수 있는 계기가 될 수 있는 거죠(문화적 자부심)
▶ 긍정적인 부분은 아까 말씀드린 것처럼 지역민들이 문화에 대한 자신감을 얻게 된 거(문화적 자부심)
▶ 본질적 측면에선 여전히 실패를 반복하고 있더라도 지역민들에게 문화적 자신감을 심어 주고……(문화적 자부심)
▶ 저는 탈춤페스티벌이 성공하려면 세계적인 축제로 나아갈 충분한 테마를 가지고 있다고 생각하고 그리고 리틀코리아라고 해서 안동이 가진 문화적 배경 역시 굉장히 훌륭하다고 생각합니다(문화적 자부심)
▶ 문화성이 우선시돼야 하죠, 상품이 되지 않고 경제적인 이미지를 판단할 수는 없는 거죠. 경제적인 잣대라는 것은 상품에 대한 평가로서 하는 것이지, 질문하는 의도는 충분히 알 것 같은데 경제적인 잣대가 굉장히 중요하다는 것인데, 그걸 부정하는 것은 아닙니다. 더 고가의 상품을 만들기 위해서는 브랜드가치를 높여야 하고 브랜드가치를 높이려면 제품이 좋아야 한다는 것이죠(문화지향성)
▶ 사회문화적, 경제적, 정치적, 여가관광적 측면 중에서 우선순위 부여나 중요성에 대해서는 우선 전제하고 싶은 것은 이런 4가지는 복합적이란 걸 전제로 깔고 싶</td>
<td>

(1)
• (-)정책결정의 일방성(1)
• 정치동력성(1)
• 축제 지원시스템 활용성(1)

〈여가관광적 의미〉
• 유희성(1)
• (-)관광상품성(1)
• (-)서비스성(1)
• 관광객 주체참여성(1)
• 재미성(1)
• 관광자원 연계성(1)

〈기타 의미〉
• 삶의 진정성(1)
• 삶의 의미성(1)
• 축제의 교육성(1)
• 세계성(1)

〈종합〉
• 사회적 의미(5)
• 문화적 의미(8)
• 경제적 의미(4)
• 정치적 의미(7)
• 여가관광적 의미(6)
• 기타 의미(4)</td>
</tr>
</table>

		구요. 굳이 거기서 여기서 순서를 나눈다면 역시 축제는 사회문화적 차원에 대해 진지하게 고심을 더 해야 하는 거죠(사회문화 의미 중시성)		
공급집단	축제위원회	〈경제적 의미〉 ▶ 그러니까 어느 지역에서도 전통문화가 소중하다고는 생각하는데요, 전통문화를 활성화해서 지역을 발전시킬 수 있다는 자신감 , 가치, 방향성에 대해서는 논의한 바도 없고 최근에 와서 논의가 되고 있지만 그 부분에 대해서는 의견이 분분한데, 어쨌든 전체적으로 탈춤축제가 성공을 함으로써, 지역의 문화산업이 성공할 수 있다는 어떤 힘들을 지역민들에게 내보일 수 있는 장이 될 수 있는 거죠(문화산업성) ▶ 이제까지 소위 말하는 토목이나 설비구조에 어떤 행정 자치단체의 예산을 문화예산으로 돌렸다는 것은 굉장히 의미가 있는 거죠. 기존에 보도블록 까는 그런 비용들을 산업비용, 문화활동이나 문화산업활동으로 돌린 것은 축제가 기여한 큰 공로 중 하나이죠. 문화산업도 지역사회에 기여한다고 이해를 하는 거죠(문화산업성) ▶ 문화경제적 효과에 대한 가능성들을 만들어 줌으로써 지역 자체를 문화의 도시로 끌고 가고자 하는데, 어부 역할을 한 거죠(문화산업성) ▶ 경제라는 것은 사실 상품의 질이 좋았을 때 고가를 받는 거지, 돈 많이 달라고 해서 그 상품이 팔리는 것은 아니라는 거죠. 결국 축제상품이 얼마나 정말로 그 축제에 가까우냐가 경제적인 가치를 높이는 것이라고 생각합니다(상품 가치성) 〈정치적 의미〉 ▶ 지역민들에게는 정책적으로 문화도시 만들기라든가 그런 것들이 가능한 디딤돌이 될 수 있을 것이고……(문화정책성) ▶ 축제를 통해 문화도시 만들기에 대한 방향성을 알게 되고 모색하게 되었다는 것이고요(문화정책성) ▶ 97년 시작할 때 안동시민들 중에 50명이 안 되었다는 거죠. 그러니까 전통적으로 하회탈춤이 있기 때문에 한 번 해 보자고 합의를 본 건데, 이건 위에서 밑으로 내려가는 문화민주성이 드러나지 않고, 물론 이건 시대적 한계로 보는 거죠. 문화만들기가 전통적으로 훈련되지 않은 시민들에게 축제라는 시민적 공동체를 지향하는 문화가 어떻게 만들어질까에 대해서는 여러 가지 고심이 있어야 되겠지만, 하여간 과정상 그런 뉴스는 있었다는 거죠……(중략)……말하자면, 문화만들기를 경제개발논리처럼 끌고 갔다는 거죠[(-)문화정책성] ▶ 시민들이 아기자기하고 스스로의 자발성에 의한 프로그램 만들기가 아니다. 기획자에 의해서 이렇게 저렇게		

공급집단	축제위원회	해 보자고 결정을 해봄으로써 문화가 조금 재미가 없어진 거죠. 구호적이고 대중 호소주의적 이벤트로 흘러가지 않았나 반성은 하고 있고, 그걸 채우기 위해 저희들이 고심을 하고 있고요[(-)정치 이벤트성] ▸ 사회단체에서 요청되어 오는 것들을 우리가 취합하지 못하고, 시청이나 사무처나 일부 사람들에게서 일부 기획된 프로그램이 내려가는 어떤 과정들이. 더 많아지는 거죠. 이게 나쁘다는 것이 아니라 밑에서 올라오는 거랑 위에서 내려가는 거랑 교류가 되어야 하는데. 그런 것이 문제이구요[(-)정책결정의 일방성] ▸ 축제란 것은 정치적 집단들의 조합이라고 보는 거죠. 그게 문화축제라는 문화성으로 포장되어 있지만 내부적으로 정치적 집단들 간의 섬세한 접근이 요청이 되는 거죠. 그래서 기본적으로 정치인들이 문화단체에 참여하는 것을 나쁘다고 보지 않아요. 그건 당연한 현상이고 오히려 그들의 문화적인 동력들을 축제가 받아들이고 활용하는 그런 측면이 강해야 한다는 거죠. 그러니까 정치인이 되어서는 안 되지만 정치적인 지향점을 가진 사람들의 어떤 공간으로서 충분히 활용될 수 있다는 것도 괜찮은 방식이죠. 문화가 활성화되는 데에 있어서요. 사실 모든 일상행위는 정치행위이잖아요(정치 동력성) ▸ 한국 문화정책은 성공의 성과를 남기면, 그것을 더욱 지원해 주는 시스템이기 때문에 우리가 그런데 대해서 더욱더 노력해야겠죠(축제 지원시스템 활용성) 〈여가관광적 의미〉 ▸ 행복하고 유쾌하고 가슴이 막 뛰는 어떤 느낌들을 축제를 통해 발현하고 싶은 거죠. 그것이 가장 중요한 목적이고(유희성) ▸ 아쉬운 점이라면 축제가 문화적 본질을 치고 들어가기 이전에 이벤트형 축제로 갔다는 점이 아쉬운 점이고. 말하자면, 축제가 10일간으로 늘어났는데. 실제로 문화성을 생각한 축제는 현대사회에서 3일간을 넘어간 적이 잘 없는데, 10일간 갔다는 것은 문화관광에 대해 고려한 결정 또는 축제 내부적인 내용성에서 또 이런 것들을 충분히 고려해 가면서 운영프로그램이나 공연프로그램을 짠다는 거죠. 그런 것들은 과정적, 절차적으로는 이해가 되는 부분이지만 아쉬운 부분이라고 볼 수 있는 거죠 [(-)관광상품성] ▸ 탈춤페스티벌이 사실은 대표축제라고 하지만 관광객 대비태세나 서비스는 엉망이죠[(-)서비스성] ▸ 무엇보다도 관광객이 스스로 즐기게끔 만들게 하는 분위기를 조성하는 데는 실패했죠. 그 분위기를 만들려면 지역민들이 스스로 즐거움을 찾아야 하는데, 아까도 얘기했지만 기획된 프로그램 공연화된 경직성들을 탈피		

공급집단	축제위원회	하지 못함으로써 관광객들을 우리가 말하자면 금 밖으로 밀어내는 거죠, 너희는 이 금에서만 구경하라는 거죠. 그러다 보니 관광객들은 타자가 되는 거죠. 관광객들이 스스로가 주체가 되도록 만들어야 하죠. 그것에 대해서 실패하고 있는 거죠. 이것은 안동탈춤페스티벌의 가장 큰 문제고 향후에도 극복하기 쉽지 않은 문제에요……(중략)……산천어축제 같은 경우는 관광객들을 놔두어도 그래도 고기를 잡잖아요. 여기서는 공연에 대한 즐거움을 얻지 못하면 우리식으로 얘기하면 뻘쭘해지는 거죠(관광객 주체참여성) ▶ ……축제에 참여하고자 하는 사람들은 즐겁기 위해 가는 건데……(재미성) ▶ 세계적 축제에 가 보면 관광하기 위한 도시가 세계적 축제를 하는 거거든요. 니스도 그렇고, 브라질 리우도 세계 3대 미항에 속해 있는 거고, 그러니까 안동은 관광도시로서 자기 전망성도 갖고 있고(관광자원 연계성) 〈기타 의미〉 ▶ 또 축제를 통해서 사는 맛에 대한 고심도 해 볼 수 있을 것 같고 그런 것 같습니다(삶의 진정성) ▶ 지역민들에게는 탈춤페스티벌이 그런 축제가 가진 본질적인 장들을 실현시키는 것이고……(중략)……즐거운 거, 마치 대보름날 아이들이 쥐불놀이하는 그럼 심정들 그런 것들을 얘기하는 거죠. 매년 10월이 되면 축제가 있다는 생각만으로도 가슴이 따뜻해지는 거, 이런 거죠(삶의 의미성) ▶ 안동축제가 성공적인 축제가 되기 위해 탈을 만드는 방식을 가르치고, 탈을 쓰고 난 후에 놀 수 있는 방식 그리고 축제적인 분위기를 위한 축제복장에 대한 고심이 세 가지에 고심하고 있죠……(중략)……교육도 하고 동아리도 만들고, 교육을 통해 그런 문제들을 적극적으로 끌어낸다는 거죠(축제의 교육성) ▶ 한국문화의 본질, 메카로서 이미지도 있고, 한국의 축제는 아시아를 대표해서 정말 의미 있는 축제로 성공할 수 있을 것이라고 판단하는 거죠(세계성)		
	지역상인	◪ 안동상공회의소 관계자 ◪ 〈사회적 의미〉 ▶ 지역민들이 활발하게 축제를 만들어 가고 또 지역민들의 열기가 모여지는 그런 축제장이 되어야 되는데……(자발적 참여성) ▶ 사실은 탈춤이라는 그 하나 세계적인 각국의 탈춤이라든지 안 그러면 국내의 탈춤이라든지 이것을 좀 주제로 하고 그 외에 젊은이들이 참여할 수 있는 것을 특화하는 것도 바람직하지 않는 가 그리 생각합니다(자발적 참여성)	〈사회적 의미〉 • 자발적 참여성 (2) • 지역주민 주제 참여성(1) • 대동성(4) 〈문화적 의미〉 • 문화적 자부심 (3) • 지역문화홍보성	▶ 안동문화 홍보성 ▶ 지역 산업 경제성 ▶ 지역대표관광상품성

공급집단	지역상인	▶ 일반적으로 이 시민들은 그냥 객이 된다는 거죠. 사실은 축제를 좀 더 심화시키자면은 시민들이 주인이 되는 그런 축제가 될 수 없을까 하는가 그것에 시민들이 불만을 가지고 있죠. 왜 맨날 하는 사람만 하나, 우린 저기에서 배제된 사람인가. 그래서 시민이 주인이 되는 그런 축제로 만들어 갈 수 없을까 하는 게 고민이죠(지역주민 주체참여성) ▶ <u>남녀노소가 다 함께 할 수 있는 장을 만들어 줘야 한다. 어떤 특정 부분의 연령대라든지 뭐 이렇게 돼 가지고는 안 되죠. 남녀노소가 여기에 다 와서 즐길 수 있는 그런 문화를 만들어야</u> 사람들이 같이 가족들과 와서 몇 시간이나 같이 즐길 수 있지 않나(대동성) ▶ 어떻게 하면 같은 즐길거리로 만들 것인가 그게 고민이고 그렇게 되어야 되지 않겠나 하는 개인적 생각입니다(대동성) ▶ 참여하는 분들이 관광객들이 정말로 같이 동참하는 축제가 되어야 된다. 참여하여 즐기는 축제가 되어야 한다(대동성) ▶ 모든 사람들이 대동하는 다 함께 한마음이 된다는 그런 저거도 있을 수 있겠고, 그런 걸 통해서 대동의 화합된 마음에서……(중략)……즐기고 뭐 이렇게 깽판 즐기고 나는 가운데서 질서, 협동, 단결, 이런 가치가 있을 거란 말이죠(대동성) 〈문화적 의미〉 ▶ 안동에는 안동민속축제라는 고유한 축제가 한 40여 년 이어 왔고. 그중에 지방자치제도가 되면서 지방 고유한 관광객을 유치할 수 있는 지역상품을 만들어 보자 이래 가지고 탈춤을 가지고 탈춤축제를 만들어서 출발을 했지요(문화적 자부심) ▶ 안동의 문화를 탈춤이라는 걸 가지고 안동문화를 소개시킬 수 있는 장을 만든다. 이렇게 할 수도 있고……(중략)……어쨌든 안동을 소개하고 홍보하는 그런 축제다(지역문화 홍보성) ▶ <u>목적도 지역을 홍보를 하고 지역문화를 소개하고 또 안동의 고유한 문화적 가치를 홍보를 함으로써</u>……(지역문화 홍보성) ▶ <u>한국의 고유한 문화의 원형을 한번 보여 주는 장이다</u> 하면 국가적으로 생각할 것이고(지역문화 홍보성) ▶ 지방도 마찬가지로 <u>안동은 정신문화의 수도라 이렇게 하고 안동은 유교문화의 본고장이죠. 그래서 그런 탈춤이란 걸 내세워 가지고 안동 유교문화의 특성, 그 문화를 좀 소개를 하자</u> 그런 뜻이 있고……(문화적 자부심) ▶ 단점이라 하는 것은 지금까지 안동의 문화특성이 유교문화의 본고장인데 왜 탈춤이라는 기층문화라 할까요.	(4) • (-)문화적 보수성(1) • (-)지역문화 표출성(1) • 지역문화 특화성(1) • 문화역량 강화(1) • 창의성(1) 〈경제적 의미〉 • 수익성(4) • (-)수익성(2) • 지역경제활성화(2) • (-)지역경제활성화(2) • (-)주민소득증대(1) • 지역브랜드성(1) 〈정치적 의미〉 • 민간주도성(1) • (-)관주도성(1) • 범정부적 지원성(4) • (-)정치적 수단화(1) 〈여가관광적 의미〉 • 관광상품성(3) • (-)여가향유성(1) • 여가향유성(2) • 유희성(3) • 유인매력성(1) • 몰입성(2) • 관광자원 연계성(1) 〈기타 의미〉 • 세계성(1) 〈종합〉	

| 공급집단 | 지역상인 | 서민문화를 가지고 안동을 소개할라 하느냐 더 높은 고차적인 문화가 많은데, 서민문화를 가지고 그렇게 지나치게 안동의 전부인 양 소개를 하는 게 아니냐 하는 그런 쪽으로 비판적인 시각이 있구요[(-)문화적 보수성]
▶ 우리는 축제에 탈춤이라는 것은 하회탈춤이 하나의 조그마한 테마인데 그 안에 무궁한 테마가 포함되어 있다는 거죠. 그래서 너무 주제가 축제로 가지 않고 안동문화를 너무 짧은 시간에 보여 주려고 하다 보니까 관광객들이 너무 혼란스러운 거 아니냐 주제가 빗나간 게 아니냐 뭐 이렇게 생각하고……[(-)지역문화표출성]
▶ 이 기간 중에 한 5일이며 5일, 4일이면 4일 해서 집중적으로 탈춤만 가지고 특화를 하고 그 외에 안동문화, 안동민속 뭐 이런 건 별도로 뭐 이 자체적으로 봄에라든지 이렇게 구분할 필요가 안 있겠느냐(지역문화특화성)
▶ 인제는 과연 국민수준이 높아 가니까 역시 안동문화가 대단한 것이고 아 그것이 이 시대에 우리가 찾아볼 수 있는 우리 한국문화의 원형이라고 인식하게 되니까 사람들이 많이 찾아오고 그런 건 바람직하다 생각합니다(문화적 자부심)
▶ 우리가 추구하는 문화적 영향이라든지 또 안 그러면 여기서 우리가 추구하는 가치가 그 안에 뭐가 있을 거 아닙니까(문화역량 강화)
▶ 그런 아름다운 얘기가 400년 동안 후에도 그걸 가치가 있다고 축제를 만든 건데, 그럼 이 시대에서 그런 문화를 창출할 수 없겠느냐 그렇다면 그걸로 인해서 더 전문가도 많고 기술도 더 발전되어 있고, 그보다도 더 뭐한 것도 만들 수 있는데, 그걸 업그레이드해서 더 좋은 그런 문화, 지금 이 시대에 그 새로운 문화를 창출해야 되지 않겠나 그렇게 생각이 들죠(창의성)
▶ 지역문화축제도 지역문화를 소개하는 것도 그 지역을 찾아가도록 만들고 그 지역의 문화를 소개한다는 측면도 있으니까 그런 것을 축제에 잘 담아 가지고 관광객들이 짧은 기간이지만 그런 걸 느끼게 갈 수 있게 하는 것도 바람직하다(지역문화홍보성)

〈경제적 의미〉
▶ 사람이 많이 모이니까 그 기회에 안동의 특산품이라든지 지역의 그런 기회에 외지인들이 와서 많은 돈을 쓰고 가도록 해서 지역민들의 경제적 이득을 올리겠다 하는 그런 목적이 있죠(수익성)
▶ 안동이란 곳이 공장도 없고 여기서 먹고살거리도 없고 매년 인구가 줄어 가고 있는데, 이 관광객을 유치를 해 가지고 이 지역에 먹고살 수 있는 계기를 만들어 보자 이런 생각인 거죠(지역경제활성화)
▶ 장점은 역시 안동에 많은 관광객이 찾아온다는 것, 또 | • 사회적 의미(7)
• 문화적 의미(12)
• 경제적 의미(10)
• 정치적 의미(7)
• 여가관광적 의미(13)
• 기타 의미(1) | |

공급집단	지역상인	안동 문화를 소개할 수 있다는 것, 그 기회에 직·간접적으로 500억의 수입을 올릴 수 있다는 것, 이런 건 일단 객관적 평가를 가지고 그런 평가를 하고 있습니다(수익성)		

▶ 기간 중에는 이 축제장에 사람들이 많이 모이니까 안동 시내 상가의 손님 떨어지는 현상이 있다는 그런 일부 얘기도 있고……[(－)주민소득 증대]

▶ 사실은 이런 축제를 벌여 가지고 지역에 도움이 되어야 하는데, 축제에 전문적으로 따라다니는 전문꾼의 뭐 장이 아닌가[(－)지역경제활성화]

▶ 그런데 실제로 지역의 주민들한테는 장사하는 분들한테는 내하고는 아무 관련이 없다 실제 축제기간 동안에는 장사가 잘되어야 하는데, 오히려 재래시장에는 장사가 안 된다는 그런 얘기가 있거든요[(－)지역경제활성화]

▶ 그래서 그런 부분을 축제와 어떻게 접목시켜 나갈 것인가 그래서 인제 시장 쪽으로도 축제를 열어 주고 하는데 그 다른 데는 축제를 해서 거기에서 온 사람들을 어떻게든지 돈을 떨어뜨리도록 연구가 되는데 우린 그런 부분들이 부족한 게 아닌가 생각입니다[(－)수익성]

▶ 안동에 많은 사람들이 찾아오게 되는데, 이분들에게 어떻게 지역에 경제적으로 수익을 창출하게 한다든지 오시는 분들에게 기분 안 나쁘게 우리가 보여 주고 즐길거리를 만들 수 있는 그걸로 타당한 지역의 경제적 수익을 올려야 되는데, 그런 것이 부족하다 너무너무 부족하다[(－)수익성]

▶ 일본 마쯔리 같은 경우엔 아무것도 아닌 것으로 돈을 받아 내서 뭘 하나를 해도 돈을 뺏듯이……이런 건 기획이고, 다 전문가의 구상에 의해서 나온다는 거죠. 이것을 얼마든지 그런 수익을 창출할 수 있는 뭐가 있는데, 그런 것을 전문가들이 연구해서 돈을 받아 낼 수 있도록 해야 한다. 그것이 지역의 도움이 되고 그러면서 고용을 확대를 하고, 그런 뭐 어떻게 하든지 만들어 내면 되지 않겠나(지역경제활성화)

▶ 안동축제는 그런 걸 떠나서 국가적 축제가 되어 있기 때문에 자치단체장의 홍보성, 과시형 단계는 넘어섰다 봅니다. 그리 해서 시민도 시장 자기자랑 하려고 이렇게 보지 않고 안동축제만은 어느 정도 자체적 브랜드라 할까요, 지위를 가지고 주최되는 축제이기 때문에 안동의 자랑거리다 또 그렇게 생각하지 이것이 자치단체장의 역량을 과시하는 저건 아니다. 정치적인 그런 의미는 배제되었다 할 수 있죠(지역 브랜드성)

〈정치적 의미〉
▶ 관주도로 해오다 보니까 민간의 창의적인 생각이 수용이 안 되고, 거의가 답습 내지 고식적인 일방적인 그

		런 축제로밖에 진행이 안 되죠. 그래서 민간의 폭넓은 생각을 좀 받아들이고 이제 사업하는 분들 또 여기서 모든 축제와 관련된 이런 분들의 생각을 읽어서 축제에 접목을 해보자 그래서 민간화되었습니다(민간주도성)		
공급집단	지역상인	▶ 아직까지는 리드하는 관 자치단체의 유도하는 그런 쪽으로 따라가는 축제밖에 되지 않는가. 아직도 관주도형이라 그렇게 보고 있는 거죠[(-) 관 주도성]		
		▶ 정치적이라면 지원문제인데, 축제에 얼마만큼 정치적으로. 정책적으로 관심을 갖느냐 이런 문제입니다(정치적 지원성)		
		▶ 대한민국대표축제이고 연속 7회 연속 최우수를 받은 축제인데 그렇다면 적어도 국가적으로 관심을 기울여서 증가분들이 어떤 방향으로 축제를 발전시키고 국가적인 축제로 만들어 나갈 것인가 문관부에서 관심을 가져 줘야 하는데, 그런 게 전혀 없다는 거죠. 전부 안동시에만 맡겨 두고 돈 2억인가 5억인가 지원해 주고 정도로 그치고 있다는 말이죠. 마인드가 지역에 한정되어 있다는 거죠……(중략)……안동 이런 중소도시에 축제가 국가적인 대표축제가 되었으니 국가에서 정책적 지원 내지 입안 기획 이런 게 필요하다 그렇게 생각합니다(범정부적 지원성)		
		▶ 정부에서 전격적으로 문화관광단지가 조성이 되고 호텔도 들어서고 이렇게 되면 여기에서 사람들이 모일 수가 있고, 고택이라는 특수한 문화자원이 있으니까 그럴 걸로 인해 사람들이 방문하고 그래서 정책적으로 이곳에 지원만 된다면 이쪽에 관광수요가 충분히 많이 늘어날 것이라고 생각해요(범정부적 지원성)		
		▶ 적어도 화장실이다 취사실이다 부엌이다 체험시설이다 이런 공간을 정책적으로 지원해서 지어 주면 거기 와서 체험도 하고 숙식도 하고 여러 가지 즐길거리도 할 수 있겠나 그런 점을 생각해 봤죠(범정부적 지원성)		
		▶ 전문가들이 달라붙어서 기획하고 연출하고 요걸 좀 업그레이드시키는 것이 부족한 게 아니냐 그런 부분이 있기 때문에 문화관광부라든지 전문가들이 기획을 하고 이런 부분에 관심을 가져서 정부에서 정책적으로 지원해서 업그레이드시켰으면 좋겠습니다(범정부적 지원성)		
		▶ 지방자치제도가 되면서 지자체단체장들이 첫째, 사람들이 많이 모이고 즐기고 자치단체장의 역량을 과시하는 그런 쪽으로 해서 축제를 추진한 경우가 많지요[(-)정치적 수단화]		
		〈여가관광적 의미〉		
		▶ 축제를 개념정리라 할까요, 안동을 소개하는 관광상품이다 그렇게 할 수도 있고……(관광상품성)		
		▶ 지역에 많은 관광객이 오도록 만드는, 유인하는 그런		

공급 집단	지 역 상 인	하나의 동기를 부여한다 할까요, 관광객의 유인수단이 라 이렇게 생각하고……(관광상품성) ▶ 미흡하다는 것은 역시 우리 목표한 대로 오시는 분들 이 정말 즐길 수 있는 장을 만들어야 되는데, 축제라 는 것은 참여자들이 즐기는 장이 되어야 하는데 그런 마당이 되지 못하고 보여 주는 그런 정도의 축제다 [(-)여가향유성] ▶ 정부에서 전격적으로 문화관광단지가 조성이 되고 호 텔도 들어서고 이렇게 되면 여기에서 사람들이 모일 수가 있고, 고택이라는 특수한 문화자원이 있으니까 그 런 걸로 인해서 사람들이 방문하고 그래서 정책적으로 이곳에 지원만 된다면 이쪽에 관광수요가 충분히 많이 늘어날 것이라고 생각해요(관광자원 연계성) ▶ 외국인 관광객이 많이 늘어났고, 매년 입장객 수도 늘 어났고, 이런 외형적인 면만 보더라도 상당히 성공적인 축제라고 봅니다(관광상품성) ▶ 관광객들이 즐길거리가 뭐가 있어야 한다. 또 흥미를 유발하는 또 그런 게 있어야 한다(유희성) ▶ 사람들이 다 지금 현 도심에서 이렇게 바쁘게 생활하 고 타이트한 생활 또 이 풀어진 마음을 느끼지 못한 이런 도시인들에게 그래도 하루라도 잠시라도 거기에 서 풀어진 마음을 만들어 줄 수 있는 이런 저게 되어 야 하는데……(여가향유성) ▶ 안동축제는 아무리 내용 소재가 훌륭해도 사람들을 사 로잡고 매료되게 하고 그 사람들이 빨려 들어갈 수 있 는 이런 제걸 못 만들어 주고 있다(유인 매력성) ▶ 지금까지는 계속 탈춤공연장이다 뭐다 해 가지고 보여 주는 것으로 했는데, 그걸 난장을 만들어 가지고 같이 즐길 수 있는 그런 축제장으로 만들 수 없을까 그리 돼야 사람들이 빠져들지 않을까 그렇게 생각합니다(몰 입성) ▶ 머드축제는 그 일반 말짱한 마음으로 바닷가에 가 가 지고 비키니를 입고 있으라 하면 있을 사람 없단 말이 에요, 누구누군지 어렴풋이 알지만 그렇게 한번 즐기는 것도 있고 이럴 때는 남녀노소 할 것 없이 자기 신분 이 노출되지 않고 거기는 상하귀천이 있을 수도 없고 돈이 다 필요 없는 그런 건 만들어 줬다는 거……(중 략)……그럼 우리도 탈춤이라는 즐거운 장을 우리가 보여 줄 것이 아니라 전부 오는 사람들한테 그 장을 만들어 주자면……(몰입성) ▶ 어쨌든 주는 즐기는 쪽으로 가야 하지 않을까 생각해 요(유희성) ▶ 사실 우리 일상 중에서 얼마만큼 그런 즐거운 시간을 만들 수 있겠나 그런 생각이죠……(중략)……그 자리 에 나왔을 때 즐겁고 행복한 시간을 만들어 주자(유희 성)		

공급집단	지역상인	▷ 안동에만 오며는 한 이틀 정말 행복한 시간, 즐거운 시간을 만들 수 있다. 두 시간이면 두 시간 즐길 수 있는 그런 공간을 장기적으론 상설화하는 것도 바람직하다. 그리해서 앞으로 도시민들이 안동에 이걸로 인해서 관광객을 유인할 수 있는 저게 될 수 있다 그렇게 생각합니다(여가 향유성) 〈기타 의미〉 ▷ 저는 안동축제는 아주 성공한 축제라고 봅니다. 앞으로도 개발가능하고 발전가능한 축제라고 보고, 세계적인 축제가 될 수 있다고 봅니다(세계성)		
매개집단	지역 N G O	▣ 안동 문화지킴이단 관계자 ▣ 〈사회적 의미〉 ▷ 축제라는 것이 타의든 자의든 하나의 놀이판이잖아요, 안동축제에 괜찮은 것이 농악경시대회가 있어요. 동, 읍면단위로 경시대회를 해요. 이와 같은 것들은 하나의 경쟁도 되지만 하나의 안동시 전체를 풍물로 묶어 주는 그런 역할을 하죠. 그래서 아주 긍정적 측면이 강하다고 볼 수 있죠(지역주민 화합성) ▷ 국가적 측면에서는 지역축제가 지역의 특성을 발전시키는 그런 축제로 발전하면 좋죠. 그래도 지역의 축제라는 것이 어쨌든 다른 지역을 모방하더라도 그 지역의 특성은 나타내고 있거든요(지역 정체성) ▷ 지역적 차원으로 본다면, 국가적 측면과 같죠. 자기 지역만이 갖는 독자성을 지닌다는 측면에서, 실제 나타내잖아요? 그러면서 다른 쪽에 비판도 받고 그러다 보면 자기의 정체성을 드러낼 수 있죠. 대부분 지역들이 보면 자기의 지역문화를 쉽게 드러내지 못하거든요. 이런 축제를 통해서 내면세계까지 드러낼 수 있는 좋은 계기가 된다는 거죠(지역정체성) ▷ 개인적으로는 내가 일 년에 한 번씩, 가족과 혹은 친구들과 놀이판은 아니지만, 전체 구성멤버로서 참여할 수 있다는 점에서 사심 없이 참여한다는 측면에서 의의가 있지 않을까요(자발적 참여성) ▷ 일본 마쯔리 같은 이런 축제를 보면, 각자가 만들고 함께 참여하는 축제가 되어야 해요……이런 축제들이 성공을 하는 거죠(자발적 참여성) ▷ 지금은 대부분 관광축제죠, 지역민과 함께 어우러지지는 않고 관광객을 위한 축제고, 대부분 경제적 요소를 강조하다 보니까……(대동성) ▷ 지역민뿐만 아니라 가족, 친지, 사위, 딸들까지 다 같이 와요……오면 재미있잖아요. 음식 그냥 주고, 기분 좋으면 기부하고……우리나라 대보름 축제처럼 그런 축제들을 살려야 해요(대동성) ▷ 인원참여 면에서 자발적으로 하고요, 동, 면단위 지역주민들이 자발적으로 잘 참여하죠(자발적 참여성)	〈사회적 의미〉 • 지역주민화합성(1) • 지역 정체성(2) • 자발적 참여성(4) • 민중 자발적 참여성(1) • 대동성(3) • 지역화합성(1) 〈문화적 의미〉 • 문화보편성(1) • 제의성(1) • (-)제의성(1) • (-) 문화적 전시성(1) • 축제의 본질성(1) • 문화적 자부심(2) • 지역문화 홍보성(4) • 문화소통성(1) • 축제의 장소성(1) • 비교문화성(1) 〈경제적 의미〉 • 지역경제활성화(3) • (-)경제적 갈등성(1) • 경제적 양면성(1) • (-)축제의 상	▷ 안동문화의 세계화 ▷ 대동적 화합성

| 매개집단 | 지역NGO | ▶ 일단은 지역민이 함께 참여할 수 있는 장이 마련돼야 하고, 학생부터 군인들까지 있어야 하고……(대동성)
▶ 지역적으로 우리 지역민들이 한자리에 모일 수 있는 자리이고,(지역화합성)
▶ <u>축제가 자발적으로 이루어짐으로써 국가의 돈이 아니라 지역민들이 자발적으로 모으고 관광객들의 주머니를 털어서 축제를 만들어 가는 진짜 밑으로부터 함께하는, 진짜 축제가 서민들이 만들고, 가진 자들과 지도층들이 녹아드는 그런 축제가 되어야 합니다. 정치인이나 지도층에 의해 이끌려 가는 축제가 많아요. 옳은 지도자라면 지역민들이 이끌어 가는 축제를 간접적으로 지원하는 축제가 되어야 해요</u>(자발적 참여성)
▶ 축제는 항상 전제되어야 할 게 시민들의 자발성을 근거로 한 서민들의 축제. 하회탈춤을 가장 오래 버틸 수 있었던 게, 하회마을을 풍요롭게 해 준다는 제의적 신앙심을 바탕으로 해서 서민들이 춰 왔다는 거죠. 지식층이나 지도층은 지역이동을 자주해요. 지역문화를 갖고 오래 버티는 사람들은 민중들이라는 거고, 그런 민중들로부터 뿌리박힌 요소들을 찾아내서 축제화될 때 정말 좋은 축제가 된다는 거죠. 안동축제는 민중들이 많이 참여하는 축제이죠. 탈춤기간에는 만나는 장소도 그쪽에서 만나고 축제도 보고 술도 한잔하고 그렇죠……(민중 자발 참여성)

〈문화적 의미〉
▶ 지금 전국적인 축제가 뭐 보편적이지만 안동축제라고 하는 것 특히 탈과 관계된 탈춤과 관계된 축제라 할 수 있고, 지역축제를 넘어서 전국화된 탈춤과 관계된 축제다(문화 보편성)
▶ <u>지금까지의 탈춤들은 전국 각 지역에 우리 공동체 문화에 무속신앙의 일환이죠, 전통문화의 일환인데, 제의성이 강한 그런 것들을 하나의 개별화된 놀이로 함께 모아 놓았다 이렇게 볼 수 있죠. 그래서 제의성이 조금 떨어지는 축제가 아닌가 하는 그런 생각을 갖고 있죠……(중략)……정말 축제가 되려면은 신과 함께하는 축제가 돼야 가장 좋죠</u>[(-)제의성]
▶ 세계적인 축제로 발전하기 위해서는 우리가 함께 믿는 어떤 마음을 하나의 구심, 신이라는 그 앞에 구심점으로 시작된 게 축제라는 걸 그렇죠. 근데, 지금의 축제들은 각 요소들 일종의 부분이죠, 단락들을 모아 놓은 전시된 축제가 아닌가[(-) 문화적 전시성]
▶ 제가 인제 그래도 최고의 축제라고 본다면 강릉 단오제 그것이 정말 우리나라에서는 정말 제와 놀이가 함께하는 그런 축제가 아닌가 하는 생각을 해 봐요……(축제의 본질성)
▶ 제가 볼 때는……그리고 이를 통해서 안동의 문화를 | 행위성(1)
• (-)지역경제효과 양극화(1)
• (-)경제적 의미부여 탈피성(1)

〈정치적 의미〉
• 축제의 비정치 수단화(1)
• 지역홍보성(1)
• 정치논리 탈피성(1)

〈여가관광적 의미〉
• (-)여가향유성(1)
• 관광자연계성(1)
• 관광객유치성(1)
• 놀이성(1)
• (-)관광연계성(1)
• 축제의 흥분성(1)

〈기타 의미〉
• 소재의 세계성(1)
• 축제의 단순성(2)
• 지역자긍심(1)
• 전시성(1)
• 축제의 변화성(1)
• 축제의 자부심(1)

〈종합〉
• <u>사회적 의미(12)</u>
• <u>문화적 의미(14)</u>
• 경제적 의미(8)
• 정치적 의미(3)
• 여가관광적 의미(6)
• 기타 의미(7) | |

매개집단	지역NGO	알려 주는, 그 응집력을 보여 주는 그런 축제다(문화적 자부심)		
		▶ 안동문화를 알릴 수 있다는 거죠, 안동문화는 양질의 문화를 알릴 수 있다는 거죠(지역문화 홍보성)		
		▶ 지금까지 안동은 고정적이잖아요……변할 수 없는 유교문화가 강하게 뿌리내리고 있는데, 새로운 측면으로 다른 외부세계와 만날 수 있는 장인데……그게 접목을 한다면 실제 노력을 하고 있어요……안동민속축제도 같이 하거든요……그러니까 볼거리가 더 많죠……우리나라에선 너무 보여 주기 위한 축제가 있는데, 그게 단점이죠……(문화 소통성)		
		▶ ……축제는 제의와 놀이적 요소가 동시에 가미되어야 하고……(제의성)		
		▶ 장소도 너무 티켓을 팔기 위한 쪽보단 자발적으로 참여해서 안동의 좋은 문화를 알리는 장이 되어야 하고 축제를 보고 난 이후 안동의 문화와 함께할 수 있는 그러다 보면 안동의 문화도 팔게 되고……(지역문화 홍보성)		
		▶ 하회라는 좋은 장소를 잘 이용한다면, 안동의 거리축제로 할 수 있다면, 대부분 서양의 성공한 축제는 따로 세트장를 만들지 않죠, 그런 자연적 공간 자체를 폐쇄하고 그 공간을 활용하는 거죠. 우리 동네 축제도 마찬가지죠. 평상시에는 일터이고 축제공간이 되죠, 그것이 정말 아름다운 것이 아닌가요……모든 것이 마찬가지죠, 축제도 같은 공간이지만 새롭게 꾸며 놓았을 때 그것이 정말 아름답죠, 원래 인위적으로 만들잖아요. 요새 영화 '워낭소리'가 뜨고 있죠, 난 일부러 보러 가지 않죠, 우리 주위의 소리가 워낭소리죠……안동주위엔 그런 게 너무 많아, 그런 걸 발굴하지 못하는 게 안타깝죠(축제의 장소성)		
		▶ 세계적으론 탈춤을 모아 가지고 한자리에 보여 준다는, 비교가능하도록 한다는 것(비교문화성)		
		▶ 국가적으론 우리의 문화를 다른 외지, 세계관광객들에게 보여 준다는 게 의미이고……(지역문화 홍보성)		
		▶ 개인적으론 오늘처럼 인터뷰도 할 수 있고, 이걸 통해 안동문화를 지키는 NGO 단체로서 위상도 올라갔고요 (문화적 자부심)		
		▶ 안동문화가 외부적으로 알려지고, 그를 통해서 대번 받아들이지 않잖아요. 탈춤을 보러 왔다가 안동문화를 또 접하게 되죠. 그러면서 안동문화에 관심을 갖게 되고, 그런 효과로 안동의 숨은 문화가 외부에 알려지게 되고……(지역문화 홍보성)		
		〈경제적 의미〉		
		▶ 일단은 지역의 경제적 측면이 강조된 축제가 아닌가 싶네요, 가장 중요한 게 그게 아닌가 싶어요……(지역		

매개집단	지역NGO	경제활성화)
		▶ 외부손님이 많이 오니까 경제적 측면의 파급효과이겠죠(지역경제활성화)
▶ 경제적 문제를 일반 정치인들이나 일반 주체자들이 이야기함으로써 당장은 큰 이익을 볼 수 없는 상인의 측면에서는 갈등의 요소가 될 수 있죠. 시장 같은 경우는 축제장에 몰리기 때문에 실제 장사가 안 돼요. 그러다 보니까 이분들은 당장은 불만이 생기죠……[(-)경제적 갈등성]
▶ 세계 축제도 마찬가지고 한쪽에서는 손해를 보고 다른한쪽에서는 긍정적인 요인으로 볼 수 있다는 거죠……(경제적 양면성)
▶ 우리나라에선 축제에 대한 개념들이 제대로 적용되는곳이 없는 것 같아요……가까이는 봉화송이축제라든지, 곤충이라든지……일반인들이 돈을 쓰게 하는 것으로 변질되는 것 같아요……축제의 본질적 의미가 없는 거죠……상행위죠……시장축제죠……그런 면에서안동축제는 다른 축제보다는 낫죠……[(-)축제의 상행위성]
▶ 경제적 측면은 안동에 사람들이 오니까, 장기적으로 관광객이 늘어나서, 안동에 긍정적 측면이 있죠(지역경제활성화)
▶ 지역민은 무덤덤하다고 봐야죠. 또 인쇄업이나 이런 데서는 좋아하죠. 참여 식당 쪽에선 그래도 낫다고 하는데, 참여하지 않은 식당은 불만이 많죠. 상인들은 장사가 안 된다고 불만을 표하기도 하죠[(-)지역경제효과 양극화]
▶ 우리 축제가 문제가 되는 게 자꾸 경제적 요소를 따지니까 점점 힘들어져요. 만드는 사람들은 더욱 힘들어져요. 안 오면 어떻게 할 거예요[(-)경제적 의미부여 탈피성]

〈정치적 의미〉
▶ 축제 자체를 정치적으로 이용하는 것은 매우 악하죠(축제의 비정치수단화)
▶ 정치적으로도 의미가 있죠. 원래 안동지역 국회의원이 5명이 됐는데, 그리고 안동브랜드가치가 상승했죠(지역홍보성)
▶ 축제도 정치적 힘이나 외부적 힘의 논리에서 이루어간다면 축제 본질을 잃어버리고 장기적으론 안 된다는거죠(정치논리 탈피성)

〈여가관광적 의미〉
▶ 단점이라면 우리나라 대부분의 축제가 그렇죠. 보여 주기 위한 참여가 부족한 것이 단점이다. 시민 전체가,예를 들면, 구성멤버들 전체가 함께 쉬어야 해요. 애서 | |

매 개 집 단	지 역 N G O	부터 어른까지 함께 쉬면서 그 내면세계를 다 드러내죠. 평상시의 추악한 면까지 다 드러내야 해요······아직까지는 거기까지는 못 간 거 같네요[(−)여가향유성] ▶ 실제 축제기간 동안 일반 관광지와의 연계 프로그램이 없죠······물론 셔틀버스를 이용해서 관광지를 돌긴 하지만 좀 더 확대되어야 하죠······저 같은 경우 진짜 탈춤축제를 한다면 하회탈춤 있잖아요 그걸 중심으로 해서 온 전체가 자연적인 축제가 되어야 하는데, 우린 보통 세트장이잖아요. 그게 아닌 하회라는 자연공간에서 하게 되면 감동이겠죠······(관광지 연계성) ▶ 인원동원 면에서 그렇죠······(중략)······관광객 면에서 전국 1위 축제라고 하다 보니까(관광객 유치성) ▶ <u>제의와 놀이적 요소가 동시에 가미되어야 하고</u>······(놀이성) ▶ 연계프로그램이 부족한 면이 있지만, 외부사람들에게 알려 찾아오도록 하는 게 강하죠[(−)관광연계성] ▶ <u>한 달 전부터 축제가 오기 전부터 들떠야 하고, 그래서 준비를 해서 가야 하고 이렇게 돼야 해요</u>(축제의 흥분성) 〈기타 의미〉 ▶ 장점은 하나의 탈이라는 소재를 가지고 국내는 물론 국제적인 탈을 한자리에 모아서 탈이라는 핵심으로 모인다는 점에서 큰 장점이 있다. 이건 아주 잘 하는 거죠······축제가 아주 단순성의 반복이잖아요. 탈이라는 하나의 주제로 모인다는 건 장점이고······(소재의 세계성) ▶ 안동축제뿐만 아니라 전국 축제의 문제는 너무 복잡해요······축제는 단순하면서도 반복적이어야 해요. 단순한 행동의 반복이죠······외국축제도 단순한 춤의 반복이잖아요······토마토 축제도 마찬가지에요······어린애들 장난하는 것처럼, 그게 사람들의 공감이 돼요. 우린 그런 것들을 생각하지 않아요······(축제의 단순성) ▶ <u>너무 복잡해선 안 된다. 단순한 동작의 반복을 통한 쉽게 참여할 수 있는 축제가 되어야 하죠</u>(축제의 단순성) ▶ 강릉단오제도 실패하는 이유가 외부관광객을 자꾸 의식하다 보니까, 실제는 축제가 되려면 지역축제가 잘되면 외부 관광객이 자연히 따라오거든요. 먼저 관광객을 의식하죠. 관광객이 안 올 거라고 생각하죠(축제 정체성 우선성) ▶ 일반시민들은 자부심은 가질 수 있죠······(지역 자긍심) ▶ ······또 일부 보이기 위한 축제가 줄어든다는 거죠······(전시성) ▶ 작년엔 이렇게 했는데, 올핸 이렇게 돼야 하는 것처럼 변해야 하죠(축제의 변화성) ▶ 그래도 다른 축제에 비해 자부심은 있다고 보고 있죠(축제의 자부심)	

매개집단	지역언론	◼ 안동인터넷뉴스 축제관계자 ◼	⟨사회적 의미⟩	
			• 지역사회화합성(1) • 대동성(1) • (-)지역 내 갈등성(1) • 지역주민화합성(1) • 자발적 참여성(1)	

⟨사회적 의미⟩
▶ 안동을 대외적으로 알리고 안동축제를 통해서 하나로 밀집을 하는 거죠(지역사회 화합성)
▶ 축제를 통해 모든 지역민들이 축제장에서 하나가 되는 그런 것이라고 보면 되겠어요(대동성)
▶ 지역 내의 갈등 이런 거, 지역 내의 갈등은 있죠, 축제장의 부스, 축제장에 참여하는 사람들은 장사가 잘되면 좋아하겠죠, 대신 축제를 통해 피해를 보는 사람들은 있겠죠, 경제적으로, 그런 분들은 탈춤에 대해 욕을 하고, 비방하고, 이런 축제 왜 하나? [(-)지역 내 갈등성]
▶ 축제를 바라보는 긍정적으로 바라보려고 노력하고 같이 주민들이 화합해야 하고……(지역주민 화합성)
▶ 가끔 축제장에 가면 외국인들은 춤을 춰요, 외국인들의 마인드가 같이 흥겨워하는 그런 마인드가 있거든요, 우리나라 사람들은 사진만 찍고 이러지 춤추고 이러진 않아요, 남들이 춤추는 거 구경만 하고……(자발적 참여성)

⟨문화적 의미⟩
▶ 안동이 한국정신문화의 수도고, 하회마을에 여러 가지 문화재들이 전국에서 많은 도시거든요(문화적 자부심)
▶ 안동이 가진 색깔, 전통, 문화, 그리고 그런 모든 것들을 하나로 밀집해 놓은 축제라 볼 수 있는 거죠, 탈춤축제 안에는 안동인들만이 가지고 있는 고유의 정신 그리고 어떤 문화, 이런 것들이 다 포함되어 있죠, 밀집되어 있다고 볼 수 있죠(안동문화의 집약성)
▶ 제대로 하면 충분히 북부지역의 각 문화재를 알리는 데는 큰 도움이 되겠죠(지역문화 홍보성)
▶ 국가적으로는, 얼마 전에 안동에 영국의 엘리자베스 여왕이 다녀갔지 않습니까, 한 가지 예를 들면 영국에 갔어요, 황실 측에서 왕족체계니까 황실 측이 총 실세들이거든요, 그쪽에서 한국에서 귀빈들이 왔으니까 반기러 나오시는 거잖아요, 우리나라에서는 도지사가 시장보다 훨씬 더 높은 직책이지만, 영국에선 안동시장이 최고입니다, 국제적으론 안동이, 한국 안에 가장 한국적인 지역이 안동이거든요, 그래서 엘리자베스 여왕이 안동을 선택을 했고, 엘리자베스 여왕이 안동을 다녀감으로써 대외적으로 충분히 홍보가 됨으로써 요번에 그런 풍경이 일어난 거고, 안동의 위상이 많이 올라간 거예요, 가장 한국다운 한국이라고 보면 되요, 코리아 인코리아(Korea in Korea), 그게 안동입니다(문화적 자부심)
▶ 그동안에 안동이 덜 알려졌던 문화라든가 여러 가지를 축제를 통해 알리니까, 그런 면에서 난 자부심을 느끼

⟨문화적 의미⟩
• 문화적 자부심(4)
• 안동문화의 집약성(1)
• 지역문화홍보성(1)
• 문화자원성(1)
• 문화계승성(2)
• 문화재현성(1)
• 문화적 의미성(1)

⟨경제적 의미⟩
• 수익성(3)
• 문화산업성(1)
• 산업성(1)
• 지역경제활성화(1)
• (-)경제적 자립성(2)

⟨정치적 의미⟩
• 관주도성(1)
• 축제 자체의 정치성(1)
• 지역홍보성(1)
• 행정적지원성(1)

⟨여가관광적 의미⟩
• 외국인의 흥미유발성(1)
• 체험성(1)
• (-)체험성(2)

▶ 한국문화의 대표성
▶ 축제의 유희성
▶ 전통문화의 문화산업화

| 매개집단 | 지역언론 | 고……(문화적 자부심)
▶ 5일 동안 민속축제를 하면서 잊혀 가는 우리 전통문화를 재현을 계속 해요. 탈춤기간 중에. 그런 것들이 행사를 통해서 해야지만 뭐 아직 문화에 대해서 대개 멀리하게 되요. 안동이 안 하면 저희 안동에서 볼 때면. 이런 축제를 안동에서 안 하면. 어디서 하겠습니까? 가장 코리아인코리아이니까, 모든 것이 안동에서는 이쪽으로 포인트를 맞춰서 추진하는 이유가 안동은 코리아인코리아이고 엘리자베스 여왕도 다녀갈 정도로 한국에서도 가장 한국다운 그런 안동으로 생각했기 때문에. 그래서 안동은 그런 쪽으로 특화를 해야겠다(문화적 자부심)
▶ 여기는 축제와 관련된 자원이 없는 상태에서. 문화자원 밖에 없거든요. 그 자원을 가지고 보여 주기 위한 처음 공연을 시작하다가. 문화적으로 의미가 있으니까. 원래 문화라는 게 그렇잖아요. 의미를 많이 두거든요. 의미를……(문화자원성)
▶ 영국 가면 안동. 탈춤, 하회가 서울만큼 인지도가 있거든요. 그런 면에서 코리아인코리아. 안동……안동 하면 하회탈춤(국가 대표 문화성)
▶ 국가적인 측면에서는 잊혀 가는 우리 전통문화를 안동에서 자꾸 발굴하고, 이걸 통해서 발전시키고 국가적 차원에서 의미가 있구요(문화 계승성)
▶ <u>잊혀 가는 우리의 전통문화. 자산. 문화재 이런 모든 것들을 탈춤축제장에 오시면 재현이 돼요. 그게 탈춤축제든 민속놀이든……탈춤축제장에 오시는 분들은 우리의 잊혀 가는 전통문화를 보기 위해 오시는 분들도 있어요. 그분들은 봐 왔고, 그게 관찰하기 위한 거예요. 그래서 문화적인 의미는 되게 있죠(문화재현성)</u>
▶ 문화라는 게 그렇지 않습니까. 고리타분하고 재미없고. 그런 걸 안동에서는 이어 가고 있는 거죠. 축제를 통해서요(문화계승성)
▶ 봉화의 고기잡이축제도 네모로 막아 놓고 거기에 고기를 풀어 놓고 확 잡는 거예요. 막 바로 구워 먹고. 체험이죠……(중략)……경남 고성에 공룡축제도 제가 가 보았지만 크게 볼 건 없습니다. 공룡의 발자국이 있다고 내세워서 자꾸 공룡축제를 하는데. 공룡이라는 소재를 통해 애들을 상대로 하는 거죠. 우리나라에 의미를 두고 하는 축제는 안동밖에 없다고 생각합니다. 나머진 전부 상업적인 축제예요. 그 지역에 경제적인 목적을 위한 상업적인 축제지만. 안동처럼 문화적인 의미를 두고 하는 축제는 우리나라에 하나도 없습니다(문화적 의미성)
▶ 안동이라는 곳은 가장 한국다운 고장이다……(중략)…… 안동에서는 우리 잊혀 가는 전통. 문화 이런 걸 교육상 접해 볼 수 있으니까(문화적 자부심) | • (－)흥미유발성(1)
• 유희성(2)
• (－)체험프로그램 개발성(1)
• 체험프로그램 개발성(1)
• (－)관광자원 연계성(1)
• (－)체류관광성
• 재미성(1)

〈기타 의미〉
• 지역홍보성(2)
• (－)축제콘셉트의 변화성(1)
• 창의성(1)
• 풍부한 자원성(1)
• 프로그램의 매력성(1)
• 관람형 축제성(1)
• 대표 축제성(1)
• 교육성(1)

〈종합〉
• 사회적 의미(5)
• <u>문화적 의미(11)</u>
• <u>경제적 의미(8)</u>
• 정치적 의미(4)
• <u>여가관광적 의미(11)</u>
• <u>기타 의미(9)</u> | |

매개집단	지역언론	〈경제적 의미〉 ▶ 안동이 가지고 있는 문화 이런 것을 상품화해서 쉽게 얘기해서 안동 입장에서는 관광수익을 올리고……(수익성) ▶ 안동이 지금 공장이 없어요. 안동이 있는 북부지역은 전국에서 낙후도가 가장 높은 지역입니다……(중략)……여기에서 저희가 안동하고 북부지역이 살아갈 방법이 뭐냐 하면, 이게 장점이 될 수 있거든요. 자연 그대로의 환경 잘 보존된 문화재, 오지인들만이 가지는 그런 독특한 지역성, 이런 것들은 충분히 상품화될 수 있다고 보거든요. 탈춤도 마찬가지로 이런 걸 통해 가지고 안동도 그렇게 발전해 가려고 활용해 가면서, 여러 가지 사업들이 만들어지고 있고……(문화산업성) ▶ 안동에서의 탈춤은 하나의 북부지역이 갈 살길이라고 보시면 돼요(산업성) ▶ 안동의 탈춤축제가 10억 내외, 13억 정도 예산으로 탈춤을 하는데, 안동시가 탈춤축제기간에서 벌어들이는 수익이 100억이 넘습니다. 경제적인 측면이 탈춤축제에서의 장점이 되겠죠(수익성) ▶ 지역경제활성화. 일단 외부에서 관광객들이 오니까, 모든 경제가 조금은……근데 장사하시는 분들은 오히려 안 되신다는 말도 있구요. 근데 모든 의견을 들을 순 없거든요. 그만큼 관광객이 안동을 찾아왔다는 것은 기름을 넣더라도 주유소를 한번 더 이용하겠구(지역경제활성화) ▶ 앞으로 축제예산도 끊겨요. 축제가 자생해야 하는데, 어떤 경쟁력이 있느냐. 왜냐하면, 하나의 재단법인이고 앞으로 탈춤을 이끌어 가는 데 예산 없이 지원 없이 가능할 것이냐[(-)경제적 자립성] ▶ 관광객들에게 알려지고 이걸 통해서 많은 관광객들이 안동을 방문했을 때, 안동의 입장에서 봤을 때는 큰 관광적인 수입이 들어오는 거고……(수익성) ▶ 보령은 돈 안 들지 않습니까? 그런 축제는 나라에서 예산을 끊어도 이어 갈 수가 있겠죠. 왜냐하면 그냥 해수욕장에 있는 진흙을 막 이용하는 거죠. 하지만 여기는 지원 없이는 안 돼요[(-)경제적 자립성] 〈정치적 의미〉 ▶ 안동시에서 콩나라 팥나라 다하고 어떤 식으로 방향까지 설정까지 다해 주고 있거든요. 그 정도로 시에서는 되게 중요한 축제고 사업이고……(관 주도적 개입성) ▶ 정치적인 면이 있을 순 있겠죠. 여기는 조직위원회 위원장이 안동시장님으로 되어 있기 때문에, 이 축제가 잘되면 시장님도 정치인이고, 축제가 잘되면 시장님도 뜨고, 축제가 안 되면 자기의 정치적인 생명에 가해가 되겠죠. 그런 부분이 있겠죠(축제 자체의 정치성)		

매개집단	지역언론	

▶ 탈춤축제를 통해 많은 홍보를 하고 관광객들을 유치할 수 있고, 그 모태가 되겠죠……(중략)……축제를 통해 가지고 안동을 알리고(지역홍보성)

▶ ……행정적인 지원 그리고 관계자들이 축제안전에 최선을 다해야 하고……(행정적 지원성)

〈여가관광적 의미〉

▶ 탈춤이라는 하회별신굿이라는 게 한국 사람들은 큰 흥미를 못 느껴요. 외국사람들은 관광객이 와요. 외국인들은 축제를 보면서 코리아인코리아이니까 뭐든지(외국인의 흥미유발성)

▶ 탈춤축제에 탈춤이 빠지면 안 되잖아요. 공연장에서 보는 탈춤은 보기 위한 탈춤 아닙니까. 관람하기 위한 탈춤 이런 경우는 한계가 있다는 거죠. 보는 사람들이 다 보고 가면 그다음부터는 별로 관심도가 많이 떨어져요(체험성)

▶ 탈춤이 아직까지는 탈 만들기, 만든 탈로 탈춤 따라 하기 이런 게 있지만은 딴 지역에 잘되는 축제에 비해 약하고, 관광객들에게 내놓을 수 있는 메리트가 조금 없어요. 탈춤축제의 그게 과제죠. 탈을 가지고 연구는 계속하지만 아주 흥미를 가질 만한 것을 만들기는 아주 굉장히, 힘든가 봐요[(-)흥미유발성]

▶ 실제적으로 관광객들이 탈춤축제를 왔을 때, 체험거리라든지 이런 게 되어야지만 사람들 관광객 입장에서는 대개 축제를 와 가지고 잘 보고 갔다 재미있었다 이렇게 되거든요. 그런 게 좋은 것 같아요(유희성)

▶ 안동축제는 문화축제거든요. 모든 게 문화행사예요. 탈춤도 문화고, 민속축제도 하나의 문화고 짚불공예, 대동놀이, 차전놀이 이런 거 정말 어마어마하거든요. 하나를 보기 위해 전국의 사진작가들이 다 옵니다. 그 정도로 어떤 그런 문화적인 의미도 있지만 일반시민들이 왔을 때 이런 축제를 좋아하는 할지. 요즘은 세대가 추세가 바뀌 가거든요. 대부분 가족단위죠. 애들 손잡고 축제장을 찾는 시대인데, 그런 부분에서는 별 매력이 없는 거 같구, 앞으로 그런 부분에 대해서는 탈춤에서는 프로그램을 개발을 해야겠죠. 애들이 참여해서 재미를 줄 수 있는 그런 걸 자꾸 개발해 나가야겠구[(-)체험프로그램 개발성]

▶ 지금의 탈춤이 놓여 있는 축제프로그램 자체가 조금 관광객들에게 매력은 없어요. 보여 주기 위한 축제지. 체험하고 이런 건 약하거든요[(-)체험성]

▶ 안동이 지금 체류형 관광이 안 되고 있어요. 탈춤축제만 가지고서 오는 사람도 있고 관심도 있죠. 부모 입장에서는 꼭 체험은 안 해도 우리의 문화고, 안동이 가지고 있는 특이한 그런 걸 보기 위해 오시는 분들이 있어요. 어떤 체류형 관광, 연계가 돼야 하거든요. 탈

매개집단	지역언론	춤축제장하고 하회마을하고 이렇게 연계가 되어야 하거든요. 옆에 도산서원도 있고, 그리고 안동에는 문화재들이 되게 많아요. 거기를 같이 연계해 가지고 체류할 수 있는 최소한 1박2일은 할 수 있는 이런 어떤 관광적인 네트워크를 구성하는 게 안동이 앞으로 나아가야 할 방향이고……[(−)관광자원 연계성]		

▶ 당일관광객들이 많아요. 그런 부분에서 안동의 문제점 그런 게 있을 수 있겠죠[(−)체류 관광성]

▶ 요즘은 체험 위주의 관광으로 가야 한다고 하지만, 처음 만들 때는 의미를 부여해야지 예산이 나오지 않습니까, 아무 예산 없이 그냥 체험하면 된다 이렇게 해서는 안 나오거든요. 어떤 의미를 부여해 만들고 하는 축젠데, 하다 보니까 어떤 체험할 수 있는 축제보다 어필이 약하고, 그런 부분에서 개선해야 할 점들이 자꾸 나오는 거죠[(−)체험성]

▶ 체류형 관광지로 만드는 게, 탈춤도 탈춤이지만 안동시가 나아가야 할 방향이고, 탈춤에서는 어떤 체험프로그램, 가족단위로 와서 재밌게 체험할 수 있는 다양한 프로그램을 만들어야겠고, 새로운 프로그램을 자꾸 만드는 게 축제가 살아 나가야 할 방향이죠(체험 프로그램 개발성)

▶ 우리 탈춤이 크게 원하는 건 누구나 탈춤 안에 들어온 사람들은 흥이 나야 하고, 어깨 등실등실 해야 하고 이런 걸 원하고 있죠(유희성)

▶ 관광객들이 와서 '어, 이거 재밌네!' 이런 마음이 들게끔 하는 게 살아남는 방법이겠죠(재미성)

〈기타 의미〉

▶ 안동탈춤축제로 인해 가지고 안동이 되게 대외적으로 많이 알려지고 있고요(지역홍보성)

▶ 탈춤을 통해 안동을 홍보하고 탈춤을 통해서 지역민들이 탈춤에 참여하면서, 쉽게 얘기해서 도구로 볼 수 있는 거고, 관광객을 상대로, 탈춤이 잘 되어야지 돈도 더 벌 수 있는 거고……(지역홍보성)

▶ 축제를 십몇 년 동안 해오면서, 항상 반복적으로, 그리고 탈을 가지고 홍보를 할 만큼 했다고 생각해요. 탈춤에서는 어떤 새로운 것을 찾아야 해요. 어떤 창작하고 같이 어울리고 관객들이 함께 할 수 있는, 그런 축제로 바꿔야 한다는 게 탈춤이 살아남는 방법이라는 건 다 알아요[(−)축제콘셉트의 변화성]

▶ 저조차도 그런 아이디어가 안 나오니까요. 어떤 사람들한테는 나오겠습니까, 사람들은 다 똑같은데요. 그걸 통해서 색다른 것을 연관시킬 뿐이지 아주 새로운 것을 뭘 하질 못하더라고요(창의성)

▶ 축제에 필요한 자원들이 많아야 되겠죠. 그런 아이템들 그런 게 풍부해야 하고……(풍부한 자원성)

매개집단	지역언론	▶ 아이템을 통해 가지고 프로그램을 만들었을 때, 어떤 체험할 수 있는 관객들에게 어필할 수 있는 그런 게 나와야 되고……(프로그램의 매력성) ▶ 하나의 공연문화기 때문에, 보여 주기 위한 축제거든요. 주로 보여 주기 위한 축제인데, 안 되다 보니까 자꾸 참여하도록 노력하고 있고. 모태가 탈춤이고 춤을 춰야 되니까 사람들이 쉽게 잘 어울리지 못하고 시민들도 그냥 보기만 하지 참여는 잘 안 해요. 탈만들기 이런 건 부모들이 시키겠죠(관람형 축제성) ▶ 제가 볼 때는 충분히 안동축제가 대한민국 대표축제로 이름에 걸맞은 축제라 보고 있고. 딴 데는 어떤 하나의 이벤트인 거죠(대표 축제성) ▶ <u>안동은 말 그대로 문화축제고 애들을 데려갔을 때 우리의 문화를 보여 주고 자식들한테 자랑할 수 있는 그런 교육적인 축제가 많이 포함되어 있는 거 같고……</u>(교육성)		
수요집단	지역주민	◼ 안동시민 A ◼ 〈사회적 의미〉 ▶ <u>일단 제가 안동사람이잖아요. 안동 여기서 계속 살았는데, 밖에 나가서 여기 탈춤축제를 한다고 해서 다른 사람한테 얘기를 할 수가 있어요. 9월달에 안동에 놀러 오세요, 저 같은 경우는 그렇게 많이 말을 하거든요</u>(지역적 자긍심) ▶ 이 사람들이 더 지역에 대해 프라이드를 가질까 이런 걸 더 고민해 주길 바랐는데, 이런 건 더 아쉽죠(지역적 자긍심) ▶ 지역주민에 대한 배려가 없어요, 제가 봤을 때는. 국제를 표방하고 있는데, 그건 축제를 주최하는 입장에서 필요한 단어지, 지역주민 입장에서 국제든 로컬이든 상관이 없거든요. 일단은 한 김에 만일 장사를 하는 사람이라면 손님이 관광객 더 많이 몰려서 좀 더 팔았으면 그런 축제를 더 좋아할 것이고, 저런 게 있잖아요, 지역에서 이런 걸 하면 지역주민이 참여해야 한다. 참여를 하면은 누릴 수 있는 게 없어요[(−)지역주민 배려성] ▶ 사실 지역주민이 나서서 하는 게 없잖아요? 그냥 축제위원회에서 '관' 측에서 이렇게 만들어 놓은 잔치상에 가서 그 음식을 먹고 왔으면 먹고 왔지, 진짜 그걸 제가 처음부터 준비해 가지고 직접 제가 참여하고 이런 기회는 없잖아요[(−)자발적 참여성] ▶ 지역주민들의 확대가 대폭 확대되었으면 좋겠어요……(중략)……내가 안동사람이구나 아, 내가 사는 데서 이런 축제를 한다는……(자발적 참여성) ▶ 국가적으로도 얼마든지 홍보할 수 있는 가능성이 있다고 봐요. 외국에선 이런 기회가 없기 때문에 충분히	◼안동시민 A◼ 〈사회적 의미〉 • 지역적 자긍심(2) • (−)지역주민 배려성(1) • (−)쟈발적 참여성(1) • 자발적 참여성(1) • 지역홍보성(1) 〈문화적 의미〉 • 지역문화유대감(1) • (−)지역문화왜곡성(1) • (−)전통문화계승성(1) • 지역문화홍보성(1) • 전통문화 여가활용성(1) 〈경제적 의미〉 • 지역경제활성화(3) • (−)경제이익편중성(1)	◼안동시민 A◼ ▶ 지역주민 여가향유화 ◼안동시민 B◼ ▶ 지역문화 발현성 ◼안동시민 C◼ ▶ 전통문화의 변질화

수요집단	지역주민	홍보를 하면 국가적으론 득이 될 수 있다고 생각을 하거든요(지역홍보성) 〈문화적 의미〉 ▶ 또 외국에 나갔는데, 제가 안동사람이라고 했을 때 누가 탈춤페스티벌 구경 갔다고 하면 우리 지역에 있는 그걸 보는 사람이니까 뭔가 친근감이 들고 그런 게 없지 않아 있죠. 이 사람이 아, 축제 때문에 안동을 아는구나 싶고……(지역문화 유대감) ▶ 실제 축제로 표방하고 있는 게 하회별신굿에서 모티브를 따 가지고 하고 있잖아요, 근데 여기에는 당연히 지역주민이 배제가 되어 있고, 실제로 진짜 별신굿을 어떻게 했는지 그 과정이라든지 그런 건 전혀 필요 없고 필요한 요소만 딱딱딱 찍어 가지고 캐릭터화해 버리고, 그러니까, 문화적으로 왜곡이 있다고 할까요[(−)지역문화 왜곡성] ▶ 너무 경제적 측면에만 신경을 쓰다 보니까 어떤 진짜 그 하회별신굿 탈놀이 춤을 추고 전승해 왔던 주민들은 까맣게 잊히는 거 같아요[(−)전통문화계승성] ▶ 이 정도의 이 지역에선 진짜 아무것도 없던 것인데, 문화적인 요소를 가지고 이 정도의 축제를 만들었다는 건 파급효과는 어떻든 지간에 그렇게 크게 축제장에서 다른 지역에 홍보도 가능하고 이 정도 하면 잘하지 않았나 생각하거든요, 정말 여기가 수도 서울이라서 서울처럼 어떤 사람들이 많이 모여서 그런 것도 아니었고 그래도 이 정도 했으면 잘 한 거죠(지역문화 홍보성) ▶ 옛것을 가지고 그걸 모티브로 따서 오늘날에도 지금 현대 사람들에게도 어필할 수 있는 구경거리, 볼거리, 즐길거리를 마련했다는 데 의미가 있는 거 같구요(전통문화 여가활용성) 〈경제적 의미〉 ▶ 관에서 주도하고 지역에서 그 분위기를 안 따라갈 수 없거든요, 제가 봤을 때는 그 축제목적이 지역활성화에 있지 않나 생각을 하는데……(지역경제활성화) ▶ 돈 버는 사람만 돈을 벌더라구요, 그런 말을 들었어요, 거기에 참여하고 거기에 부스를 하나 만든다든가 이런 사람 아니면 별로 신경 쓸 필요가 없거든요[(−)경제이익 편중성] ▶ 지원은 하는데, 돈만 주고 신경은 안 쓰는 거 같아요……(중략)……경제적 효과는 좀 의심스럽죠, 어쨌든 의미는 있다고 봐요, 지역활성화라든지……(지역경제활성화) ▶ 지역공예인이라든지 어떤 축제에 참여할 수 있는 사업을 할 수 있는 사람들에게는 도움이 될 것 같아요, 그런 사람들에게는 대목인 거죠, 대목……(지역경제활성화)	〈정치적 의미〉 • 지역홍보성(1) • 이미지 제고성(1) • (−) 정치 홍보성(2) • (−) 정치적 활용성(1) 〈여가관광적 의미〉 • 여가향유성(2) • 여가목적 탈피성(1) • 난장성(1) • (−)재미성(1) • (−)축제의 비흥미성(1) • (−) 관광자원 연계성(1) • 전통문화 여가활용성(1) 〈기타 의미〉 • 축제 분위기성(1) • (−)소음공해성(1) • 축제의 양면성(1) • (−)지역기관 네트워킹(1) • 세계성(1) • (−)축제의 내실성(2) 〈종합〉 • 사회적 의미(6) • 문화적 의미(5) • 경제적 의미(4) • 정치적 의미(5) • 여가관광적 의미(7) • 기타 의미(6)	

수요집단	지역주민	〈정치적 의미〉 ▶ 홍보효과도 있을 거고, 지역활성화도 있을 거고, ……(지역홍보성) ▶ 근데 이게 이미지 제고와 홍보효과가 있잖아요(이미지 제고성) ▶ 지자체들의 어떤 잔치가 되는 거 같아요, 개막식이나 폐막식 할 때 보며는……시민들은 보지도 않아요, 선물 조그만 거 하나 받으려고 할머니 할아버지 앉아 있고, 보지도 않으시고 근데 나와 가지고 그런 걸 보며는 이게 무슨 그 사람들의……지역을 홍보하기도 하지만 그 사람들 자신을 홍보하기 위해서 나오는 자리가 아닌가……[(-)정치 홍보성] ▶ 자기들의 어떤 뭘 하려고 하는지는 모르겠지만, 나와서 막 계속 얼굴을 비추는 거죠, 또 누구 온다고 하면, 그때 국무총리가 왔었나, 한번 온다고 해서 한번 난리가 났죠, 아주, 그땐 비상이죠, 비상, 여기서 사람들은 여기서 놀고 싶고, 그 사람이 온다고 해서 이 자리에선 놀 수가 없는 거예요, 막아 버리니까[(-)정치 홍보성] ▶ 저희 교수님 같은 경우는 절대 축제에 안 가요, 시에선 계속 뭐가 와요, 초대권, 식권, 상품권 이렇게 와요……정치적으로 이런 짓은 왜 하는지 모르겠다고……[(-)정치적 이용성] 〈여가관광적 의미〉 ▶ 축제를 하면서 한자리에서 국제적인 탈춤을 모두 볼 수 있고, 국내에 있는 주요 탈춤을 볼 수 있다는 것은 쉽지 않잖아요, 제가 가면서 봐도 모자를 판에……한 자리에서 볼 수 있는 좋은 구경거리죠(여가향유성) ▶ 그런 입장에서 솔직히 그냥, 그냥, 관심이 있어서 가는 거지, 막 내가 스트레스 풀러 축제장에 가야겠다 이런 건 아니거든요(여가목적 탈피성) ▶ 저에게는 좋은 볼거리가 되죠……(중략)……그냥 지역주민으로 축제에 크게 재미를 느끼지 않고 하면 별 의미가 없는 거 같아요, 저야 관심이 있으니까 축제에 가고 하는데, 저의 아버지나, 주변의 할머니나 이런 분들은 축제를 하든지 말든지 사는 데는 별 파장이 없잖아요, ……(중략)……한번 구경거리는 되죠, 사람이 많이 모여 있는 데서 먹고 놀고……(중략)……놀고 먹고 거기서 난장판을 버리는 그걸 보러 가는 거잖아요(난장성) ▶ 장점은 제가 사는 곳에서 이런 큰 축제가 열리니까 구경하기도 좋고 그렇죠(여가향유성) ▶ 지역주민에게 좀 더 재미를 주고……(중략)……이런 걸 더 고민해 주길 바랐는데, 이런 건 더 아쉽죠[(-)재미성]	

수 요 집 단	지 역 주 민	▶ 또 지역주민 입장에서는 매년 똑같으니까요, 보이는 게 비슷하고, 한번 해보는 걸 그다음엔 정말 정말 재미를 느끼고 정말 1년 동안 기다리면서 꼭 하고 싶다 이러면 모르겠는데……[(-)축제의 비흥미성] ▶ 연계가 안 돼요. 워낙 지역이 넓고 관광자원이 산재해 있다 보니까 정말 어떤 코스를 차를 가지고 오지 않는 이상 안동사람인 제가 다녀도 힘들어요. 근데, 축제라는 것 때문에 외국에서 다른 지역에서 오는 사람들이 있거든요. 사실 안동을 여행하고 싶은데 마침 축제를 하니까 볼거리가 더 생긴 거죠. 근데, 그러면 이 축제에 따른 여러 개 있는 관광지 있잖아요. 이런 걸 이어주는 교통망이라든지 이런 게, 정말 제가 불편해요. 제가 소개해 줘도 설명하기가 힘들고요. 축제장 어딜 가서 버스로 갈아타고, 축제 아니래도 불편한데, 평소보다 관광객들이 몰릴 텐데, 그런 것도 활용해서 안동지역에 곳곳에 있는 관광자원도 활용하며 더 좋을 텐데……[(-)관광자원 연계성] ▶ 옛것을 가지고 그걸 모티브로 따서 오늘날에도 지금 현대사람들에게도 어필할 수 있는 구경거리, 볼거리, 즐길거리를 마련했다는 데 의미가 있는 거 같구요(전통문화 여가활용성) 〈기타 의미〉 ▶ 1년에 한번 왠지 시내가 분위기가 떠들썩해지고……(축제분위기성) ▶ 제가 경험한 거로는요, 제가 축제장 강 건너편에 있는 고등학교에 다녔는데요, 축제를 하면 반 수업을 못 해요. 계속 소음이 있어서 그랬었어요[(-)소음공해성] ▶ 딱 한마디로 보면 축제 페스티벌은 긍정적이면서 부정적이에요. 이 점에서, 홍보효과를 하는 반면에 이미지를 깎아 먹는 부분도 없지 않아 있잖아요(축제의 양면성) ▶ 새로운 건데 마스크댄스가 그거 하는데 지금 솔직히 지역주민들이 참여는 하죠……(중략)……학교 주변에 있는 학교를 직접 끌어들여 가지고 왜냐하면 제가 안동대 다니면서 축제 봉사활동하면 자격증을 주잖아요. 최소한 그것도 안 되는 거예요. 봉사활동 있어도 지역에 있는 학교랑 직접적으로 컨택이 안 된 상태에서 그냥 '증'만 나오기 때문에 그걸 가지고 교수님한테 가면 거부하는 교수님에게는 어쩔 수 없어요……(중략)……사실 사후관리는 안 되죠[(-)지역기관 네트워킹] ▶ 가장 한국적인 것이 세계적인 거라고……(중략)……외국인들에게는 정말 좋은 기회거든요. 자기나라 환율보다 저렴한 나라에서 편안하게 보고 싶은 탈 구경거리도 다 보고 참 좋은데 다른 나라에선 이걸 모른다는 게 참 안타깝죠……(세계성)	

수요집단	지역주민		

▶ 어떤 지역에 문화적 환경이라든지, 경제적 환경이라든지, 지역주민들이 어떻게 생각하는지 그걸 생각해서, 요새 말대로 덩치만 크다고 되는 거 아니잖아요. 실속 있게……(중략)……안동문제는 실속이 없다는 거 같아요. 국제란 걸 괜히 갔다 붙여 가지고 덩치는 이렇게 크게 만들고 있고, 그렇다고 해서 지역의 주민들한테는 다가오는 건 전혀 없고 그렇다고 국제적으로 진짜 알려진 것도 아니고, 우연히 와서 한번 경험해 보신 분이나 오지 정말 어디서 한국을 여행해 볼까 생각해 가지고 오는 사람은 얼마나 될까 궁금해요[(-)축제의 내실성]

▶ <u>몸집보다 내실이 중요해요. 지역주민의 참여라든지, 관광객들이 좀 더 참여할 수 있도록, 탈춤축제이니까 탈춤이 뭔지 알고 갈 수 있도록……너무 덩치만 크다보니까 말은 국제인데, 솔직히 국제적인 것은 탈춤 다른 지역, 다른 나라 축제 몇 개 초청해 가지고, 그렇게 하면 그게 정말 국제인지 정말 모르겠어요[(-)축제의 내실성]</u>

◉ 안동시민 B ◉

〈사회적 의미〉
▶ 제가 생각했을 때는 국제탈춤페스티벌이잖아요. 말 그대로 탈이라는 걸 가지고 모든 사람들이 화합할 수 있는 모임(사회통합성)
▶ 안동축제의 개최목적은 아무래도 시민화합이겠죠(지역주민 화합성)
▶ <u>안동축제가 한 5일 정도에서 그쳐도 되는데, 5일 더 보탠 건 지역주민들을 위한 그런 배려적인 측면인 것 같아요. 지역주민들 화합할 수 있는 시설을 많이 무대를 많이 시설해 놓았거든요</u>(지역주민 화합성)

〈문화적 의미〉
▶ 개인적으로 봤을 때는 문화적으로 하나의 콘텐츠가 있다는 것은 저한테는 공짜로 누릴 수 있는 거니까 세계적으로 제가 인도를 가서 볼 수 있겠어요. 태국을 가서 볼 수 있겠어요. 그런 문화 차원에서 개인적으로는……(지역문화콘텐츠 향유성)
▶ 장점은 일단은 그런 안동이라면 하회마을이 있거든요. 하회마을이 탈로써 공연하는 것이기 때문에 그걸 하나의 콘텐츠로 잡은 것 같아서 그걸 끌어들여 탈춤페스티벌을 하는 것 같아요. 그걸 끌어들여서 이렇게 접목시켜서 하는 게 홍보효과 면에서 장점인 거 같고요(문화콘텐츠 홍보성)
▶ 지역 자체에 지역에 있는 고유문화를 홍보문화를 선전할 수 있는 효과가 있는 거고……(지역문화 홍보성)

◉ 안동시민 B ◉

〈사회적 의미〉
• 사회통합성(1)
• 지역주민 화합성(2)

〈문화적 의미〉
• 지역문화콘텐츠 향유성(1)
• 문화콘텐츠 홍보성(1)
• 지역문화 홍보성(2)
• 지역문화 표출성(1)
• 문화적 공통성(1)
• 지역주민 문화 향유성(2)
• (-)문화콘텐츠의 다양성(1)

〈경제적 의미〉
• (-)상업성(1)
• 수익성(3)
• 산업성(1)

			문화의 상품화

<table>
<tr>
<td rowspan="2" style="writing-mode:vertical">수요집단</td>
<td rowspan="2" style="writing-mode:vertical">지역주민</td>
<td>

▶ 좀 안동이라는 지역에 대해서 지역적 특색 잘 살린 것 같구요(지역문화 표출성)

▶ 세계적으로 봤을 때는 백몇 개국의 탈은 다 모르지만 대표적인 탈들을 볼 수 있으니까 비슷한 체험이 되게 많잖아요. 탈을 봐도……탈이라는 건 우리나라만 쓰는 줄 알았는데, 일본도 탈을 썼었고, 태국도 탈을 좋아하고, 우리도 탈을 쓰는 공통점 같은 것 결국에는 그런 것들에 대해서 하나라는……(문화적 공통성)

▶ 개인적으론 세계에서 제가 나가서 봐야 하잖아요. 가만 앉아서 특히나 우리 지역에서 하기 때문에 차비도 없이 좀 다리품만 팔면 저 아프리카에 있는 탈들을 볼 수 있다는 거, 때만 맞추면 문화적인 걸 높일 수 있다는 거……(지역주민 문화향유성)

▶ 그 지역사회랑 문화를 외부사람들에게 알릴 수 있다는 거(지역문화 홍보성)

▶ <u>자기의 문화적인 걸 높일 수 있는 거죠. 노래하고 참가하고 그런 의미도 있지만 축제이기 때문에 그런 콘텐츠가 들어가거든요. 탈만 보는 게 아니고 공연만 보는 게 아니고 비슷한 공연을 돈을 주고 봐야 하는데 굉장히 저렴하게 또는 무료로 볼 수 있기에 그런 것들을 통해 지역주민들의 문화적인 성장을 높일 수 있다는 거죠</u>(지역주민 문화향유성)

▶ 세 번 정도 본 결과 거의 같은 공연팀이 온다는 거죠, 물론 그런 것들이 있죠, 처음 오는 사람들은 신기하죠, 근데 몇 번 온 사람 같은 경우는 똑같은 테마의 공연단 똑같은 탈이라는 것을 볼 수 있다는 것이죠. 올해는 이런 탈이었으면 내년에는 좀 더 보강해서 좀 더 새로운 지역의 백몇십 개국의 탈을 전시할 수 없으니까 전시 못 했던 부분의 나라들에 대해서 좀 더 많이 알려 주었으면 좋겠다. 새로운 관광객도 있지만 기존의 방문객도 있다는 걸 알았으면 좋겠고……(중략)…… 좀 더 다양한 것들을 더 많이 가지고 오든지……(중략)……항상 보는 탈, 보는 공연이 아니었으면 좋겠고……[(-)문화콘텐츠의 다양성]

〈경제적 의미〉

▶ ……(중략)……문제점이라고 본 건 너무 상업화 쪽으로……[(-)상업성]

▶ 경제적 차원 같은 경우는 되게 요번에는 안동은 흑자 수준으로 갔다고 얘길 하거든요(수익성)

▶ <u>여긴 산업이 없어요, 오로지 관광이 주된 테마인데, 그걸 가지고 되게 잘 한 거죠, 축제를 삼아서 그 수입을 많이 창출할 수 있는 역할을 한 것 같아요</u>(산업성)

▶ 많이 작지만 흑자를 봤다는 거, 결국은 시민들이 냈지만 결국은 안동시 쪽으로 돌아오는 환원할 수 있잖아요(수익성)

</td>
<td>

· 문화의 상품화 (1)
· 지역경제활성화 (1)

〈정치적 의미〉
· 지역선전성(1)
· 지역홍보성(3)
· 정치수단화(2)

〈여가관광적 의미〉
· (-)관광자원 연계 개발성(1)
· (-)관광객의 국제성(1)
· (-)외국인관광객 유치성(1)

〈기타 의미〉
· 교육적 효과성 (1)
· (-)주객전도성 (1)
· 전략적 홍보성 (2)
· 세계성(1)
· 국가 경쟁력성 (1)
· 지역 경쟁력성 (1)

〈종합〉

· 문화적 의미(9)
· 경제적 의미(7)
· 정치적 의미(6)
· 여가관광적 의미(3)
· <u>기타 의미(7)</u>

</td>
</tr>
</table>

수 요 집 단	지 역 주 민	▶ 방문객이 많이 옴으로써 구입금액도 많이 높아질 수 있고, 공연에 대한 참가 비율도 많이 높아질 수 있고, 아무래도 백 명이 왔을 때랑 천 명이 왔을 때는 다르잖아요(수익성) ▶ 있는 재산을 드러내서 하나의 상품화로 만들었다는데 (문화의 상품화) ▶ 경제적 차원에서의 의미는 지역의 활성화되는 점이 죠……(지역경제활성화) 〈정치적 의미〉 ▶ <u>시민화합이면서 탈을 알려 주는 거니까 안동을 선전하는 효과와 시민이 합쳐지면서 안동이라는 도시를 선전하는 효과를 노리는 것 같은데요</u>(지역선전성) ▶ 이 축제 같은 경우는 하회마을을 끼고 있잖아요. 안동을 세계적으로나 우리나라에서 잘 모르는 도시일 수도 있잖아요. 솔직히 제주도나 전라도 이쪽은 안동 모를 수도 있다고요. 그런 측면에서 도시홍보……(지역홍보성) ▶ 국가적 차원도 마찬가지예요. 국제란 말이 없다면 외국 공연단도 많이 오고 하기 때문에 국제에다가 안동이라는 도시를 홍보를 하는 거죠(지역홍보성) ▶ 지역적으로 봤을 때도 제주도나 이런 데에 지역적으로 홍보가 많이 되고요(지역홍보성) ▶ 이건 하나의 정치인들 홍보수단이 될 수 있다는 거죠. 아무래도 지역 국회의원 같은 경우는 자기 지역에 대한 홍보수단, 아니면 자기 개인의 그런 홍보수단으로 될 수 있다는 거죠(정치 수단성) ▶ 정치적 차원에서의 의미는 정치인의 홍보수단이 될 수 있는 거죠. 정치인들이 축제를 악용해서 자기 개인적으로 하게 되면 어떻게 보면 단점일 수 있는데, 그걸 갖고 지역의원 같은 경우는 예산이라든지 가져와야 하잖아요. 그런 측면에서는 지역적 발전이 될 수 있기 때문에 장단점이 있는 거 같아요. <u>정치적인 의미로 봤을 때는……개인적인 수단으로 이용하면 단점이고요, 그걸 가지고 지역적 발전으로 이용할 수 있기 때문에 제가 보는 정치적인 면의 국회의원적 관점에서 보는 거죠.</u> 그런 측면에서는 지역적 발전이 될 수 있기 때문에 장단점이 있는 거 같아요 (정치 수단성) 〈여가관광적 의미〉 ▶ 단점이라면 여러 방면에서 안동에 있는 자원 있을 수 있잖아요, 하회마을을 통해서 그냥 있는 자원인데. 새로운 걸 가져오지 않고, 있는 걸 그대로 가져왔기 때문에 또 다르게 나갈 수 있는 부분들에 대해서는 이 상품이 너무 커져 버리면 다른 것을 개발할 수 있는 여력은 없어질 수도 있다는 거죠[(－)관광자원 연계 개발성]		

수요집단	지역주민	▶ 주민으로서 봤을 때는 다른 외부적인 참가인원이 적었다는 거, 물론 외국인들도 많이 왔다 하지만, 국제라는 말이 붙었는데, 국제라는 느낌을 많이 못 받았다는 거, 공연팀이라는 것은 국제라는 말이 많은데, 방문객이나 관광객들은……공연으로서 국제라면 제가 할 말은 없는데……[(-)관광객의 국제성] ▶ 아시겠지만 초중·고등학교 때 외국인들 많이 못 봤잖아요 맞잖아요, 요즘에는 이 소도시에도 많거든요, 안동에도 이렇게 많은데 다른 타지 대도시는 더 많다는 거죠, 그런 사람들을 못 끌어들였다는 거죠[(-)외국인 관광객 유치성] 〈기타 의미〉 ▶ 긍정적 파급효과는 역시나 홍보 그리고 새로운 거에 대한 안다는 거죠, 아프리카에는 이런 것이 있었구나 하는 것들을……(교육적 효과성) ▶ 탈이 공연이라든가 탈이 우선적으로 되어야 하는데, 먹자파티가 되는 거죠, 공연의 그 취지가 무색할 수 있을 정도의 가능성이 있는 거죠[(-)주객전도성] ▶ 홍보가 좀 많이 되어야 할 것 같아요, 아직까지는 안동 자체로만 많이 묻혀 있는 거 같아요(전략적 홍보성) ▶ 국제적인 탈춤을 전시한다면 국제란 말이 맞지만 국제적인·세계적인 축제가 되기 위해선 홍보가 많이 뒤떨어진다는……(세계성) ▶ 요즘엔 한국관광 많이 하잖아요, 그런 프로그램의 그 날짜와 접목시켜서 그런 관광상품을 개발해도 좋을 거 같구요, 그런 부분들에 대해서 홍보활동이 많이 필요할 거 같아요, 그러면 더 많은 방문객 수가 되지 않을까요(전략적 홍보성) ▶ 국가적인 차원에서는 하나의 경쟁력이 될 수 있다는 거죠(국가 경쟁력성) ▶ 지역도 마찬가지예요, 지역 간의 경쟁력이 될 수 있다는 거(지역 경쟁력성) ◙ 안동시민 C ◙ 〈사회적 의미〉 ▶ 안동사람들은 그때 다 가는 건 아니고 늘 보는 거니까 안동사람들에게도 외면받는 경향도 있는 것 같구요[(-)지역적 외면성] ▶ 기간이 길든 짧든 지역주민들이 그 축제에 녹아들어 하나가 될 수 있는 자원봉사자라든지 지역주민이 적극 참여해서 그 축제에 중심이 되어야 하는데, 지역주민이 배제되어 있어요[(-)지역주민 배제성] ▶ 지역주민이 더 참여할 수 있도록 그런 방안을 마련해야 할 것 같고……(지역주민 참여성)	◙ 안동시민 C ◙ 〈사회적 의미〉 • (-)지역적 외면성(1) • (-)지역주민 배제성(2) • 지역주민 참여성(1) • 자발적 참여성(1) 〈문화적 의미〉 • 지역문화 상징성(1) • 문화향유성(1) • (-)문화콘텐츠의 다양성(2) • 지역문화 자부심(1) • (-)문화의 변질성(3) • 문화프로그램 집중성(1) • 우리 문화 구현성(1) • 전통문화 계승성(1) 〈경제적 의미〉 • 상업성(1) • 수익성(1) • 문화상품화(1) • 지역경제활성화(2) • (-)상업화(2)	

| 수요집단 | 지역주민 | ▶ 시민들이 축제에 곳곳에 녹아들어야 하고……(자발적 참여성)
▶ 관광객 중심이지 않느냐, 지역민이 배제되어 있지 않느냐[(-)지역주민 배제성]

〈문화적 의미〉
▶ 안동의 하회탈 이렇게 유명하니까, 그걸 테마로 해서 안동을 대표할 수 있는 하나의 이미지나 축제의 상징적 의미 이런 게 강한 거 같습니다(지역문화 상징성)
▶ 안동이 대도시에 비해서는 문화생활을 할 기회가 적지 않습니까, 축제기간 동안에는 볼거리 먹을거리, 푸짐해지기 때문에 한번 놀러 가서 재미를 느낄 수 있고, 그리고 다른 타지에 있는 친구나 친척들한테 축제기간 동안 구경시켜 주면 좋은 거 같고(문화 향유성)
▶ <u>단점은 매년 지적받는 게 프로그램 나아진 게 없다, 작년에 했던 게 올해도 할 것이고 올해한 건 내년에도 할 것이고, 그런 발전이 좀 없는 거 같아요[(-)문화콘텐츠의 다양성]</u>
▶ 안동사람들이 페스티발 하면서 지역민이 정체성을 느낀다는 것은 좀 오버라고 생각하거든요, 그거까진 아니래도 그래도 축제를 통해서 안동시민이란 걸 하회탈에 대해서 원칙을 조금이라도 생각해 볼 수 있는 기회의 장이 되지 않을까요(지역문화 자부심)
▶ 프로그램이 매년 비슷하니까 외부관광객들에게 실망감을 안겨드리지 않을까[(-)문화콘텐츠의 다양성]
▶ <u>본래는 하회탈춤이 하회마을에서 양반과 별신굿 이런 것 해 가지고 풍자하는 내용이지 않습니까 탈춤페스티벌장에 가 보면 축제기간에 하회마을 사람들의 말에 의하면 예전보다 많이 변질되었데요, 예전과 내용도 많이 다르고 공연시간이나 이런 것도 예전과 많이 달라졌데요 그런 걸 보면 그게 진짜가 아닌데, 가짜를 진짜처럼 바라보고 그런 게 부정적인 파급효과겠죠[(-) 문화의 변질성]</u>
▶ 사회문화적이라면, 탈춤이 관광객에게 오해의 소지가 있게 변질되거나 그런 게 사회문화적 문제점이겠죠 [(-)문화의 변질성]
▶ 재미있어야 하고, 몰입해야 하고, 다른 건 배제하고 탈춤만 집중적으로 진짜 탈춤만 했으면 좋겠어요(문화프로그램 집중성)
▶ 문화의 시대라고 하는데, 도시인들이 전통문화에 목말라 하지 않습니까, 이 축제를 통해 탈춤을 보기도 하고, 직접 하회마을에 가서 하회마을을 구경도 하고 그런 걸 통해서 관광객들……민족주의적으로 보면 우리 것의 소중함, 탈춤페스티벌을 통해 문화를 구현할 수 있다고 생각합니다(우리 문화 구현성)
▶ 지역적 이미지가 모호한 축제들이 많이 있다고 봅니다. | 〈정치적 의미〉
• 지역이미지 제고성(1)
• 지역홍보성(1)
• (-)정치수단성(1)
• 정치적화합성(1)

〈여가관광적 의미〉
• 국가 관광홍보성(1)
• 오락성(1)
• (-)관광객의 방문성(1)
• 몰입성(1)
• 재미추구성(1)
• 문화의 관광자원활용성(1)

〈기타 의미〉
• (-)난잡성(2)
• (-)축제의 유명성(1)
• (-)프로그램 다양성(1)
• 프로그램 질적 향상성(1)
• 축제의 차별성(1)

〈종합〉
• 사회적 의미(5)
• <u>문화적 의미(10)</u>
• 경제적 의미(7)
• 정치적 의미(4)
• 여가관광적 의미(6)
• 기타 의미(6) | |

| | | 뭐 어떤 전통문화나 특산물을 가지고 막상 들어가 보면 이게 많이 변질되어 있고, 희석되어 있고, 이런 부분들은 고쳐져야겠죠[(−)문화의 변질성]

〈경제적 의미〉
▶ 안동이 공장도 없고 상업적 도시는 아니고 예전부터 어떤 유교문화 이런 게 발달해서 그런 걸로 하려고 하는데, 세상은 점점 경제적으로 그런 문화를 상업적으로 이용하려고 그런 축제를 개최하는 거 같아요(상업성)
▶ 재정적인 맥락에서도 축제란 것이 일조를 한다고 생각합니다. 축제란 것이 일종의 돈은 좀 되니까(수익성)
▶ 이런 좋은 상업적으로 유용한 테마가 있으면 이를 적절한 활용을 한다는 거고(문화 상품화)
▶ 지역상권에 도움이 되겠죠(지역경제활성화)
▶ 부정적 파급효과는 너무 상업적으로 흘러가는 거 같고……[(−)상업화]
▶ 경제적 차원에서는 야시장처럼 많이 들어서잖아요. 그래서 상업적으로 이권다툼이 있죠. 자리 차지하기 위해 로비도 하겠죠[(−)상업화]
▶ <u>경제적으론 연장선상에서 안동의 문화를 가지고 지역민이나 상인들에게 경제적인 효과를 얻어 냈고……</u>(지역경제활성화)

〈정치적 의미〉
▶ 지역적으론 대외이미지 개선에 일조를 한다는 거고(지역이미지 제고성)
▶ 긍정적 파급효과는 안동을 대내외에 알릴 수 있는……(지역 홍보성)
▶ 축제가 하나의 정치표현 장이지 않습니까. 축제관광조직위원회나 하회탈춤보존회나 안동시청이나 대학의 연구소나 안동대학교의 축제전공자들이 아 탈춤축제 이대로 가면 안 된다 망한다 이렇게 비판하면 축제조직위원회나 시청이나 여기서 말을 잘 안 듣는다는 거죠. 왜냐하면 축제가 하나의 정치적 표현의 장이기 때문이죠. 돈이 걸린 문제고, 이해집단 간의 갈등이 많은 것 같아요[(−)정치 수단화]
▶ 정치적으론 여러 가지 정치집단들이 축제에 개입하는데, 서로 이권을 차지하려고 하지 않습니까 거기서 갈등이 나타날 수 있겠고, 갈등을 떠나서 때론 전략적으로 제휴할 수도 있고, 안동의 여러 가지 집단들이 갈등을 하겠지만 단결을 하며 서로 이해를 조정할 수 있는 부분들이 충분히 있다고 보고 정치적 집단들이 이해를 조정하면서 축제를 통해 화합의 장이 될 수 있고 그런 면에서 의미가 있다고 생각합니다(정치적 화합성)

〈여가관광적 의미〉 | | |

수 요 집 단	지 역 주 민	▶ 국가적 차원에서도 지역의 어떤 전통자원의 축제를 가지고 지역 스스로 축제를 만들고 기획하면 관광이 우리나라에서도 이루어질 수도 있고 더 나아가서는 세계에서도 관광객이 올 수도 있으니까요(국가 관광홍보성) ▶ 장점은 그나마 뭐 문화활동 할 수 있는 축제가 있으니까, 구경하고 술 먹고 마시고 그 기회가 한번 주어졌다는 오락의 기능을 하는 거 같고(오락성) ▶ 초반엔 이렇게 좋다가 그래도 성공한 축제라 하지만 그렇게 나아진 점이 없으니까 관광객들이 제가 보기엔 더 줄어드는 것 같아요. 한번 왔던 사람들은 다시 올 확률은 그만큼 더 낮아지고. 관광객들의 감소가 아마 여가관광적 측면의 문제점이겠죠[(-)관광객의 방문성] ▶ 정말 재미있어야 되고, 정말 그 축제에 몰입할 수 있어야 하고⋯⋯(몰입성) ▶ 축제 자체에 빠져들어서 재미를 느꼈다기보다는 외부적인 요소들 있지 않습니까 술을 마시고 락 공연을 본다든지, 물건을 산다든지, 어떤 부수적인 요소에서 재미를 느꼈지, 솔직히 젊은 사람 입장에서 요즘 TV버라이어티 프로그램이 더 재미있지, 축제프로그램이 더 재미있습니까?[(-)재미추구성] ▶ 문화가 충분히 관광자원화할 수 있다고 생각합니다. 더욱이 지구촌시대니까 문화를 관광자원화 잘만 한다면 세계에서도 안동을 방문할 수 있고, 이 탈춤축제가 잘 만들어진 관광자원으로서 성공한다면 그게 하나의 안동 문화를 이용할 수 있는 방법으로서 수단으로서 자랑할 수 있다고 생각합니다(문화의 관광자원활용성) 〈기타 의미〉 ▶ 조금 상업적이고 볼거리가 별로 없고 지역축제가 다 그렇지만 난잡하고 야시장 같고 그리고 매력도 없고 그런 점들이 문제점인 거 같아요[(-)난잡성] ▶ 안동축제의 문제점은 탈춤만 보여 줬으면 좋겠는데, 여러 가지 잡다한 모습이 있지 않습니까. 야시장처럼⋯⋯. 그래서 관광객들에게 실망을 주고 있고. 탈춤은 중심이 아니고 뭐 음악하고 풍물 치고 다른 볼 거 많으니까 혼란스러워할 수 있고, 프로그램도 매년 바뀌지 않고 그런 것들이 축제 자체의 문제점이죠[(-)난잡성] ▶ 진짜 성공했다면 진짜 유명해져서 안동을 떠나서 우리나라를 대표할 수 있는 그런 축제가 되어야 하는데, 다른 전국축제와 비교했을 때 오히려 못 하는 부분도 있고, 그렇게 특별한 부분은 없는 거 같아요. 특별히 월등하지 않고 그냥 평범하거나 중상 정도인 거 같아요[(-)축제의 유명성] ▶ 프로그램을 대폭 개선, 프로그램 간 차별화할 필요가 있고⋯⋯[(-)프로그램 다양성]		

지역주민		▶ 국제니깐 재정적인 뒷받침을 통해서 외국의 제대로 된 탈춤이나 그런 공연의 질적 수준이 높진 않거든요. 외국에서 더 수준 높은 공연팀을 초청할 수 있도록……(프로그램 질적 향상성) ▶ 전국적으로 축제가 많은데 거의 비슷하지 않습니까. 그런 거 비슷하면서도 다른 요소를 이 축제에 도입해야 다른 차별화가 되겠지요(축제의 차별성)		
수요집단	관광객	■ 관광객 A ■ 〈사회적 의미〉 ▶ 그 축제를 운영하는 주최 측이라 지역민과의 조화가 잘 된다면……(공동체성) ▶ 축제라는 게 같이 동반하는 사람들이 있잖아요, 같이 동반하는 사람을 통해서 축제 참여하는 사람들과의 뭐라고 해야 하죠, 그 표현을 혼자 하는 게 아니라 같이 하는 거 대동적인 거 어울림, 같이 어울리는 거 그런 거……(대동성) 〈문화적 의미〉 ▶ 안동국제탈춤페스티벌은 전통문화를 주제로 한 축제라고 생각을 하고요(전통문화성) ▶ 안동이라는 그 지역이 유교문화가 많잖아요. 우리나라의 전통문화의 성격이라고 생각하고 있습니다(유교문화중심성) ▶ <u>축제를 통해서 안동이라는 지역 그리고 그 지역에서도 유교문화잖아요, 그 주변에 보면 하회마을이라든지 이런 게 있잖아요, 그 지역의 탈춤이라든지 문화 이런 걸 외지인에게 알리고……</u>(지역문화홍보성) ▶ 한국이라는 나라 유교문화 그런 걸 통했을 때 안동이라는 지역이 우리 문화랑 맞는다고 생각을 하고요(한국문화 대표성) ▶ 그래도 한국 하면 전통적인 거 그걸 통해서 안동이라는 지역을……그 지역을 대표할 수 있는 성격에다가 그걸 통해서 그 지역을 알리고……(전통문화 홍보성) ▶ 우리가 새로운 지역에서 그 지역의 문화를 알 수 있고 즐길 수 있다고 생각하거든요, 그래서 다양한 그러면서도 한국적인……그 지역의 문화를 알 수 있어서, 그런 면에서 필요하다고 생각합니다(지역문화 향유성) ▶ 그 지역 안동이라는 지역과 지역문화 장소성이라고 할까요, 이런 부분이랑도 맞는 거 같구요(문화장소성) ▶ 그 지역의 유교문화를 알리면서 거기에 속해 가지고 탈춤 안동지역, 한국이라는 걸 먼저 알리겠죠(지역문화 홍보성) ▶ 안동이라는 지역, 지역적인 거죠, 안동 하면 유교문화, 거기에서 그 안에 속해진 그러면서 그 지역에 전통적인 걸 알리겠죠(지역문화 홍보성)	■ 관광객 A ■ 〈사회적 의미〉 • 공동체성(1) • 대동성(1) 〈문화적 의미〉 • 전통문화성(1) • 유교문화 중심성(1) • 지역문화 홍보성(4) • 한국문화 대표성(1) • 문화장소성(1) 〈경제적 의미〉 • 산업성(1) • 수익성(5) 〈정치적 의미〉 〈여가관광적 의미〉 • 신명성(1) • (-)관광객 수용태세성(1) • 관광객 수용태세성(1) • 체험성(1) • 관광자원 연계성(1) 〈기타 의미〉 • (-)외국인 배려성(3) • 자원봉사자의 적정성(1) • 주제성격별 차별성(2) • 축제의 국제성	■관광객 A ▶ 지역문화 국제화 ■관광객 B ▶ 전통문화 계승발전성 ■관광객 C ▶ 전통문화 계승발전성 ▶ 지역경제 기여성 ▶ 여가 오락성

234

수 요 집 단	관 광 객	〈경제적 의미〉 ▶ 경제적인 수익이라든가 파급효과 이런 걸 유치하려는 것이라고 생각하고 있습니다(산업성) ▶ <u>축제를 통해서 관광객이 방문을 함으로써 경제적인 부분까지도 수익창출을 할 수 있어서 필요하다고 생각합니다</u>(수익성) ▶ 장점은 축제를 통해서 사람들이 많이 방문하기 때문에 수익을 얻을 수 있기는 한데요(수익성) ▶ 그 지역을 알려서 사람들이 그 축제를 보러 오고 그걸 통해 사람들이 돈을 쓰잖아요. 수익을 벌어들이는 건 있지만……(수익성) ▶ 축제에 가면 돈을 쓰잖아요. 기념품이라든지 얼마 없어요. 성격에 안 맞아요. 다른 걸 선뜻 사기가 그래요. 기념품의 다양성이라든지 이런 게 있어서, 사람들이 돈을 쓰게끔 할 수 있었으면 좋겠고(수익성) ▶ ……수익까지 창출한다면……(수익성) ▶ 경제적인 부분은 가서 탈을 만들어 본다든가 체험하는 게 있거든요……(중략)……그 체험을 통해서 수익을 얻을 수 있겠죠(수익성) 〈여가관광적 의미〉 ▶ 축제장에 가서……우리가 보통 탈을 써 보기도 하고, 한판 신명나게 놀 수 있고. 그러면서……(신명성) ▶ 단점은 그런 준비과정에서 보면 안내표지판이라든지 그리고 화장실의 위치가 어딘지 잘 모르거든요. 안내표지판. 그리고 가서 음식을 헛제사밥을 먹었는데, 음식부스가 청결하지가 않고요[(-)관광객 수용태세성] ▶ <u>거기 축제장에 가서 해 볼 수 있잖아요. 그런 측면 체험할 수 있는……(중략)……그런 건 가족들이랑 한다든가 애들과 같이 그런 부분에서는 괜찮은 거 같아요</u>(체험성) ▶ 축제의 주변뿐만이 아니라 축제장이 아닌 그 주변지역에 대한 안내라든가 이거에 대해선 조금은 부족한 부분이 있지 않나. 축제장과 그 주변까지 연계해서 볼 수 있는……(관광자원 연계성) ▶ 사람들을 위한 통역이라든지 안내. 그리고 팜플렛도요(관광객 수용태세성) 〈기타 의미〉 ▶ 외국인을 위한 음식은 없었어요[(-)외국인 배려성]거기 앞에 '국제'가 붙는데, 외국인을 위한 안내 팜플렛이라든가 ▶ 식당이라든가 그런 건 부족한 거 같아요. 말은 국제인데 외국인을 위한 그런 건 부족한 거 같아요[(-)외국인 배려성]	(1) • 축제인프라 우선성(1) • 교육적 체험성(1) • 유희성(1) • 조화성(1) 〈종합〉 • 사회적 의미(2) • <u>문화적 의미(8)</u> • 경제적 의미(6) • 정치적 의미(0) • 여가관광적 의미(5) • <u>기타 의미(10)</u>	

수 요 집 단	관 광 객	▶ 문제점은……그 자원봉사자들은 많아요. 하지만 그 인원이 적정하게 있어야 하는데, 너무 많아 가지고 그냥 앉아 있는 경우도 있었어요[(-)자원봉사자의 적정성] ▶ 저는 성공적이라고 봐요. 축제 하면 비슷비슷하다고 할 수 있는데요. 주제라든가 성격이 다른 축제랑은 확실히 차별이 되어 있는 거 같아요(주제성격적 차별성) ▶ 축제의 그런 주제, 성격 이런 게 다른 지역과 차별화가 되어야 하고 그게 지역성하고 맞는다면 더 좋고……(주제성격적 차별성) ▶ 그래서 우선은 국제라는 말답게……먼저는 외국인들을 위한 배려가 있으면 좋겠어요[(-)외국인 배려성] ▶ 안동이라는 지역에 대해서 우선은 인프라든가 기본적인 시설이라든가 아니면 하드웨어적인 시설이라든가 이런 걸 먼저 갖추고……(축제인프라 우선성) ▶ 개인적 차원이라는 게, 탈춤을 통해서요, 나에게는 새로운 체험이라든가 이런 교육적인 학습적인 거, 거길 다녀와서 교육적인 부분도 있고, 우리 평소 지역에서는 못 느끼는 그런 걸 체험할 수 있다고 생각을 해요(교육적 체험성) ▶ 제가 안동을 가서 평소에 못 해본 그 못 먹어본 음식이라든가 안동의 헛제사밥이라든가 탈을 만들어 본다든가 가서 탈을 쓰고 즐길 수도 있고, 가서 또 탈춤 이런 거에 대해서도 공연을 통해서도 볼 수 있고, 배울 수도 있고(유희성) ▶ 축제라고 하면 그런 모든 부분들이 조화를 이루어야 하지 않을까요……(중략)……어울려서 같이 할 수 있게 하는……(조화성) ▣ 관광객 B ▣ 〈사회적 의미〉 ▶ 지역사람들이 정말 자긍심을 가지면서 축제에 자원봉사를 하고 참여하고 스스로 재미를 느껴야 되는 거니까(지역주민 자발적 참여성) ▶ 더욱더 어려운 때일수록 나눔의 의미 공동체적 그런 감성들은 사실 만들어질 수밖에 없는 건데, 이런 것들로 표현화될 수 있는 것이 축제인 건데 이런 것들이 무시되고 있는 상황이니까 공동체적인 여러 가지 효과라든가 문화적인 나눔의 의미가 별로 없다는 거에요(축제의 공동체성) 〈문화적 의미〉 ▶ 전통문화축제로 생각을 하는데 그러면서도 문화예술적인 콘텐츠들 이런 것들이 많이 접목되어 있고요(전통문화예술성) ▶ 탈춤이라든가 전통문화라든가 많이들 사그라지고 있고,	▣ 관광객 B ▣ 〈사회적 의미〉 • 지역주민자발적 참여성(1) • 축제의 공동체성(1) 〈문화적 의미〉 • 전통문화예술성(1) • 전통문화계승성(3) • 전통문화극대화(1) • 지역전통문화상징성(1) • 문화체험매개성(1) • 전통문화적 성격성(1)

수요집단	관광객	점점 약해지고 있는 거죠. 이런 것들을 보듬어 가자 이런 취지가 있는 거 같구요(전통문화 계승성) ▸ 탈춤이라는 우리 고유의 그런 전통적 콘텐츠를 결합시키면서 전통적인 것을 유지시켜 나간다는 것들이 기본적인 바탕에 깔려 있는 게 아닌가(전통문화 계승성) ▸ 지자체도 전통문화홍보나 보존은 기본적으로 깔려 있지만……(전통문화 계승성) ▸ 안동이 갖는 도시이미지 극대화, 안동의 전통문화성의 극대화에 집중적으로 초점을 맞추고 있고……(전통문화성 극대화) ▸ 저는 안동이 갖는 도시의 전통적 상징성은 대단하다고 봐요. 잠재성, 전통적 자산으로서의 안동도시의 잠재성이 대단하다, 이걸 어떻게 풀어낼 것인가, 표현의 방식은 다양하다고 봐요. 축제로 풀어내든, 자잘한 이벤트로 풀어내든, 박람회로 풀어내든, 아니면 다른 어떤 여러 가지 문화재 보존이라든가 다양한 방법이 있다고 하는데, 축제만큼 가시적이고 직접적인 상징효과를 극대화할 수 있는 것은 별로 없다는 거죠(지역 전통문화 상징성) ▸ 이런 측면에서 일반화든 지역시민들, 그리고 우리나라 사람들, 외국인들에게 우리나라의 전통문화를 굉장히 옅은 수준이나마 경험할 수 있고, 체험하게 할 수 있는 매개로서의 의미가 있다고 봐요. 축제가 형편없다고 하더라도 아직까지 기대에 못 미친다 하더라도 체험하고 경험할 수 있는 게 그렇게 많지 않다는 거죠. 이러한 측면에서 주요한 매개다 그런 생각에서 중요한 의미가 있다고 봐요(문화체험 매개성) ▸ 안동지역이 갖는 전통문화적 성격성을 표현하는 축제로서의 의미, 이것도 하나의 다른 축제에 비해서 비교우위에 있다(전통문화적 성격성) ▸ 축제는 고유성에서 출발하는 건데, 어느 정도 비슷하다이게 아니라 우리만의 콘텐츠 우리만의 축제의 정신, 영혼, 여기서 출발하는 건데 이것을 잃어버린다는 거예요. 이 점이 가장 큰 문제라는 생각이 들고……[(-) 축제의 고유성] ▸ 그 고유성 무한한 잠재력에도 불구하고 고유성 및 임팩트 있는 콘텐츠를 맛보기 어렵다는 거예요[(-)축제의 고유성] ▸ 축제의 본질적 가치, 그니까 문화적인 축제를 통한 일탈성, 공동체성, 대동성, 문화적 소통성, 이런 측면에서 본다면 아직까지는 기준에 못 미친다……(중략)…… 축제가 가진 기본적인 가치 측면에서는 아직까지는 아쉽다[(-)문화적 본질 가치성] ▸ ……이런 점들을 극복하기 위해서는 문화적 자발성을 가져야 된다는 거예요(문화적 자발성) ▸ 축제 장소에 대한 문화적 확장이 필요한 것 아니냐 단	• (-)축제의 고유성(2) • (-)문화적 본질가치성(1) • 문화적 자발성(1) • (-)축제 장소의 문화적 한계성(1) • 내재적 전통문화 가치성(1) • (-)문화가치 인식의 저급성(1) 〈경제적 의미〉 • 경제적 효과성(2) • 자발적지원성(1) • 상품전략성(1) • 관광객의 자발적 소비성(1) • (-)서비스 및 콘텐츠의 보조성(1) • (-)축제의 거품성(1) 〈정치적 의미〉 • (-)지원시스템의 민주성(1) • 축제의 정치성(1) • 정치수단화(1) • 정치적 활용성(1) • (-)축제의 관 주도성(2) • 민간주도성(1) • (-)축제의 양적 성장위주성(1) • (-)축제정책의 모순성(1) • (-)문화의 정책추종성(1)	

수요집단	관광객	순히 하회마을을 이원화해서 하는 게 아니라 안동이라는 지역이 축제로 들썩들썩 거릴 수 있는 분위기를 만들어 낼 수 있는 거는 공간을 특정지역으로 한정해서 한다는 것은 한계가 있다는 거죠[(-)축제 장소의 문화적 한계성]	〈여가관광적 의미〉

순히 하회마을을 이원화해서 하는 게 아니라 안동이라는 지역이 축제로 들썩들썩 거릴 수 있는 분위기를 만들어 낼 수 있는 거는 공간을 특정지역으로 한정해서 한다는 것은 한계가 있다는 거죠[(-)축제 장소의 문화적 한계성]

▶ 내재적인 가치 그니까 안동의 전통문화라든가 축제가 가져야 할 기본적인 가치에 초심의 마음으로 돌아가서 보다 더 치중해 내는 그러한 접근이 지금 오히려 더 필요하지 않느냐(내재적 전통문화가치성)

▶ 사실 지자체에서 문화예산이 차지하는 비율은 굉장히 낮아요. 1% 될까 말까인데 그중에서 축제예산은 엄청 나게 낮겠죠, 이걸 없앤다는 것은 축제가 갖는 위상을 짐작해 한다는 거예요, 그만큼 지자체나 국가에서 문화를 바라보는 입장 자체가 저열하다는 거예요, 저급하다는 거예요[(-)문화가치 인식의 저급성]

〈경제적 의미〉

▶ 경제적인 효과, 관광적인 효과를 또 하나의 그 주요한 목표로 갖고 있는 게 아니냐……(중략)……경제적인 효과도 많이 높이자 라는 그런 취지가 있지 않나(경제적 효과성)

▶ <u>워낙 지역적으로, 경제적으로 자립도라든지 이런 것들이 열악하기 때문에 안동탈춤을 통해서 문화적 파급효과뿐만 아니라 좀 경제적·관광적 파급효과를 많이 노리고 있는 것 이런 것들이 눈에 띄는 것 같아요</u>(경제적 효과성)

▶ 현재의 축제라는 것들이 그냥 할 수 있는 것들이 아니라 규모가 커지면서 재원이 필요한 건데, 재원을 어떻게 조달할 것이냐 측면에서 다원화된 전략도 필요할 것이다, 국가나 지자체로부터 일방적으로 지원받는 게 아니라 많은 사람들이 자발적으로 마음으로 지원할 수 있는 그런 흐름을 만들어 내는 게 필요한데……(자발적 지원성)

▶ 안동만큼 마케팅적 측면이나 상품화전략이 잘 되어 있는 곳이 없어요, 모든 게 돈이에요, 가면은 공연장에 들어가더라도 5,000원을 내야 들어가고 하회마을 들어가더라도 2,000~3,000원 내야 하고 여러 가지 체험프로그램에도 돈을 내야 하고 셔틀버스를 타더라도 돈을 내야 해요 등등 곳곳에서 돈을 모아 내는 시스템은 잘 되어 있는데(상품화 전략성)

▶ 많은 참여하는 사람들로 하여금 입가에 미소를 띠게 할 수 있는 자발적으로 투자를 할 수 있는 돈이냐 비용이냐 하는 점에선 만족할 만한 비용이냐 이런 면에서 회의적인 부분도 있는 거 같아요, 내가 여기까지 와서 또 추가비용을 내야 하는지에 대한 준비가 안 된 사람도 있을 테고, 이런 사람들을 설득하려면 정말 결

오른쪽 열 내용:

〈여가관광적 의미〉
• 문화관광성(1)
• 적정수용력(1)
• 대표 관광상품성(1)
• (-)관광객의 자발적 참여성(1)

〈기타 의미〉
• 축제의 시스템성(2)
• (-)축제의 시스템성(1)
• 내부시스템의 안정성(1)
• (-)축제의 정체성(1)
• (-)과다 홍보성(1)
• (-)축제의 과대포장성(1)
• (-)백화점식 나열성(1)
• (-)축제 공간적 분리성(1)
• 축제의 본질 가치성(1)
• (-)프로그램의 혼란성(1)
• 친문화적 환경성(1)
• 축제의 인간적 매력성(1)
• (-)축제의 철학성(1)

〈종합〉
• 사회적 의미(2)
• <u>문화적 의미(15)</u>
• 경제적 의미(7)
• <u>정치적 의미</u>(10)
• 여가관광적 의미(4)

		과적으로 만족할 만한 느낌을 줘야 한다는 거죠(관광객의 자발적 소비성)	• 기타 의미(14)	
수요집단	관광객	▶ 내가 그만큼의 비용을 투자를 했는데 거기에 미치지 못한다면 나름대로 아깝겠지요. 경제적 효과를 극대화하는 것은 좋다. 그런 전략으로서 여러 시스템적 배치를 하는 것은 좋다 한데, 거기에 걸맞은 서비스와 콘텐츠가 확보되지 않은 상태에서는 이건 오히려 단점으로 작용할 수 있다 양날의 칼이라는 거죠[(-)서비스 및 콘텐트의 보조성]		
		▶ 저는 인제 경제위기축제가 지금 언론의 포화를 맞는 거는 지금 축제흐름 자체 의한 축이 뭐냐면 축제예산을 줄여서 사회복지예산으로 돌린다는 거죠. 왜 축제냐는 거죠. 두 가지 이유가 있어요. 그만큼 축제 자체가 갖는 의미가 거품이었다는 거고, 별 의미가 없다. 안 해도 된다는 거거든요. 이거 안 하고 되고, 복지라든가 다른 데로 돌려도 무방하다는 생각이 있는 거고, 그만큼 지자체에서 마음대로 좌지우지할 수 있는 범위에 눌려 있다는 거죠. 자생력이 없다는 거죠 독립성이 없다는 게 한 축인 거고, 그리고 축제에 대한 가치가 굉장히 낮다는 거예요 그쪽에선 경제효과를 엄청나게 냈다고 하지만 실제로는 낮다는 거예요[(-) 축제의 거품성]		
		〈정치적 의미〉		
		▶ 위로부터의 지원시스템이 축제의 약으로서 작용하기보다는 독이 될 수 있다는 측면에서 문제는 있다고 보는 거요[(-)지원시스템의 민주성]		
		▶ 일단 좀 지역주민들의 자생적인 흐름으로 만들어진 축제는 정치적 의미는 약하겠죠 그런데 이게 어느 날 갑자기 생긴 축제라는 거예요. 지자체의 어떤 전통적인 지원에 힘입어서. 그래서 정치적인·행정적인 이해관계로부터 벗어날 순 없죠. 태생적인 한계인 건데……(축제의 정치성)		
		▶ 지자체는 사실 자신의 정치적인 치적을 상징화하는 하나의 문화적인 표현인 거구 그것을 가시적으로 보여줄 수 있는 중요한 요소라는 거죠. 그런 점에서 축제를 간과할 순 없겠죠(정치 수단화)		
		▶ 축제를 직접적으로 이용한다기보다는 축제의 산업효과를 노리고 있는……(중략)……축제를 통한 경제적, 재정적 측면에서의 지자체의 개입을 통해서 돈을 쉽게 주무를 수 있는 매개로서 축제가 이용되기도 하구요(정치적 활용성)		
		▶ 처음부터 너무나 관주도로 물론 지금의 위원회는 분리되어 있는 것처럼 보이지만 그것은 완전히 독립되어 있는 상태가 아니라는 거예요. 계속 통제를 받는다는 거예요. 그러다 보니까 완전 독립된 상태가 아니라는 거예요. 이런 측면에서 자유롭지 못한 측면이 있다는		

		거예요[(-)축제의 관주도성]
수 요 집 단	관 광 객	▶ 문화적 역량을 제고시키는 쪽 방향으로 가고 싶은데, 정치적 행정적인 요구들, 관광적인 압박감들 또 지원을 받기 위한 재원을 확보하기 위한 압박감이 있다는 거 예요[(-)축제의 관주도성] ▶ 우리나라 대표축제가 관주도인데 어떻게 민간주도로 가져 나가느냐 이게 핵심인 거 같습니다(민간 주도성) ▶ 우리의 축제가 규모 위주의 성장 양적 위주의 성장에 너무 치중해 왔다. 근 10년간의 축제의 성장과정을 보면 규모의 성장과 양적 팽창으로 나타나는 것으로 보이거든요, 이것이 내실에 기하면서 가면 좋은데 두 개를 한꺼번에 가기에는 너무나 짧은 역사였던 거예요, 어떤 걸 선택할 것인가를 놓고 봤을 때는 지자체나 축제 쪽은 양적 성장을 선택했다는 거예요[(-)축제의 양적성장 위주성] ▶ 한번 경제적 위기를 맞이해서 축제예산을 다른 데로 전용하고 빼서 통합하고 마음대로 빼서 좌지우지하고 이런 것 자체는 축제 자체가 본질적으로 자성해야 하지 않느냐 축제 자체의 모순이면서도 축제를 바라보는 지자체라든가 국가적 차원에서의 정책적 모순인 거죠, 전 이 부분에 대한 심각한 성찰이 필요하다고 봐요 [(-)축제정책의 모순성] ▶ 안동이 정책적 흐름에 따라가지 않아도 굉장한 잠재력이 있는 축제로 보는데, 이 부분은 너무 지나치게 밀착해서 따라가다 보니까 그 자체도 딜레마에 모순에 빠지게 될뿐더러, 다른 추종하는 축제들도 딜레마에 빠진다는 거죠, 문화적 자생력을 잃어버린다는 거죠, 이런 것들이 하나의 문제점으로 볼 수 있다[(-)문화의 정책 추종성] 〈여가관광적 의미〉 ▶ <u>전통문화축제를 토대로 갖고 있되 이걸 토대로 지역 내 통합이라든지 문화적 공동체성을 강조하기보다는 문화관광적 효과에 포커스를 맞춘 축제라 볼 수 있겠고……</u>(문화관광성) ▶ 제대로 수용, 포용할 수 있는 나름대로의 적정인원이 있다는 거죠, 이런 것들은 감안해야 된다. 그래서 분산 시스템이라든지 가져야 되는 거고 연중시스템을 통해서 이런 것들을 적절하게 분산해 내는 것도 필요한 거 구 축제기간도 그래서 길 거예요(적정 수용력) ▶ 나름대로 관광적 이미지 효과, 상품효과로 봤을 때 안동은 성공한 축제죠, 어느 축제가 그 단기간 내에 이 정도의 위치 국가대표축제라는 위치에 오를 수 있겠냐, 또 제가 아무리 부인한다 해도 일반사람들이 인정하는 축제라는 거예요(대표 관광상품성) ▶ 관객과 축제콘텐츠가 분리되어 있다 참여할 만한 게	

		별로 없다는 거예요. 탈만들기 참여한다는 게 아니라 축제 전반에 내가 참여하고 있구나라는 느낌이라든지 몰입할 수 있는 분위기라든지 조건과 콘텐츠 등에 더욱 많이 투자해야 한다[(-)관광객의 자발적 참여성]

〈기타 의미〉
▶ 안동탈춤페스티발은 시스템화 되어 있어요. 그래서 다른 축제의 시스템에 비해서 안정화되어 있다⋯⋯(중략)⋯⋯탈춤과 전통에 관련된 그런 콘텐츠는 계속 존재해 왔지만, 축제로 묶어 낸 지는 얼마 안 된다는 거예요. 그러한 짧은 연혁에 비하면 시스템은 굉장히 발달되어 있다(축제의 시스템성)
▶ 운영하는 사람들의 지속성, 안정성도 확보되어 있다. 이 점에서 내부적인 조직시스템은 안정화되어 있는 거 같아요(내부시스템의 안정성)
▶ 문화관광축제 이야길 안 할 순 없는 건데, 대표축제의 지위를 부여하니까 다른 축제는 이걸 따라갈 수밖에 없다는 거예요. 그러면서 자기 정체성을 좀 잃어 가는 이것은 안동탈춤페스티벌 자체적 문제라기보다는 이런 흐름 속에서 갖는 문제점이라고 볼 수 있는데 안동이 철저하게 그 흐름을 따라간다는 게 문제가 있는 거죠 [(-)축제의 정체성]
▶ 외적효과라는 게 홍보로 직결될 수 있거든요. 홍보에 너무나 많은 예산을 투여하고 있다는 거예요. 이 점이 갖는 상대적인 기회비용인 건데, 이걸 하지 않음으로써 얻게 될 수 있는 다양한 가치들을 잃어버릴 수 있는 거죠. 이것을 잘 조율해 나가야 되는데 아직까지는 좀 과도한 면이 있다. 이 점이 안타까운 것 같아요[(-)과다 홍보성]
▶ 일단은 저뿐만 아니라 가 본 사람들은 얘기를 해요. 그만큼 너무나 과대포장되어 있다. 안동만큼 과대포장된 축제는 별로 없다[(-)축제의 과대포장성]
▶ 안동이 갖는 전통적인 이미지라든가 콘텐츠를 축제 속에 제대로 된 축제를 통해서 표현해 낼 줄 알았는데, 종합축제적인 종합선물세트적인 백화점식의 나열식의 축제 프로그램들, 이런 것들이 별반 다른 게 없다는 거죠[(-)백화식 나열성]
▶ 풀어 놓는 방식 면에서도 너무나 시스템화되어 있다. 축제는 시스템과 비시스템을 오고 가는 넘나드는 그러한 흐름이 있어야 하는데, 너무나 짜인 듯한 느낌을 주는 거예요. 그러니까 너무 답답해 보인다는 거죠. 공연장이라는 틀 속에 가두어 놓다 보니까 시간이 되면 프로그램 돌리고, 그 틀을 벗어날 수 있는 축제의 내연과 외연을 확장해 나갈 수도 있는데, 오히려 이것이 공연축제적인 어떤 시스템에 가두어 둔 듯한 이런 느낌이 든다는 거죠 더 나아가지 못 한다는 거죠[(-)축

수요집단	관광객	제의 시스템성] ▶ 하회마을이 가장 중요한 공간적인 의미가 있는 곳인데 거기와 분리되어 있다는 느낌이에요……(중략)……하회마을에서 얻는 축제에 대한 이미지는 안동하고 어떻게 보면 별개예요[(-)축제공간적 분리성] ▶ 축제가 가지는 기본적인 가치, 일탈성, 대동성, 소통성 이 자체가 축제 속에서 풀어 나가야 하는 게 중요할 것 같구요. 이런 것들을 끌어내기 위해서 문화적 자립성, 자발성 이런 것들이 굉장히 크게 작용하는 건데……(축제의 본질 가치성) ▶ 지금은 좀 더 특화되어야 한다고 봐요. 안동축제를 보면 프로그램이 너무 많다는 거예요. 너무 여기저기서 정신없이 뭔가 벌어지는데, 뭐가 핵심인지 이게 분명하게 들어오지 않는다는 거예요. 그리고 탈춤공연도 하고 관련된 부대행사도 하지만 사람들에게 강한 이미지를 주기까지는 부족하다고 봐요. 일반관광객들에게도 외국인들에게도 임팩트를 주기엔 아직 약하다는 거예요. 이런 점에서는 리우카니발이라든가, 토마토축제라든가, 에딘버러라든가, 아비뇽이라든가 다른 축제를 보더라도 이미지의 상징성이 굉장히 강렬하다는 거예요. 축제정신이나 이런 것도 강렬하고 안동은 이런 것들이 범벅되어 있다[(-)프로그램의 혼란성] ▶ 지역 내에 축제 관련 전문 인력들을 키우고 축제에 참여할 수 있는 그나마 사람들이 왔을 때 최대효과를 얻을 수 있는 축제의 질적인 강화, 그리고 편안하게 즐길 수 있는 나름대로의 환경의 조성. 인위적인 환경을 얘기하는 것이 아니고 이런 것들에 많이들 투자를 할 필요가 있지 않은가, 친문화적인 환경 이런 것들이겠죠(친문화적 환경성) ▶ 축제를 전문화하고 지자체, 위원회와의 관련성이라든가 시스템적인 문제라든가 이런 측면에서는 굉장히 안동이 앞서가고 있는 건 사실이거든요(축제의 시스템성) ▶ 거대하고 메가이벤트를 요구하는 게 아니라 그런 거보다는 좀 더 소박해지더라도 보다 더 사람들의 접근이 쉽고 누구나 쉽게 다가갈 수 있고, 삶의 결과도 굉장히 맞닿아 있고, 이러한 식의 변화가 앞으로 많이 되었으면 좋겠어요(축제의 인간적 매력성) ▶ 지금도 여러 가지 축제에 관련된 악재가 겹치면서 축제가 공격을 받고 있거든요. 화왕산참사라든가 여러 가지 축제와 관련된 참사를 통해서 축제를 재점검하는 계기도 되었지만……(중략)……화왕산참사가 일어난 근본적인 배경으로 제가 이해하기로는 단순히 안전시스템이 부재했기 때문에 이게 아니라 이것도 부재했겠지만 어떻게 축제를 사고하느냐 축제에 대한 철학이 없기 때문이거든요[(-)축제의 철학성]	■ 관광객 C ■ 〈사회적 의미〉 • 지역사회단합성 (1) • 주민적극참여성 (2) • 주민참여 시스템화(1) 〈문화적 의미〉 • 문화대표성(1) • 전통문화 계승성 (2) • 지역문화 적합성 (1) • (-)문화의 상업화(1) • 국가 이미지 중심성(1) 〈경제적 의미〉 • 지역경제활성화 (3) • 산업성(1) • 경제적 효용성 (1) • 수익성(1) 〈정치적 의미〉 • 민간주도 지향성 (1)	

수요집단	관광객	■ 관광객 C ■		
		〈사회적 의미〉 ▶ 그렇게 한번 모여 갖고 단합이라든가 고싸움놀이는 마을 대항전이거든요. 그런 면에서 보면 단합이 잘 되지 않을까 왜냐하면 사전에 준비를 해야 되니까, 예행연습 해야 하니까(지역사회 단합성) ▶ 일단 주민들이 적극적으로 동조가 되어야 될 것 같고……(주민적극 참여성) ▶ 축제기본이 주민들이 흥이 나고 주민들이 즐거운 축제는 관광객도 즐겁고 흥이 나고 즐거울 것이다 그런 측면에서 주민참여가 최고라고 생각합니다(주민적극 참여성) ▶ 주민참여 채널이 있어야 할 것 같거든요, 예컨대 자원봉사하기 위해서 복잡하지 않은 창구가 있다든지 주민들이 지향할 수 있는 창구가 있다든지 말하는 시스템이거든요. 시스템이 제대로 갖춰지면 되게 좋지 않을까 그런 생각이죠(주민참여 시스템화) 〈문화적 의미〉 ▶ 우리 문화를 잘 살리고 있고, 또 국제화도 가능한 거 같고 하여튼 우리를 대표할 수 있는 축제가 될 수 있지 않을까 그런 축제 중에 하나가 아닐까 하는 생각이 듭니다(문화 대표성) ▶ 국가 차원에서 우리 고유문화를 잘 살릴 수 있지 않을까 생각이 드는 게 탈춤이잖아요. 탈춤이라는 게 그 지역의 정서를 잘 포함하고 있는 거 같구, 그런 차원에선 국가적으로 잘 살릴 필요가 있지 않을까 그런 생각이 들고요(전통문화 계승성) ▶ 지역으로는 안동이라는 게 유교문화고, 탈춤도 서민들 정서하고 잘 맞으니까 안동하고 잘 맞는 거 같아요(지역문화 적합성) ▶ 문화가 상업화되니까 조금 값싸게 전락하지 않을까 문화가 상품되는 차원은 문화가 상업화되니까 문화의 고유성이……문화가 저질화되지 않을까[(-)문화의 상업화] ▶ 국가의 이미지 중심이 우리 문화의 중심이 될 거 같고……(국가이미지 중심성) ▶ 사회문화적은 우리 고유문화의 보존이고……(전통문화의 계승성) 〈경제적 의미〉 ▶ 관광객을 유치에서 경제적으로 기여를 활성화시킨다는 걸 느꼈습니다(지역경제활성화) ▶ 안동 입장에서 뚜렷한 산업적인 것이 없지 않아요? 관광으로 외부 방문객을 유치할 수 있으니까 그런 축제	〈여가관광적 의미〉 • (-)관광객 자발적 참여성(1) • 관광객 참여활성화(1) • 재미성(3) • 체험성(1) 〈기타 의미〉 • 지역홍보성(2) • 소재의 독특성(1) • 프로그램 시스템 체계성(1) • 세계성(1) • 전략적홍보성(1) • 인류화합성(1) 〈종합〉 • 사회적 의미(4) • 문화적 의미(6) • 경제적 의미(6) • 정치적 의미(1) • 여가관광적 의미(6) • 기타 의미(4)	

수 요 집 단	관 광 객	가 큰 역할을 하고 있지 않을까 경제적인 어떤 필요성, 안동시 입장에선 아주 필요하지 않을까 생각이 드네요 (산업성) ▶ 저도 거기 가서 많이 샀거든요. 안동소주도 사고, 안동 탈 상징할 수 있는 탈 목거리도 몇 개 산 거 같아요, 안동축제를 통해서……(중략)……그런 면에서 경제적 인 효과가 제일 있지 않을까(경제적 효용성) ▶ 경제적으로 매출이 많아 상권이 활성화되어야 할 것이 고……(지역경제활성화) ▶ 지역적으론 경제적인 수입이랄까 경제적인 하나의 혜 택이랄까(수익성) ▶ 경제적으론 지역이 활성화되잖아요. 경제적으론 매출을 많이 높이니까 여러 가지 기념품을 많이 제공을 하니 까 입장료수입도 되잖아요. 그런 것들이 지역경제에 혜 택을 줄 거 아니에요. 일단 돈을 많이 쓰게 하니까(지 역경제활성화) 〈정치적 의미〉 ▶ 관주도형 축제보다 민주도형이 훨씬 더 생명력이 있을 거 같고, 시에서는 자꾸 간섭하려고 하려구 하는 것 같더라구요. 그러기보다는 민주도로 서포트를 하고 민 주도로 계속 나가서 우리나라 축제의 대표케이스로 성 장하길 바랍니다(민간 주도 지향성) 〈여가관광적 의미〉 ▶ 관광객이 참여하여 즐기는 거 별로 없는 거 같아요. 오 직 보는 것만 되는 것뿐이지, 관람객들도 탈춤을 배운 다든지, 스텝을 가르친다든지 탈을 같이 만든다든지 그 런 것은 별로 없었던 거 같아요. 보는 것만 되어 있었 던 거 같아요[(-)관광객 자발적 참여성] ▶ 일단 사람들이 많이 오니까 관광객들의 참여가 활성화 되어 있다고 볼까요……(중략)……관광객들의 참여율 이 매우 높다 그런 측면에서 성공한 거 같고(관광객 참여활성화) ▶ 그리고 굉장히 보는 것도 재미있었어요. 일단 고싸움놀 이라든지 몇 개 프로그램이 재미있었던 거 같아요(재 미성) ▶ 체험프로그램이 많이 늘어나야 하고……(체험성) ▶ 축제에 가면 일단 즐거워야 하잖아요. 즐거움의 수단이 축제 같아요(재미성) ▶ 관광객들에게 즐거움을 주고 일종의 즐거움을 줌으로 써 일종의 스트레스 해소죠, 개인적으로 스트레스 해소 죠(재미성) 〈기타 의미〉 ▶ 그 지역을 홍보함으로써 하는 것 같고, 지역이미지를		

		살린다는 취지가 있는 거 같고……(지역홍보성)
수요집단	관광객	▶ 축제가 있으니까 안동을 둘러보게 되는 거죠. 축제가 있으니까 그 지역을 가게 되는 큰 이유가 되는 거 같아요. 그게 가장 큰 거 같아요……(지역홍보성)
		▶ 여러 가지 문화축제는 있지만 탈춤이라는 건 없잖아요. 탈춤이라는 것 그것 때문에 독특한 걸 느껴 보려고 그런 차원에서 개인적으로 필요하다고 봅니다(소재의 독특성)
		▶ 그런 프로그램이나 시스템이 그런 것들이 잘 갖추어지는 게 중요할 거 같고……(프로그램 시스템 체계성)
		▶ 국제축제니까 외국인들 좀 많이 참석해야 할 것 같고 동네축제로 안 끝나려면 다양한 나라에서 와야 할 것 같고. 그런 거 같아요(세계성)
		▶ 일단 홍보가 가장 중요하겠죠. 홍보가……지금도 많이 하지만 사실 언론사 홍보라든지 관광공사를 통한 홍보라든지 이런 것들이 눈에 많이 노출되지는 않는 거 같아요(전략적 홍보성)
		▶ 축제를 통한 인류의 화합이랄까……(인류화합성)

(주) 한국학술정보 "기호학적 접근방법에 의한 축제의 의미와 의미구조"

오정근 ─────────────────────────────────

▌학 력

서울 대일고등학교 졸업
세종대학교 호텔관광대학 호텔관광경영학 학사
경희대학교 대학원 관광정책학 석사
한양대학교 대학원 관광학 박사(Ph.D. in Tourism Science)
현) 뉴질랜드 Victoria University of Wellington, the Tourism Management Group,
　　 Post－Doctoral Fellow of Tourism & Festival Research

▌경 력

한국관광연구원(현, 한국문화관광연구원) 근무
서울시정개발연구원, 관광정보연구원 근무
한양대학교 관광연구소 선임연구원
한양대학교 관광학부 외래교수
세종대학교 호텔관광대학 외래교수
세종대학교 관광대학원 외래교수
전주대학교 문화관광대학 외래교수
한국방송통신대학교 관광학과 강사
삼육대학교 교양학과 외래교수
강원도립대학교 관광과 외래교수사
경희대학교 호텔관광대학 조교

▌주요 논문 및 저서

그레마스의 행위소 모형을 이용한 축제의 이해집단 간 의미구조관계분석(관광학연구)
축제의 체험속성과 환경단서가 방문객 만족에 미치는 영향(관광학연구)
외국인의 한국관광 후 관광지의 인지적·정서적 이미지와 관광행동의도의 관계(관광·레저연구)
축제 이해집단이 인식하는 지역축제의 의미(관광연구논총)
문화정치학 관점에서 문화관광축제의 장소마케팅적 의미화 과정(한국관광학회 제63차 학술
대회 발표논문)
이문화적(異文化的) 상호작용공간으로서 게스트하우스의 공간적 의미(관광연구논총)
종교문화축제 활성화 방안(문화체육관광부)
양주전통문화축제 평가 및 컨설팅(양주시청)
서울 관광마케팅 전략(서울특별시)
서울풍물시장 조성에 따른 관광 및 경제적 파급효과(서울특별시)
서울형 마케팅 전담기구 설립을 위한 타당성 연구(서울특별시)
서울시 관광브랜드슬로건 개발 및 해외 브랜드커뮤니케이션 전략 개발(서울시정개발연구원)
FIT 관광안내체계 개선방안 연구(한국관광공사) 외 다수

기호학적
접근방법에 의한
축제의 의미와
의미구조

초판인쇄 | 2010년 2월 26일
초판발행 | 2010년 2월 26일

지은이 | 오정근
펴낸이 | 채종준
펴낸곳 | 한국학술정보㈜
주 소 | 경기도 파주시 교하읍 문발리 파주출판문화정보산업단지 513-5
전 화 | 031) 908-3181(대표)
팩 스 | 031) 908-3189
홈페이지 | http://www.kstudy.com
E-mail | 출판사업부 publish@kstudy.com
등 록 | 제일산-115호(2000. 6. 19)

ISBN   978-89-268-0850-4 93320 (Paper Book)
         978-89-268-0851-1 98320 (e-Book)

내일을여는지식 은 시대와 시대의 지식을 이어 갑니다.